« Aujourd'hui, à travers le monde,
il y a de plus en plus de femmes
qui réussissent et montrent aux hommes
le chemin de l'honneur. »

PAROLES D'HONNEUR

Un devoir de parole !

ISBN : 978-2-7569-0071-0

Simone EHIVET GBAGBO

PAROLES D'HONNEUR

Un devoir de parole !

PHAROS
JACQUES-MARIE
LAFFONT

Ramsay

À Laurent,

Salut à toi, Laurent ! Tu croyais œuvrer uniquement pour amener à l'existence une vision que Dieu a inscrite derrière tes paupières et qui ne te lâche pas. Tu ne savais pas que tu semais en chacun d'entre nous la force de se battre pour se réaliser. Tu nous as forgé une âme forte et résistante, prête, comme Sisyphe, à remonter notre Afrique depuis les abîmes du bannissement et de la déchéance ancestrale jusqu'à la lumière de la Libération et de l'épanouissement total.
Merci, Laurent, pour nous tous et que Dieu te bénisse !

Mercredi 6 décembre 2006 à Abidjan

À toutes les femmes et à tous les enfants sacrifiés pour la patrie !

Je dédie ce livre aux victimes de cette crise, celles des massacres de gendarmes de Bouaké et de leurs enfants ; celles de Guitrozon et de Petit Duékoué, celles de novembre 2004. Je veux saluer leur mémoire. Je veux dire aux parents de ces victimes que je pense souvent à eux, que je prie pour eux. Il y a eu beaucoup de drames dans notre histoire récente, mais il y a eu aussi beaucoup de bravoure et de courage. Les Ivoiriens ont pris fait et cause pour leur pays, ils ont compris comment on voulait les spolier de leur Nation, de leur Souveraineté.

Que Dieu les bénisse !

Remerciements

Je remercie Liliana Lombardo, l'équipe technique de Nikady's Productions ainsi que les journalistes Didier Dépri et Éric Cossa, car c'est à la suite des interviews qu'ils ont réalisées que j'ai ressenti le désir et le devoir d'écrire ce livre.
Je remercie Blaise Tayoro Gbotta et Alphonse Voho Sahi.
Ensemble, nous avons passé des nuits et des jours entiers à relire et à corriger ce manuscrit.

Sommaire

PROLOGUE
ARRÊT SUR IMAGES 15

PREMIÈRE PARTIE
LES ANNÉES DECOUVERTES 31

DEUXIÈME PARTIE
LES ANNÉES RÉVOLTE 55

TROISIÈME PARTIE
LES ANNÉES DE LUTTE 79

QUATRIÈME PARTIE
LES ANNÉES TROUBLES 157

CINQUIÈME PARTIE
LES ANNÉES LUMIERE 207

SIXIÈME PARTIE
LES ANNÉES DE BRAISE 271

SEPTIÈME PARTIE
LES ANNÉES D'ESPOIR 419

ÉPILOGUE
A BÂTONS ROMPUS 451

ANNEXES 469

PROLOGUE

ARRÊT SUR IMAGES

Il n'y a pas qu'un jour,
demain aussi le soleil brillera
Proverbe africain

26 octobre 2000

PALAIS PRÉSIDENTIEL D'ABIDJAN-PLATEAU

Palais présidentiel d'Abidjan-Plateau. Ce jeudi 26 octobre 2000, la Côte d'Ivoire s'apprête à ouvrir une nouvelle page de son histoire avec la prestation de serment de Laurent Gbagbo, candidat du Front Populaire Ivoirien, élu quelques jours plus tôt premier président de la 2e République. Le palais a fait sa toilette et s'est paré de ses plus beaux habits. Il y a du monde.

Je pense très fort à mon pays, je me remémore les derniers événements qui nous ont conduits là. Tout se bouscule dans ma tête et dans ma vie. Mon cœur bat la chamade. Des images se succèdent, des images d'une terre bénie de Dieu, des impressions de chaleur et de chaleur humaine liées à une idée de liberté dans cette ville que l'on appelle la « perle des Lagunes ».

Je me tiens droite, un peu figée. Je suis abasourdie d'être là, dans le palais présidentiel d'Abidjan, pour peu je me pincerais pour sortir du rêve. Je regarde fixement Laurent. Mon époux est aussi lumineux que ce palais.

Je n'ai encore jamais vu autant de personnalités politiques réunies : ambassadeurs accrédités en Côte d'Ivoire, membres du gouvernement de transition, officiers généraux et supérieurs de l'armée, de la gendarmerie et de la police, chefs traditionnels, chefs religieux et syndicaux, représentants de la société, journalistes ivoiriens et étrangers... Personne n'a voulu rater l'événement. L'immense salle de la présidence de la République qui abrite la cérémonie est devenue exiguë. Le directeur du protocole d'État, Georges Ouégnin, donne de la voix. Comme sous Félix Houphouët-Boigny, il organise tout à la lettre.

Il est 15 heures, mon époux et moi avons fait notre entrée dans la salle des pas perdus sous un tonnerre d'applaudissements. Reporters-photographes et cameramen se bousculent pour avoir les meilleurs angles de prise de vue. Laurent Gbagbo est vêtu d'un complet smoking bleu ciel. Quant à moi, je porte un ensemble maxi en pagne de couleur verte avec des motifs violets. Je prends place aux côtés du corps diplomatique. Je crois que la dernière fois que j'ai été aussi émue, c'était le jour de mon mariage ! Laurent s'avance. Le président de la Cour suprême, le magistrat Tia Koné, s'approche d'un grand pupitre et lit l'arrêt de la proclamation officielle des résultats de l'élection présidentielle du 22 octobre 2000 d'une voix qui porte : « *Monsieur Laurent Gbagbo est élu à la tête de la Côte d'Ivoire avec 1 065 587 voix, soit 59,36 % des suffrages exprimés. Ses adversaires ont obtenu respectivement : Guéï Robert, 567 267 voix, soit 32,7 % ; Francis Wodié 102 253 voix, soit 5,70 %; Mel Eg Théodore 26 331 voix, soit 1,47 % et Nicolas Dioulo 13 558 voix, soit 0,76 %* ».

Je suis bouleversée. Laurent vient d'être officiellement déclaré Président et se prépare à prêter serment. Je pleure, les images se précipitent, je pleure de joie mais aussi de toutes ces larmes que je me suis interdites pendant des années…

La force de vie sacrée, invisible et puissante,
contient la mémoire du passé et la vision du futur.
Elle permet à la création de se manifester
dans la matière ici et maintenant
Proverbe africain

Je suis dans un palais, mais les murs de la prison me reviennent à l'esprit. Nous avons été si souvent humiliés, nous avons été si souvent battus, nous avons reçu tellement de blessures physiques et morales ! Laurent ne s'est jamais laissé briser. Loin de baisser les bras, il a continué à travailler sans relâche, comme il le fait aujourd'hui, pour l'avenir de son pays. L'essentiel, ce n'étaient pas les larmes, ce n'étaient pas les douleurs dans nos cœurs, ce n'étaient pas les blessures que nous portions dans notre chair. L'essentiel pour nous, c'était la Côte d'Ivoire et son peuple.

Nous avons gagné ! Je n'en reviens pas, la justice a triomphé de l'ombre.

Le bien, c'est tout ce qui favorise, augmente la force vitale ;
le mal, c'est ce qui la contrarie, la diminue
Proverbe africain

Ce jour du 26 octobre 2000, jour de l'investiture de Laurent, à vrai dire, je pense intensément à mon père, à ce que son éducation a fait de nous, à l'amour de ce pays qu'il a su nous communiquer. J'ai en tête ses phrases tandis que je serre les mains, salue ces hommes qui célèbrent dans la joie la victoire de la démocratie sur la force. J'ai du mal à le réaliser : je suis Première Dame de mon pays ! Ainsi, pour peu qu'on s'en donne la peine, pour peu qu'on ait un idéal et qu'on sache aussi retrousser ses manches, la destinée ouvre très grands ses bras. Je suis terriblement émue. J'ai envie de dire à cet instant précis, à tous les jeunes et aux moins jeunes, à tous les Anciens de mon pays : « Accrochez-vous, à vos rêves, à votre vision, l'utopie est le moteur de l'histoire ».

Je souris à chacun tout en remerciant intérieurement le ciel.

Dieu est à la tâche dès qu'il se passe quelque chose de positif. Pour peu qu'on ait les yeux ouverts, on le voit travailler, tous les jours. Il nous donne sans cesse des choses que nous n'espérions plus. « Demain est un autre jour », a dit le Christ, mais pour aujourd'hui, je lui dis merci. Aujourd'hui, je le remercie plus fort encore que d'habitude. Je réalise tout à coup la responsabilité que cela représente pour chacun d'entre nous, de se retrouver dans la main de Dieu.

La nuit dure longtemps, mais le jour finit par arriver.
Proverbe africain

Tout pourtant n'a pas toujours été si facile, ni gai… Trente années de lutte syndicale, politique, jalonnées de brimades, de prison, se bousculent dans ma mémoire. Toute cette gloire soudaine, tous ces sourires charmants et un peu obséquieux ne les effaceront pas.

Il n'est pas question d'oublier, pas question de se laisser enivrer par un quelconque décorum. Il a fallu supporter les coups, il a fallu, au-delà du courage, conserver en soi un mécanisme qui guérisse de tout ce qui est aigreur, de tout ce qui est haine, de tout ce qui est rancœur, de tout ce qui est rancune…

En politique, on essuie des coups, toutes sortes de coups, surtout lorsque celui qui vous fait face n'a qu'un seul objectif : vous détruire, vous abattre. Et devant votre opiniâtreté, il devient de plus en plus violent. Et lorsqu'on reçoit ces coups, il faut être capable de supporter la douleur, d'affronter l'adversité. Il y en a qui fuient, qui se mettent à sauter les murs, qui se précipitent dans les ambassades, ou bien qui s'asseyent tranquillement dans un fauteuil à l'étranger. Et puis, il y a ceux qui sont animés par l'espoir, par la foi, ceux qui croient que leur cause est juste et ceux-là ne baissent jamais les bras. Lorsque l'on défend une cause, on a besoin d'un certain nombre d'éléments. On a besoin de courage, on a besoin d'honnêteté. On a surtout besoin d'avoir une vision claire du combat que l'on mène. Si on a des idées confuses, on ne va pas loin. On a besoin d'avoir un groupe constitué sur lequel s'appuyer, et dans ce groupe-là, on ne doit tolérer ni laxisme, ni aucune division. On a besoin surtout d'espoir et de beaucoup de foi. C'est cette foi qui vous permet d'avancer.

Laurent me sourit, je suis sa compagne de galère, son amie de toutes les luttes, des temps de braises, de la clandestinité, du bonheur des naissances. Et nous savons tous les deux que si tout n'a pas été si facile, ni gai, nos années de luttes connaissent là leur aboutissement : la victoire de la démocratie.

En tout cas c'est ce dont, en cet instant précis, nous sommes persuadés.

Nous savons aussi que le chemin qui nous attend est encore bien aride … Ce dont nous ne nous doutons pas, c'est qu'il va nous falloir marcher sur des braises des années durant…

Ce que je ne savais pas

La mémoire est étonnante, elle restitue en un clin d'œil les images clefs de toute une vie.

Je regarde Laurent, en cette journée du 26 octobre de l'année 2000, je le sens lui aussi impressionné. Je me souviens de toutes ces luttes, je me souviens de son retour, de notre bonheur d'être enfin réunis.

J'entends Laurent prêter serment… Les mots résonnent dans ma tête, j'ai le sentiment d'être dans un pli du temps. Les images, les sons, les cris, tous ces événements depuis des années et, aujourd'hui, l'impression enfin d'être sortis de toutes ces misères. Nous allons pouvoir œuvrer ensemble. C'est en tout cas ce que je crois en cette journée du 26 octobre… C'est en tout cas, en cet instant précis, tout mon espoir, mon vœu le plus cher.

Cet instant-là, je le garde en mémoire comme la plus précieuse des pierres qui auront marqué le sentier de ma vie. C'est un instant suspendu, un de ces instants qui renforcent la certitude que l'Éternité existe.

Nous allions devoir travailler ferme, nous le savions. Nous allions devoir combattre encore et plus que jamais pour nos idées, mais nous avions là, soudain, la possibilité de rendre concrètes ces idées, la possibilité d'œuvrer dans la lumière et pour la Lumière.

Ce que je ne savais pas, c'est que le jour même, alors que nous étions dans la joie de la victoire, des hommes au bord d'une forêt entassaient des cadavres, dans le but de nous abattre.

Ce que je ne savais pas, c'est que nous allions désormais être la cible de toutes les attaques et de toutes les vilenies et que tout allait être fait pour essayer de nous détruire.

Ce que je ne savais pas, c'est que désormais des mains amies allaient se faire moites !

Ce que je savais, c'est que la lumière du pouvoir brûle les ailes de l'espoir pour peu qu'on ne sache pas s'en prémunir. Son usage exige sagesse, générosité et noblesse. Tout de suite, beaucoup, y compris des alliés, y compris des amis, allaient tenter de nous pousser dans les flammes.

Mensonges et calomnies

Si je me suis décidée à écrire ce livre, c'est parce que mon cœur commençait à déborder ; cœur et esprit liés, l'un et l'autre mis à mal par les coups de boutoir de la calomnie. En militant pendant toutes ces années, je pensais être devenue forte. J'avais eu tant d'occasions d'être déçue, j'avais vu tant de portes se fermer, y compris celles de la prison, sur ceux que j'aimais comme sur moi-même. Je me croyais forte, mais comment résister au vitriol de la haine, une haine orchestrée, montée en épingle ?

Comment rester de marbre lorsque le mensonge est diffusé dans toute la presse internationale, qu'on vous accuse du pire, qu'on vous diabolise ?

Comment ne pas avoir le cœur gros lorsque les déferlantes de la haine vous transforment en monstre ? Le « monstre » que je suis est la mère de cinq enfants, toutes des filles, dont les deux dernières avec Laurent Gbagbo. À nous deux, nous avons sept enfants.

Un monstre, ou plutôt deux monstres horribles, puisque Laurent et moi sommes mis dans le même sac. Nous serions deux monstres capables d'organiser les massacres les plus sanglants, de faire tuer à coups de machette dans tout le pays, de pauvres innocents par des « escadrons de la mort » à notre solde !

Dans ce genre d'affaires pourtant, l'exactitude des informations est une vertu, une exigence, non seulement intellectuelles, mais aussi morales.

L'acharnement des grands médias me désole.

Je prendrai comme seul exemple celui de RFI (Radio France Internationale), dont le caractère partial et les façons tendancieuses de traiter l'information n'échappent plus aux auditeurs avisés. RFI arrose au quotidien l'opinion africaine et internationale d'une lecture volontairement erronée de la crise ivoirienne et de sa résolution.

Au début, j'avoue que je n'ai pas bien réalisé ce qui se passait. Je ne croyais pas, malgré les exemples de l'Histoire, qu'une telle folie puisse se mettre en place, qu'on puisse en toute impunité raconter autant de vilenies, autant de mensonges.

Qu'on puisse à ce point manipuler l'information. J'étais abasourdie. Et puis j'ai compris… J'ai compris qui et quoi, et surtout pourquoi !

Tous les blancs ont une montre,
mais ils n'ont jamais le temps.
Proverbe africain

Un idéal, des repères

Je me souviens de cette phrase de Gandhi qui disait : « Faire pour nous, sans nous, c'est faire contre nous ! »… C'est exactement ce qui s'est passé, ce qui se passe chez nous.

Ici, en Côte d'Ivoire, nous sommes évacués de notre propre histoire par certains pays puissants qui n'ont pas nos soucis matériels et qui ont perdu souvent leurs repères spirituels. La plupart des gens dans les sociétés développées sont devenus tristes. Certes ils sont, pour beaucoup, riches sur le plan matériel, leur niveau de vie est parfois très élevé, mais ils sont de plus en plus malheureux.

Le bonheur des choses simples disparaît au profit du spectacle, de l'abondance, de la montre. J'ai le sentiment de plus en plus souvent que le monde marche sur la tête, et si nous ne nous comprenons plus, c'est sans doute parce que beaucoup de nos valeurs communes se sont cachées pour mourir.

Quand les valeurs toutes simples de la morale et du respect disparaissent, elles laissent le champ libre à la haine, au mensonge. L'humanité tout entière me paraît parfois étriquée, à la dérive, pourtant, nous avons tous en commun le même idéal, un idéal qui s'inscrit et puise ses origines dans la plus vieille épopée du monde.

Un idéal qui repose sur la valeur absolue de la personne humaine, sur la mission spirituelle de l'homme, sa perfectibilité infinie, tant sociale qu'individuelle, par la voie de l'amour et de la connaissance, de la nature et des préceptes de Dieu.

Nos valeurs planétaires sont des valeurs ancrées dans l'amour et le respect de l'autre. Je ne crois pas être une utopiste en imaginant à terme un retour à ces vraies valeurs qui fondent le bonheur. Et si je suis une utopiste, tant mieux car l'utopie est le véritable moteur de l'histoire.

Sans des hommes comme Gandhi, Martin Luther King et Nelson Mandela, comme Léopold Sédar Senghor,

Bernard Dadié et Aimé Césaire et tant d'autres, où en serions-nous de la lutte contre le racisme et le rejet de notre identité de femmes et d'hommes noirs ?

Leur courage a été celui de la vérité, ils n'ont pas eu peur de dire et de dénoncer le racisme, les inégalités ; d'employer les mots les plus forts pour le dire.

Ces hommes étaient sûrement des utopistes, mais ils ont fait l'histoire !

Dialogue et respect mutuel

« Regarder ensemble dans la même direction »
Antoine de Saint-Exupéry

La phrase de Saint-Exupéry revêt une actualité brûlante en Côte d'Ivoire aujourd'hui. C'est bien de cela qu'il s'agit : « regarder ensemble dans la même direction », projeter ensemble sur l'avenir une vision du monde que nous concrétiserons tous ensemble pour l'avenir de la Nation. Pour réussir, il faut que tous les Ivoiriens aiment leur pays, un seul et même pays. Et pour aimer son pays, il faut cultiver en soi un respect quasi sacré des lois qui le gouvernent et qui en constituent son socle. L'Ivoirien doit apprendre à vénérer sa Patrie.

Pour l'avenir, il sera nécessaire de réconcilier des entités différentes les unes des autres, de provoquer une vraie rencontre au-delà des attentes paradoxales des uns et des autres et au service d'une vraie intégration. Dialogues entre tous les partis politiques, pour qu'ils se mettent au service des Ivoiriens. Dialogues entre les différentes communautés ethniques, culturelles et religieuses. Dialogues entre les différentes catégories sociales : paysans, intellectuels, ouvriers, citadins, fonctionnaires etc. La paix sociale, la paix dans le monde où l'on vit se conjugue avec le respect authentique des êtres, le respect de leur dignité et de leurs droits.

Mais pour cela il est bien sûr impérieux que certains s'abstiennent de tirer profit de nos contradictions internes et de la fragilité de notre cohésion. Par ailleurs, il ne faut pas que notre indépendance soit une indépendance sous tutelle, nous ne voulons plus être un « Pré carré » ni une « chasse gardée ». Nos nations n'y ont plus intérêt.

Si les valeurs se sont cachées pour mourir dans certains coins de la planète, il n'est pas question qu'on les laisse mourir chez nous. Il n'est pas question non plus de laisser quiconque les détourner, les utiliser comme de belles images creuses.

PREMIÈRE PARTIE

LES ANNÉES DÉCOUVERTES

RACINES

Petite et déjà grande

Lorsque tu ne sais pas où tu vas,
regarde d'où tu viens.
Proverbe africain

De belles images chassent ces images tristes. Je joue, je suis petite et j'ai l'impression d'être déjà grande. J'ai sept ans et je sais ce que veut dire être responsable. L'uniforme de mon père, sa fierté d'être ivoirien, sa fierté d'avoir des enfants m'ont bâtie toute de devoir. Je ferme les yeux. Une autre pensée vient de me traverser l'esprit : dans la famille, la liberté n'était pas un mot en l'air…

Je suis née en 1949, un certain 20 juin à Moossou, dans la commune de Grand-Bassam, de Ehivet Ehivet Jean, mon père, Gendarme de son état et de Marie Marthe Djaya Aman, ma maman. J'ai parfois l'impression que ma vie s'est déroulée en moins de temps qu'il ne le faut pour écrire ces lignes. Je suis issue d'une famille de dix-huit enfants, composée de six garçons et de douze filles.

Ma mère avait eu cinq enfants, toutes des filles. Après son décès, mon père s'est remarié et a eu treize enfants avec ses épouses successives. Je suis la seconde enfant de la famille. Chez nous, à la maison, nous formions un clan, une famille et rien ne pouvait nous abattre tant qu'on était tous ensemble. Ceci pour des enfants, c'est fondamental ; il faut apprendre avant tout à nos enfants à ne se laisser ni abattre ni intimider. Mes parents s'étaient fait une promesse et cette promesse passait par l'école. Ma mère est partie dans un autre monde lorsque j'avais sept ans. Mon père a tenu la promesse. Il est resté pour nous le pilier et le ciment de la famille.

Le bonheur ne s'acquiert pas, il ne réside pas dans les apparences, chacun d'entre nous le construit à chaque instant de sa vie avec son cœur.
Proverbe africain

À sept ans, j'avais la chance d'avoir déjà parcouru en long et en large ce pays où les enfants étaient tous, selon mon père, de petits princes citoyens. Le métier de gendarme le conduisait à être affecté dans différentes villes. En voyageant comme nous le faisions, j'ai rencontré les autres ethnies de Côte d'Ivoire, et j'ai très vite pu comprendre, même si c'était à la façon d'un enfant, combien cette diversité ethnique était une richesse pour notre pays. J'ai grandi avec des enfants originaires du Sud, du Nord, du Centre, de l'Est... Nous avions des coutumes parfois différentes, nous échangions nos regards sur le monde, nos jeux, une façon de fabriquer nos jouets.

Nous apprenions et nous nous enrichissions des pas de danse des autres, des contes et chants des autres dans la cour de l'école et dans les quartiers. Nous avions tous le sentiment d'appartenir à un même pays : la Côte d'Ivoire.

Et pour finir, je me suis donc mariée à un Bété.

« À nos résolutions répondra le succès »

La nature est reine en Afrique. Enfant, j'ai vécu de ses parfums et de ses merveilles. Elle représentait pour moi une sorte d'entité abstraite et bénéfique d'où tombait une manne qui nous autorisait le bonheur. J'entendais bien pourtant les propos de mon père sur la nécessité de travailler à l'école, de ne pas croire que la manne tombe seule du ciel. Il nous répétait sans cesse : « Aie ton diplôme, ton premier mari, c'est ton travail ! »

« Là où il y a une volonté, il y a un chemin », était aussi sa devise. C'est sans doute pour cela que rien ne m'a jamais autant révoltée que d'entendre quelqu'un affirmer que quelque chose est impossible à changer ou à faire, ou de voir quelqu'un baisser les bras parce que c'est trop difficile.

Le succès est au bout de notre amour, de notre courage et de notre volonté.

Soutien de famille

Petite, je jouais un rôle très important à la maison, j'aidais mes jeunes frères et sœurs à réviser leurs leçons. Je représentais pour eux une sorte de tuteur, pour les devoirs, mais aussi un tuteur pour bien grandir comme avec les plantes.

Très tôt, j'ai donc assumé des responsabilités. J'étais déjà mariée lorsque certains de mes petits frères sont venus au monde et j'ai exercé, tout naturellement, le rôle de soutien de famille car j'avais eu la chance de réussir mes études.

Financièrement, j'étais bien mieux lotie que les autres et je pouvais leur venir en aide. Je reste persuadée que, si j'ai si bien travaillé en classe, c'est pour ne pas décevoir mon père, un homme sage dont la seule exigence était nos résultats scolaires. Il surveillait nos études. Il avait sa façon à lui de nous motiver et il a réussi. Il nous a poussés de toutes ses forces dans l'ascenseur social. Il avait décidé que je poursuivrais mes études contre vents et marées, ce qui, compte tenu du grand nombre d'enfants que nous étions, n'était pas évident.

Tout n'a pas été si facile ni gai, mais le bonheur nous accompagnait. Je me souviens comment je mettais mon grain de sel dans toutes les conversations, faisant valoir mon opinion même quand on ne me la demandait pas. Mon père a toujours été un homme sage qui savait tirer parti de l'instant, y puiser l'essentiel. C'était aussi un homme très droit, ancré dans des principes inaltérables ;

il n'aurait pas supporté d'avoir un enfant voleur, menteur, mais ce qui en faisait un modèle, en dehors d'un charisme naturel, c'était son attitude très curieuse à l'égard du monde. Il aimait connaître notre sentiment sur les choses. Cet homme a donné à ses enfants et à tous les gens des villages où il a exercé ses fonctions le goût de la découverte qui va de pair avec la résistance aux idées toutes faites. Il cherchait à comprendre le sens de l'histoire et n'acceptait de se laisser pousser dans le sens du vent que lorsqu'il s'agissait du sens de la vie.

Mon père avait déjà compris l'importance de l'école pour l'avenir des générations futures de notre continent. Et déjà, il estimait qu'il ne fallait faire aucune différence entre les filles et les garçons dans leur éducation. Si je me suis mise à étudier sérieusement, je crois bien que c'est parce que je voulais lui prouver que j'étais digne de lui.

Ce qu'il m'a appris et qui, en grandissant, s'est révélé être une clef essentielle des portes de la vie, c'est le respect qu'il faut accorder à l'autre et l'importance de la bonté, le respect des anciens et des plus humbles.

Il y a des étapes sur le chemin qui conduisent un enfant à devenir un citoyen à part entière ; c'est une vraie aventure. La voie est parfois étroite et elle requiert, c'est sûr et certain, des sacrifices en chemin, mais ce qu'elle requiert surtout, c'est de ne pas rester un ignorant, c'est de chercher à comprendre le monde autour de soi. Mon enfance m'a fait comprendre une chose que j'aimerais beaucoup partager, car elle m'a aidée à grandir : la vraie pauvreté est la pauvreté intérieure. On n'est jamais pauvre quand on a l'âme emplie d'un amour ou d'un combat pour l'espérance.

Ma tribu, les Abouré

Je suis fière de faire partie de la tribu des Abouré. J'ai eu la chance de connaître la culture de mon peuple, d'en apprendre la langue dès le berceau. Les Abouré sont un tout petit groupe ethnique en Côte d'Ivoire, classé parmi les groupes qu'on appelle les « Akan Lagunaires ». Nos aïeux vivaient au sud, en zone de forêt, avant l'arrivée des Européens en Côte d'Ivoire. Nous nous sommes retrouvés plus tard au bord de la lagune. C'est ainsi que le peuple cultivateur que nous étions s'est transformé en peuple de pêcheurs dans la région de Grand-Bassam, la ville qui a été la première capitale de la Côte d'Ivoire.

Chez le commandant de cercle

Quand j'étais petite, avant l'indépendance de la Côte d'Ivoire, nous célébrions le 14 juillet (fête nationale française) tout comme en France. La célébration du 14 juillet était marquée par un événement fantastique organisé par le commandant de cercle, un Français. Il y avait le défilé, le salut aux couleurs, le drapeau français et les jeux.

L'attraction qui fascinait les enfants et les adolescents

que nous étions était le jeu du mât de cocagne. Un mât enduit de savon ou d'un liquide gluant était dressé sur la place publique. Au sommet du mât, se trouvait un cerceau sur lequel pendaient des jouets. Nous devions grimper sur le mât pour atteindre le cerceau et décrocher le jouet de notre choix. Pendant ce temps, quelqu'un tenait une corde reliée au cerceau et son rôle était d'empêcher l'enfant ou l'adolescent d'atteindre le jouet. Il faisait monter et descendre le cerceau avec vélocité. Atteindre un de ces jouets était difficile, parce que le mât était très glissant.

J'ai souvent depuis repensé à ce mât de cocagne, avec le sentiment que, comme de petits Sisyphe roulant notre rocher, nous tentions désespérément de grimper sur un mât de cocagne glissant, à l'assaut de la liberté, du droit, de la démocratie et de la souveraineté. Malheureusement, on nous a, comme jadis, enduit le mât de savon très glissant et certains, quelque part, jouent leur partie et veulent nous empêcher d'atteindre le cerceau des lumières.

Enfant, j'ai toujours réussi à attraper mon lot…

ANCRAGE

Au bout de la patience, il y a le ciel.
Proverbe africain

Mon père était un grand croyant. Avant de se rendre au travail chaque matin, il allait à la messe. Il m'y emmenait souvent et nous confiions notre journée à Dieu. Pour moi, la foi a toujours été une richesse indispensable, un repère essentiel. C'est dans ma foi que je trouve la sérénité, c'est sur elle que reposent mes actes. Comment se conduire ? Comment s'élever au-dessus des contingences pour pouvoir toujours demeurer un être humain digne ? Dieu est unique. Le Christ est universel, il est le même pour tous. Comment partager cette certitude ? Elle s'éprouve, mais ne se prouve pas. La spiritualité est ce qui nous rend la lumière dans un monde souvent ténébreux. Parfois les gens qui se disent athées pensent que les croyants sont des naïfs qui, pour échapper à l'angoisse du néant, s'inventent, à la manière des petits enfants, de jolies histoires qui tournent toujours très mal ! Il ne s'agirait que d'une sorte de mauvais film à l'eau de rose. Dieu n'a rien d'un placebo aux remèdes de la vie, même si la prière engendre une grande sérénité face à l'adversité. Les religions ont fait, c'est évident, des ravages au cours de l'histoire en s'ancrant dans les luttes d'un pouvoir temporel, mais elles ont également créé le terreau des valeurs de l'éthique, de l'égalité et de la fraternité. Ce sont souvent ces mêmes religions au nom desquelles ont été commis tant de massacres qui ont aidé l'humanité à grandir.

Paradoxe d'une humanité compliquée !

Quel homme n'aspire pas à l'harmonie, quel homme raisonnable n'aspire pas à la paix de façon consciente ?

J'ai le sentiment que la religion est une porte vers les autres et pourtant aujourd'hui les portes ne cessent de se fermer en son nom !

La religion a pour mission originelle de créer le lien social comme l'indique son étymologie qui signifie créer des liens. Il ne s'est jamais agi que d'élever les esprits et de les rendre à la lumière, pas à l'obscurantisme ! Le message d'Abraham, le père des religions monothéistes, est un message de tolérance, d'amour et de paix. C'est ce message qui fonde les religions monothéistes. Il n'y est jamais question que de la nécessité de s'aimer.

Croire en Dieu est un chemin qui permet d'enrichir son âme, un moyen de sortir de nos médiocrités pour accéder à davantage d'être.

La montée du fondamentalisme religieux un peu partout est avant tout une réponse à la situation sociale précaire d'une majorité d'individus. Si les gens n'avaient pas de problèmes identitaires, s'ils pouvaient se référer à un statut social valorisant, ils n'auraient pas besoin de chercher ailleurs des instruments de domination.

Comment leur assurer qu'ils peuvent accéder à un vrai bien-être, trouver un vrai travail ?

Des discours guerroyants, fondés sur une interprétation tendancieuse des livres sacrés par exemple, ont été très bien utilisés par des corpuscules politiques qui ont vu dans ce phénomène une véritable aubaine, quand ils ne l'ont pas tout simplement suscité !

Cette récupération idéologique est d'autant plus effrayante qu'elle entraîne un discrédit sur les religions, alors que seule une toute petite frange d'intégristes est, à chaque fois, concernée.

L'exploitation de la religion à des fins politiciennes a déjà enrayé chez nous, par exemple au nord du pays, la marche du progrès.

Beaucoup de jeunes, partout sur la planète et pas seulement en Afrique, ont pensé trouver la liberté en s'engageant sous la bannière de Dieu, mais Dieu n'a pas d'autre bannière que la vie, celle de tous et de l'amour. Ce que j'éprouve quand je songe à Dieu est tout le contraire d'un enfermement. J'ai toujours été ouverte à toutes les religions, même si je me sens profondément chrétienne. Lorsque j'ai ressenti le besoin d'approfondir la connaissance de la Bible, je me suis tournée vers les évangélistes. Je voulais davantage me rapprocher de la Parole divine.

La recherche de Dieu est une expérience personnelle. Le clinquant de la religiosité en est très éloigné. Il s'agit d'aller à l'essentiel qui consiste à approfondir la qualité de ses relations avec Dieu et de faire en sorte que perdure la Parole divine, une Parole qui demande à l'homme de grandir.

« Lis au nom de Dieu qui t'a créé ». Combien de gens savent que c'est la première phrase du Coran, et que ce message c'est l'ange Gabriel qui l'a révélé au Prophète Mahomet ?

Combien savent également, parmi nos contemporains, qu'étymologiquement le mot Coran a pour racine le mot « lire » et qu'il y est expressément écrit qu'il faut respecter les trois religions et tous les prophètes de la religion du Livre ?

Combien savent que dans le livre de Josué il est écrit : « Que ce livre de la loi ne s'éloigne point de ta bouche » ?

Combien savent que Jésus, comme sa mère Marie, a une place prépondérante dans le Livre Saint des musulmans et qu'un verset du Coran fait dire à Jésus : « Paix sur moi le jour où je suis né, le jour où je mourrai et le jour où je serai ressuscité » ?

Les similitudes entre la Bible et le Coran sont très nombreuses. L'histoire de la création dans le Coran est exactement la même que dans l'Ancien Testament. Il est question pour les trois religions du Livre des mêmes sages.

Jonas, Younès, Noé, Nouh, Job, Ayoub en arabe, l'histoire du Livre est l'histoire d'un seul et même livre, qui est celui de la Vie et de la Paix. Je n'ai toujours pas compris par quelle alchimie étrange des messages d'amour et de paix engendrent depuis des siècles la guerre et la mort.

Comment, lorsqu'on est croyant, imaginer un Dieu qui ne soit pas le Dieu de tous les hommes ? Comment imaginer un Dieu qui choisisse un camp autre que celui de l'amour de tous les hommes ? Lorsque je dis que Dieu nous accompagne, c'est parce que je crois qu'il est aux côtés, depuis la nuit des temps, de tous les hommes de bonne volonté.

Dans la lignée des rumeurs et de la calomnie, on a beaucoup dit que les Églises évangéliques étaient venues des États-Unis pour recoloniser l'Afrique, qu'elles représentaient une sorte de faux nez de la CIA. Ces billevesées ne m'intéressent pas, ce qui m'importe, c'est la Foi.

Ce qui m'importe, c'est que chacun puisse un jour éprouver ce que j'éprouve, quel que soit le chemin qui l'y conduira ; que chacun se rende compte que Dieu existe, qu'il a créé l'homme et qu'il l'appelle sans cesse à le rejoindre.

Le chemin est là, lumineux, et pourtant nous sommes nombreux à passer devant lui sans le voir :
« Au bout de la patience, il y a le ciel ».

GRANDIR

Enfant sage, adolescente responsable

L'espoir est le pilier du monde.
Proverbe africain

Pendant des années, le nez dans le guidon, je n'ai fait que travailler, je croyais à l'huile de coude et au mérite. Un coin de pièce très partagé, beaucoup de bouches à nourrir et un père qui croit dur comme fer que ses enfants sont intelligents et qu'ils peuvent avoir une jolie vie, s'ils travaillent à l'école. Et il a raison !

Dans ce monde neuf, à peine sorti de la colonisation, toutes les opportunités sont offertes.

Je suis une enfant tranquille à la maison comme à l'école. On me montre souvent comme un exemple à suivre. Je suis consultée par mes amies. Je fais partie des jeunesses catholiques et c'est vrai que ma foi, dès cette époque, est très grande et m'aide beaucoup. C'est simple à dire, mais plus difficile, je le sais, à comprendre pour ceux qui ne l'éprouvent pas.

J'ai toujours, dès l'enfance, eu l'impression d'une présence permanente de Dieu auprès des hommes, présence délicate, toujours fidèle et qui se manifeste avec force lorsqu'elle est sollicitée par la prière.

Quand ai-je commencé à vraiment réaliser que nous tissions bel et bien notre destin avec notre volonté, comme me le répétait mon père ? Le monde n'était pas figé, nous pouvions le bousculer. Il me semble que, dès le collège, j'étais déterminée à lutter pour davantage de justice.

Je me souviens qu'un jour, j'étais au Lycée Classique d'Abidjan, j'ai fait arrêter une grève parce que je la jugeais inopportune. Une autre fois, c'était dans les années 1966 et 1967. Nous avions à nouveau fait une grève au lycée et l'armée était intervenue. Dans ces cas-là, elle embarquait les leaders dans le « cargo » et on se retrouvait au Camp militaire d'Akouédo. J'avais, comme tout le monde, très peur des coups de matraque, mais je me suis dit qu'il y avait longtemps que nous luttions et que ce n'était pas le moment de faiblir. L'un après l'autre, nous sommes montés nombreux dans le cargo. Les soldats devaient nous emmener dans un camp militaire, mais finalement ils ont été tellement décontenancés de voir que tout le monde montait de plein gré dans le cargo, qu'ils nous en ont fait redescendre. Ce jour-là, ils n'étaient sans doute pas venus pour faire des arrestations, mais plutôt pour nous intimider et casser notre mouvement. Certaines élèves ont ensuite tenu à me dire que c'est parce que j'étais montée dans le cargo qu'elles avaient suivi : « Si nous sommes montées dans le car, c'est grâce à toi. Sinon nous avions toutes la peur au ventre ». Si elles savaient ! Moi aussi j'avais la peur au ventre ! Mais visiblement j'avais réussi à bien le cacher.

À plusieurs reprises, j'ai eu ainsi, grâce à mes idées d'égalité et de justice, l'occasion de me retrouver sur le pont et d'être considérée, à mon grand étonnement, par les filles de ma génération, comme un repère.

La JEC

Au Lycée, je dirigeais la Jeunesse Estudiantine Catholique (JEC). J'ai assumé très rapidement des responsabilités à la tête de ce mouvement. Cela a été pour moi une expérience inoubliable. Je crois que mon passage à la tête de ce mouvement a marqué profondément mon existence. Le fait d'avoir eu à diriger la JEC m'a permis de réfléchir très tôt sur les problèmes des jeunes, des femmes, au-delà même de ceux des étudiants. Cela m'a également permis de visiter toute la Côte d'Ivoire, même si j'en avais déjà eu un bel aperçu avec mon père. J'ai appris à gérer une communauté, à diriger une réunion, à prendre la parole dans une assemblée, moi qui étais plutôt timide au départ.

Grâce à la direction de la Fédération Nationale des mouvements de jeunesse, j'ai pu effectuer des voyages pour prendre part à des rencontres internationales avec d'autres mouvements de jeunesse du monde.

Pendant les quatre années passées à la tête de ce mouvement, j'ai participé aux « Conseils Nationaux » organisés à l'époque par le président Félix Houphouët-Boigny.

Au Lycée Classique d'Abidjan, nous manifestions beaucoup pour la liberté d'expression. Nous étions encore sous un régime de parti unique et l'État était opposé à l'idée d'une jeunesse plurielle. Avec Houphouët-Boigny et le PDCI-RDA au pouvoir, il fallait une jeunesse unique, béni-oui-oui. Certains veulent à toute force empêcher les autres de penser par eux-mêmes, espérant ainsi mieux asseoir leur pouvoir. Ils se trompent, l'histoire leur a toujours donné tort, à terme. Je ressentais ce type de vérité, même si je n'avais pas encore les mots pour l'exprimer.

De 1960 à 1990, le président Houphouët-Boigny, prenant prétexte des impératifs de développement, a imposé le parti unique malgré l'article 7 de la Constitution ivoirienne qui permettait le multipartisme.

Premières réflexions

L'expression démocratique n'était pas permise. Toute manifestation de contestation était réprimée par les forces de l'ordre. Cette liberté nous était confisquée, et moi, je rêvais de me retrouver dans un pays moderne, comme il en existait, me semblait-il, en Amérique, en Europe ou en Asie. Ma prise de conscience politique est venue très tôt et elle était accompagnée de tant d'amitié et de fraternité !

L'école était pour moi la priorité essentielle : tout le monde devait pouvoir apprendre. Je demandais à cor et à cri une meilleure formation, un meilleur cadre d'enseignement, davantage d'infrastructures, plus d'écoles primaires, plus de collèges, plus de lycées, plus de centres d'apprentissage.

Responsable nationale de la JEC, j'étais jeune mais déjà écoutée pour donner le point de vue de mon mouvement. Très vite, j'ai pourtant eu le sentiment que ce que nous exprimions dans les mouvements de jeunesse n'était pas pris en compte, que nous étions même complètement rejetés.

Quand je rapportais les souhaits de l'organisation aux autorités politiques, je n'y mettais pas de gants et, sans bien m'en rendre compte, je commençais à prendre de vrais risques.

On est plus le fils de son époque
que le fils de son père.
Proverbe africain

Passionnée par l'étude

Dans ma jeunesse, rien ne me passionnait davantage que l'étude. Les interpellations politiques qui déjà s'accrochaient à ma conscience n'ont pas pu m'en détourner. Au contraire, il me semblait de plus en plus nécessaire de bien m'enraciner dans une culture des connaissances solides et élargies, si je voulais plus tard devenir une interlocutrice de poids.

Je suis entrée à l'université d'Abidjan après mon baccalauréat en 1970, j'en suis sortie après ma licence de lettres modernes en juin 1973. Une année plus tard, mon père était fier de me voir sortir major de la promotion CAPES de lettres modernes de l'École Normale Supérieure d'Abidjan. J'ai été admise à l'université de Villetaneuse (Paris 13), ma maîtrise de Lettres modernes portait sur « L'image de la femme dans le conte Abouré », bien sûr.

DEA (Diplôme d'Étude Approfondie) de littérature à l'université de Dakar ; thèse de doctorat 3e cycle dans la même université sur le thème « Le langage tambouriné chez les Abouré », sous la direction de Mme Liliane Kesteloot. J'ai été passionnée par les études. Ce qui m'attirait, c'était l'Afrique, sa littérature, sa science, ses traditions, ses coutumes. Pour sauver tout ce savoir oral, le pérenniser, il s'avérait indispensable de le fixer par l'écriture.

À partir de 1972, sous l'encadrement de mon professeur Zadi Zaourou, plusieurs étudiants et moi-même créons le Groupe de Recherche sur la Tradition Orale (GRTO) que je dirigerai jusqu'en 1980. J'ai parcouru le pays de part en part pour en recueillir les contes, les proverbes, les mythes, les chants et les poèmes, l'histoire, la pharmacopée traditionnelle. Je découvrais la géographie de la Côte d'Ivoire et j'apprenais mon peuple dans ses dimensions les plus intimes. Je mettais en relief les liens communs, les valeurs communes, culturelles, juridiques, historiques, sociologiques et je découvrais que ces peuples, apparemment si divers, avaient appris déjà, depuis des siècles, à s'emprunter mutuellement les techniques, les produits, les arts. Pour être plus performante, j'ai dû préparer une licence de linguistique africaine à l'université d'Abidjan. Ce temps-là fut parmi les plus beaux moments de ma vie.

DEUXIÈME PARTIE

LES ANNÉES RÉVOLTE

PRISES DE CONSCIENCE

Quand un arbre tombe, on l'entend.
Quand la forêt pousse, pas un bruit.
Proverbe africain

Au fil de mes études, une conscience m'est donnée, je sors des limbes. Je parcours des étapes, rencontre des paroles comme autant de clefs qui défoncent les portes de mon esprit, je comprends davantage chaque jour à quel point j'ai envie de défendre les valeurs d'un sol, d'une terre que j'aime.

Premières révoltes

Dans les années 60, après l'indépendance, la Côte d'Ivoire a vécu des années d'arrestations politiques : « les complots » de 1963 et 1964 qui venaient achever de terrifier une population déjà frappée par le « complot du chat noir » de 1959. En effet, Jean Baptiste Mockey, pharmacien, est un des principaux cadres PDCI du pays.

Il est, à cette époque, une des personnalités politiques les plus puissantes. Élu sénateur de la Communauté, secrétaire général du PDCI et maire de Grand-Bassam, il cumule également les fonctions de Vice-Premier ministre et ministre de l'Intérieur. On le surnomme « Jupiter ».

En 1959, au moment où Houphouët-Boigny rentre en Côte d'Ivoire, il lui fait indéniablement de l'ombre. Rapidement et très brutalement, Mockey est déboulonné de son piédestal. Houphouët-Boigny l'accuse d'avoir voulu l'envoûter avec des fétiches et une tête de chat noir pour le rendre impuissant puis le tuer. Cette accusation jette un froid dans toute la société. Mockey est affecté comme ambassadeur en Israël. Mais Houphouët-Boigny n'est pas rassuré. Son sentiment d'insécurité s'accroît avec le coup d'État « réussi » d'Eyadema au Togo. En effet, l'assassinat de Sylvanus Olympio, début 1963, sème un vent de panique sur toutes les cours présidentielles d'Afrique noire francophone. Le président Houphouët-Boigny décide alors de procéder à un grand nettoyage politique. C'est le temps des complots 1963 et 1964. Les grandes figures du régime basculent. Amadou Koné, ministre de la Santé, président de la JRDACI (Jeunesse du Rassemblement Démocratique Africain. Section de Côte d'Ivoire) Charles Donwahi, ministre de l'Agriculture. Ernest Boka, président de la Cour suprême, est également arrêté. On le retrouvera mort dans sa cellule.

Rappelé d'Israël, Mockey est nommé ministre de l'Agriculture et surtout président de la Cour de sûreté de l'État. Le voilà donc qui est chargé de juger les détenus et il prononce plusieurs condamnations à mort. Quelques mois plus tard, en août 1963, il est arrêté à son tour en compagnie de Gris Camille, ministre du Travail, Jean Konan Banny, ministre de la Défense, Amadou Thiam, ministre de l'Information, etc. La jeunesse du parti politique en place est donc démembrée. Le président Houphouët-Boigny et les leaders du parti unique n'arrivaient pas à maîtriser cette jeune classe intellectuelle qui revendiquait une autre politique.

J'avais dix-sept ans lorsque les responsables politiques du PDCI ont estimé que la jeunesse ivoirienne restait trop remuante et devenait même incontrôlable. Les arrestations régulières d'étudiants qu'on envoyait dans l'armée pour leur faire subir un lavage de cerveau ont commencé à cette époque-là. Je me suis retrouvée de plain-pied dans le combat politique, alors que je n'étais que dans une organisation catholique, travaillant pour la jeunesse. Je n'avais aucune ambition politique. Je venais juste d'avoir mon bac. Très vite, la question de la liberté est devenue essentielle. Cette question allait de pair avec celle de la justice et de la démocratie. Le besoin de justice et d'équité était tellement fort en moi, que je ne pouvais imaginer mon pays stagnant dans cet obscurantisme. Je comprenais entre les lignes que le manque de qualification, le peu d'entrain à développer les structures du savoir n'étaient pas fortuits. Des jeunes très qualifiés devenaient dérangeants et pas seulement pour les autorités du pays. Acquérir un savoir-faire, c'était se rendre capable d'obtenir, autrement que dans les mots, une véritable souveraineté. C'était ne plus être dépendants des grandes puissances, c'était ne plus avoir besoin qu'on nous tienne la main en toute circonstance, les yeux bandés parfois et jusqu'au bord du gouffre. Je ne dis pas cela pour les hommes et les femmes qui sont venus en tant que coopérants nous aider à apprendre, mais pour ceux qui ont freiné d'une façon ou d'une autre notre marche vers le savoir.

Aujourd'hui, j'aimerais tellement que les jeunes qui liront ce livre – et j'espère qu'il y en aura beaucoup – comprennent combien leur sort, comme celui de leur pays, est étroitement lié à la curiosité dont ils savent ou sauront faire montre. Être curieux du monde et de son devenir, apprendre encore et toujours, s'ouvrir l'esprit, acquérir la technologie et le savoir-faire. Apprendre dans un livre et apprendre en façonnant, dans les tentatives victorieuses comme dans les échecs. Ne jamais s'arrêter d'apprendre et créer soi-même. Faire bouger les choses et reculer l'horizon et s'ouvrir ainsi toutes les portes de ce monde, c'est essentiel !

Le cœur n'est pas un genou pour qu'on le plie
Proverbe africain

Les souvenirs se bousculent…

Ma vie politique a commencé très tôt, à peine arrivée à l'université en tant qu'étudiante, j'ai fréquenté les cercles d'études politiques.

Le syndicat auquel j'appartenais, le SYNESCI

(Syndicat National de l'Enseignement Secondaire) avait politiquement refusé de s'affilier à l'Union Générale des Travailleurs de Côte d'Ivoire (UGTCI), une structure contrôlée à l'époque par le parti unique, le PDCI-RDA. À l'instar du SYNESCI, le Syndicat National des Cadres Supérieurs de la Santé de Côte d'Ivoire (SYNACASSCI) et le Syndicat National de la Recherche et de l'Enseignement Supérieur (SYNARES) allaient refuser d'appartenir à l'UGTCI.

Nous luttions pour l'autonomie de ces différents syndicats et je suis persuadée que ces syndicats autonomes ont permis à notre société ivoirienne d'évoluer aussi bien au plan associatif, idéologique que politique. Ces syndicats étaient les seuls espaces d'expression divergeant du pouvoir que nous avions réussi à conquérir. Tous ceux qui revendiquaient la liberté d'opinion n'avaient pas d'autre refuge. Les syndicats d'enseignants ont remporté de grandes batailles dont celle de l'africanisation des enseignements dispensés aux écoliers, élèves et étudiants.

Les premiers enseignants africains du Lycée Classique d'Abidjan où j'ai été élève ne sont arrivés qu'en 1969. Avant cette date, la presque totalité des enseignants étaient des Français.

L'ivoirisation des programmes d'enseignement s'est faite à partir de 1970 sous l'impulsion des syndicats d'enseignants. Ce sont nos grèves qui ont eu raison de l'hermétisme du parti unique et de la mainmise culturelle de la France sur la Côte d'Ivoire. De 1970 à 1973, j'étais étudiante en lettres modernes à l'Université de Côte d'Ivoire. Je me souviens encore de nos rêves et de nos joies lorsque nous recevions des enseignements sur la littérature africaine et l'histoire de l'Afrique.

Cette époque-là a connu les grands combats pour l'ivoirisation des programmes d'enseignement dans toutes nos écoles et notre université. Des enseignants français, à l'esprit noble et riche, telle que ma patronne de thèse, Liliane Kesteloot, nous ont accompagnés dans cette lutte ; d'autres coopérants, par contre, offusqués par cette revendication « irrévérencieuse » ont préféré quitter le pays.

Le cadre syndical m'a donné l'opportunité d'être associée aux discussions majeures menées au plus haut niveau de l'État dans les années 80.

Les conférences organisées par le SYNARES portaient aussi bien sur des questions syndicales pures que sur des questions politiques. Il s'agissait pour nous de faire connaître notre point de vue et de forger une opinion nationale démocratique. C'est dans ce cadre de l'université que ma vie politique a réellement commencé.

Je me souviens qu'en 1983, après le départ de Laurent, des agents de police venaient m'interroger presque tous les deux jours pour savoir où Laurent se cachait. Un jour, ils ont cassé la portière de ma voiture et ont emporté tous les documents qui s'y trouvaient.

En 1983, lorsque éclata la grève des enseignants du supérieur et du secondaire, j'étais responsable syndicale et je dois dire que j'ai subi toutes sortes de pressions pour faire cesser cette grève. Des femmes membres de l'AFI (Association des Femmes Ivoiriennes), organisation des femmes du PDCI, sont allées jusqu'à me menacer de sévices. J'ai même eu droit, pendant trois heures, aux injures du président Houphouët-Boigny qui voulait me faire arrêter et me faire juger.

Houphouët-Boigny nous a même accusés, Laurent et moi, de recevoir de l'argent de Kadhafi pour semer le trouble à l'université.

De 1974 à 1980, j'enseigne les lettres modernes au Lycée classique d'Abidjan. Au bout de ces six années, j'ai décidé de reprendre les études supérieures que j'avais interrompues pour aller enseigner. Je ne voulais plus enseigner dans le secondaire, il se posait à moi un problème d'ordre éthique : l'État ivoirien n'investissait plus dans la construction des infrastructures scolaires et nous nous retrouvions avec des effectifs pléthoriques dans les classes. Il devenait difficile, presque impossible, pour les professeurs de dispenser un enseignement de qualité aux élèves. En effet, avec ce type de classes, un professeur n'a plus de repos dans la journée, plus de congés en fin de semaine. Ses jours et ses nuits sont avalés par les copies à corriger. Plus de sorties avec ses enfants. Au niveau de l'Unité pédagogique du lycée, il fallut adapter les consignes et prendre de nouvelles dispositions : réduire le nombre de contrôles écrits par classe. En conséquence, le niveau même de la formation se mit à baisser dans nos écoles. Petit à petit, s'installa en moi le sentiment de ne plus tout à fait mériter mon salaire. Aujourd'hui encore, je reste convaincue qu'au-delà de quarante élèves par classe un professeur ne peut pas offrir un bon encadrement à chacun de ses élèves et assurer un contrôle répété et adéquat de l'assimilation de son enseignement par ses élèves. Nos gouvernements doivent faire l'effort de construire suffisamment d'écoles pour que les effectifs dans les classes soient allégés et supportables. J'ai donc quitté l'enseignement secondaire et je suis passée à la Recherche.

Étant passionnée par la civilisation orale africaine, j'ai choisi de soutenir une thèse de doctorat sur ce thème. Je n'ai pas pour autant totalement rompu le cordon avec l'activité de formation, puisque au niveau de mon parti, le FPI, j'ai longtemps été chargée de la formation politique.

Parfois, nous avions l'impression de lutter contre des montagnes indéracinables, heureusement que nous avions le feu sacré. Nous gênions avec notre discours engagé, avec notre entêtement à vouloir cette vraie démocratie à tout prix. Nous représentions pour le pouvoir en place une brèche dangereuse, vis-à-vis des jeunes, notamment. Nous voulions casser les logiques existantes. Nous voulions une plus grande justice, l'alternance politique et la mise en place d'un contre-pouvoir dans la gestion politique et économique du pays. C'est seulement de cette manière que pouvaient être garanties la démocratie et l'expression des libertés. Nous voulions une distribution plus équitable de la richesse et de l'abondance du pays afin que se réduisent la misère et les disparités sociales. Nous voulions le recul de l'ignorance par une meilleure appropriation de la science, de la connaissance et de la technologie.

Nous voulions un véritable réarmement moral et éthique de toute la société ivoirienne.

MA MÈRE L'AFRIQUE

Heurs et malheurs d'un continent

C'est si peu dire que j'aime la Côte d'Ivoire, j'aime l'Afrique… Grâce à mes études, j'ai pu davantage la connaître et mieux la comprendre. Notre âme est toute façonnée par cet univers particulier.

Est-ce cette nature parfois si aride, si minérale qu'il semble que plus rien ne s'érige entre l'homme et Dieu ? Ou encore cette nature si luxuriante, si généreuse que le jardin d'Éden paraît n'avoir pas pu exister ailleurs que sous les tropiques ? Est-ce tout cela qui nous donne ce rapport au monde ?

Les Portugais ont été les premiers Européens à débarquer en Côte d'Ivoire au XVe siècle. L'Afrique, selon le diktat du célèbre pape Alexandre VI de l'illustre famille des Borgia, leur avait été dévolue.

Les pays d'Europe s'étaient partagé le monde et le fameux traité de Tordesillas en 1494 avait décidé du sort du Brésil comme de celui de mon pays. L'Est du méridien au Portugal et l'Ouest à l'Espagne. Traite négrière et commerce de l'ivoire s'ensuivirent. Les « conquistadors » appelèrent ce pays la « Côte des males gens », « mauvaises personnes ». Les « indigènes » n'étaient sûrement pas très heureux de voir débarquer cupidité et pillage sur leur sol. Ils ont dû se défendre et ça n'a pas plu ! On l'appela ensuite la « Côte des graines et de la malaguette », un des noms du poivre de Guinée, la « Côte des dents », ou « Costa de Marfil », un autre nom donné à l'ivoire et puis enfin ce joli nom de Côte d'Ivoire.

Durant trois siècles, jusqu'à son interdiction en 1848, la traite va entraîner le dépeuplement. Des chasses à l'homme seront organisées qui vont aboutir à d'atroces guerres tribales. Personne ne connaît le nombre d'êtres humains capturés chez nous et transformés en esclaves. Mais ils furent en tout sur notre continent, une quinzaine de millions.

Au XIXe siècle : un amiral français, l'amiral Bouët, signait des traités avec les chefs des différentes tribus ivoiriennes à la recherche d'or, d'ivoire, de caoutchouc, d'huile de palme. Français et Anglais s'affrontaient pour s'accaparer les richesses du pays.

Au congrès de Berlin en 1885, l'Europe se partagea tranquillement les zones d'influence. Le 10 mars 1893, la colonie de Côte d'Ivoire est créée. Louis Gustave Binger, déjà représentant de la France auprès des chefs des tribus, est nommé gouverneur dans la foulée et Grand-Bassam, ma ville de naissance, est érigée en capitale.

En 1899, Grand-Bassam subit une terrible épidémie de fièvre jaune. Les Français se retirèrent à Bingerville qui était sur les hauteurs et donc plus épargnée. Ils en firent la nouvelle capitale de la Côte d'Ivoire.

En 1902, la Côte d'Ivoire intégra l'AOF (Afrique Occidentale Française), mais les révoltes des Baoulé et des Bété seront réprimées jusqu'en 1915. Il faudra plus de vingt ans à la France pour s'imposer. La « pacification » se fera sous la férule du gouverneur à poigne Angoulvant.

L'histoire d'un continent ne se résume pas en quelques lignes, mais ces quelques lignes montrent à l'évidence combien ma mère l'Afrique, je devrais dire notre mère, a été, au cours des siècles, exploitée, combien ceux qui y vivaient ont été malmenés, torturés, sans parler des esclaves, des hommes rendus au rang de simple objet marchand.

Respect du droit des peuples

Pour ce qui est de la Côte d'Ivoire, il faut savoir qu'à l'instar des autres pays africains cet État a été créé par un découpage artificiel, voire arbitraire, par l'Europe coloniale lors de ce fameux congrès de Berlin.

De ce fait, des peuples de cultures différentes, des hommes et des femmes de structures sociales et politiques différentes, des gens d'horizons divers, des nations en réalité différentes, se sont trouvés contraints de cohabiter au sein d'une même entité nouvelle, aussi étrangère qu'abstraite.

Difficile pour cet ensemble hétéroclite de former une nouvelle nation de façon spontanée. D'où cet équilibre précaire et fragile des États africains. Ces compositions, bien évidemment, ne sont pas restées figées. En leur sein, il s'est produit de nombreux brassages des populations, de sorte que l'on trouve en Côte d'Ivoire des populations nordistes au Sud, des sudistes au Nord, des Baoulés à l'Ouest et au Centre Ouest, etc.

Par ailleurs, la situation démographique de la Côte d'Ivoire est rendue encore plus complexe par l'existence d'une forte population d'immigrés. (26 % selon le recensement général de la population et de l'habitat en 1998.)

L'édification de la nouvelle Nation est pourtant véritablement en marche.

Si riche et toujours pauvre !

Traditionnellement la Côte d'Ivoire a souvent été conduite à aider certains de ses voisins en leur apportant secours financiers, budgétaires, matériels et humanitaires. Abidjan est le second port d'Afrique après Durban en Afrique du Sud, de sorte que le plus important du trafic maritime de la sous-région passe par la Côte d'Ivoire. Nous représentons une plate-forme incontournable.

Cependant, aujourd'hui plus que jamais, on veut décider pour nous. Tous les coups sont permis, les soutiens affichés aux opposants politiques et aux rebelles, les menaces, les sanctions économiques, les sanctions militaires, les opérations médiatiques, les coups d'État …

Et pendant ce temps-là, l'Afrique est encore et

toujours exploitée. Le monde s'enrichit et l'Afrique ne cesse de s'appauvrir. Les chiffres sont éloquents : de 1975 à 2002, le PIB de l'Afrique subsaharienne a diminué chaque année de 0,8 %, alors que celui de l'ensemble des pays en développement progressait de 2,3 %.

Malgré un sous-sol très riche, notre continent est scandaleusement sous-équipé et possède très peu de structures de transformation industrielle.

Le choix des « meilleures » politiques économiques pour l'Afrique se fait, sans nous, au sein du G8 et au niveau du FMI (Fonds monétaire international) et de la Banque mondiale.

En janvier 1994, la Côte d'Ivoire, et nombre de pays de l'Afrique de l'Ouest francophone, ont été contraints par le FMI et la Banque mondiale d'accepter la dévaluation, à hauteur de 50 % du franc CFA, dont la conversion avait été suspendue, dès août 1993, par la France.

Cette dévaluation « coup de sabre » était censée rétablir la compétitivité de nos pays et relancer les investissements étrangers, condition première, pensait-on, d'un redémarrage durable de la croissance intérieure.

Le résultat immédiat fut une division par deux du pouvoir d'achat des populations locales, sans autre compensation que la « sollicitude » du FMI (moratoire sur tout ou partie de certaines dettes), agissant sous la houlette ultralibérale des États-Unis. En conséquence la dévaluation provoqua une paupérisation galopante de nos pays et de nos populations.

Si ces choix étaient bons pour nous, l'Afrique ne serait plus ce continent misérable sur lequel le chômage, la corruption, la violence, la criminalité, l'instabilité politique, les guerres, ne cessent de se répandre.

À qui profitent ces choix ?

C'est pour modifier ces réalités que nous nous sommes toujours battus et c'est pour cela que nous sommes aujourd'hui combattus.

Ce que nous voulons, tenant compte des aspirations du peuple ivoirien, c'est revoir ces accords de coopération économique, monétaire et militaire qui datent des années 60 et qui ne sont d'ailleurs pas appliqués, lorsque nous en avons besoin. Comme le rappelle Mamadou Koulibaly, président de l'Assemblée nationale, « tous les accords sont caducs mais la France ne le déclare que lorsqu'il lui est demandé d'assumer sa part de responsabilité ».

J'étais et je suis plus que jamais persuadée de l'importance du dialogue qui doit être mis en place entre les pays d'Afrique. Il faut que les dirigeants africains se serrent les coudes. Nous sommes à un tournant important de l'évolution de nos rapports avec l'ancienne puissance coloniale.

Et à l'instar de Cheikh Hamidou Kane, je pense que « les gestes prochains se feront les yeux dans les yeux ».

Il est essentiel qu'une vraie logique de paix entre les civilisations conduise impérativement nos actes. Il est essentiel de placer l'Afrique dans la capacité d'assumer un rôle historique. Il est essentiel de lui redonner l'initiative.

Il est temps de dire non à la fatalité pour dire oui

ensemble, à un avenir commun de paix et de prospérité.

Je plaide pour le respect du droit du peuple de Côte d'Ivoire et de ceux de l'Afrique tout entière à disposer d'eux-mêmes. J'invite les Africains et particulièrement les intellectuels dont les voix portent en Afrique à faire entendre le cri des Ivoiriens.

Les Ivoiriens ont aussi ce droit reconnu par l'humanité d'avoir un bout de terre et de le défendre.

Le monde aura beau changer, les chats ne pondront pas.
Proverbe africain

La peur de l'autre

Tout se passe encore comme si, pour certains, l'Afrique était une zone de non-droit et ses habitants, des citoyens d'un monde de seconde zone. Le seul fait d'être noir et africain porte préjudice sur la scène internationale et discrimine. Nous sommes même devenus la poubelle de l'Occident ! La récente affaire, chez nous, des déchets toxiques du Probo Koala le confirme tristement. Si l'on avait voulu nous empoisonner, on ne s'y serait pas pris autrement.

Les richesses de l'Afrique noire sont traitées, malgré les mouvements récents de l'histoire, comme propriétés des ex-puissances coloniales ! C'est insensé, mais c'est comme ça.

La presse, la circulation de l'information en général permettent en théorie d'éclairer notre univers sous ses multiples coutures, et par conséquent, devraient accroître nos connaissances et notre compréhension des choses. Les préjugés ne devraient plus exister, les complexes d'infériorité devraient s'effondrer dans un univers de brassage. Or, bien malheureusement, il n'en est rien !

On ne peut que constater une montée du racisme, un repli des hommes sur eux-mêmes et le retournement des uns contre les autres ! Le chômage ou la peur du chômage, le terrorisme ou la peur du terrorisme, ce sont nos peurs qui engendrent le racisme et ses corollaires monstrueux. Ce sont nos peurs et les ambitions démesurées d'une poignée d'hommes… Nombre de pays aujourd'hui exigent un visa. Il y a quelques années, pour aller chercher du travail à Paris, une carte nationale d'identité suffisait amplement. Il est vrai qu'à l'époque la France avait besoin de la main-d'œuvre africaine et nous encourageait à venir en Europe, à venir en France.

Des Noirs, des Marocains et des Algériens ont pu partir en France parce que le système économique, l'industrie avaient besoin de cette main-d'œuvre comme il avait eu besoin de « chair à canon » au cours des deux dernières guerres mondiales.

À partir des années 70 la donne a changé. Les « Trente Glorieuses » s'essoufflaient, le président français Giscard d'Estaing a décidé de mettre fin à cette situation. Passeport, puis visa, sont devenus obligatoires. Aujourd'hui, lorsque vous demandez un visa, on peut vous l'accorder ou non, sans aucune explication, souvent à la tête du client et parfois avec un certain mépris. La peur d'être envahi par l'autre ! Parlez français, mais restez chez vous ! Chacun chez soi et chacun pour soi. Ce qu'on a chez soi est déjà insuffisant.

La montée du racisme est aussi liée à la crise économique, j'en suis persuadée. Mais il n'y a pas que ça. L'ultralibéralisme est triomphant parce que, depuis la chute du mur de Berlin, il n'a plus besoin d'un faux nez. Le rideau d'argent a remplacé le rideau de fer, les financiers et les lobbies triomphent partout des producteurs. On ne trouve plus d'Initiés que dans le délit !

La nécessaire solidarité entre Pays africains…

Il faut mettre en place un partenariat pour la paix et le développement entre les pays africains, mettre en place un espace commun de paix et de sécurité, fondé sur les principes des droits de l'homme et de la démocratie. Les droits de l'homme sont indivisibles et ne peuvent souffrir deux poids, deux mesures et la démocratie est une condition nécessaire à la paix, même si ce n'est pas une condition suffisante. Il faut qu'en Afrique, nous fassions respecter nos démocraties.

Il nous faut vraiment construire une zone de prospérité partagée. Mais pour que les relations entre nos différents pays soient efficaces, il faut identifier les obstacles qui peuvent les bloquer et définir ensemble nos propres priorités.

Il faut que nous nous tenions les coudes, que nous nous rassemblions sur nos valeurs culturelles communes afin que la compréhension mutuelle entre nos peuples d'Afrique puisse s'accroître.

Car ils diabolisent pour mieux asservir !

Comment se sentir à l'aise, heureux, dans un monde où tout se trafique, où on peut diaboliser un quidam pour peu qu'il soit sur votre chemin en ayant recours à la calomnie et au mensonge en toute impunité ?

Les politiciens, les hommes clefs de l'économie sont souvent devenus machiavéliques et, craignant pour leur petit ou grand potentat, orchestrent avec un certain brio mais sans scrupule aucun - je le constate chaque jour - la manipulation.

En pénétrant dans les sphères du pouvoir, j'ai été tour à tour scandalisée, effarée, écœurée par ce qui s'y joue, la façon dont les pays riches se prennent pour les maîtres du monde et considèrent l'Afrique comme leur terrain de jeu personnel. Quitte, comme cela a été le cas, à inventer les pires mensonges lorsque vous ne vous laissez pas acheter ou lorsque vous ne les achetez pas ! Quitte à mettre en branle tous les médias possibles et à asséner de fausses informations pour peu qu'ils sentent une véritable résistance. Quitte à commettre des délits de faciès et du dénigrement de bas étage !

Avant d'arriver dans ces sphères, lorsque j'étais une simple militante, j'étais uniquement habitée par mes nobles visions, motivée par ma passion de la liberté et de la justice. Ce que je découvre à présent, c'est l'âpreté du combat et la laideur de l'adversité.

Je n'étais pas totalement naïve non plus, je réalisais bien que, si nous avions accédé au statut d'indépendance, nous n'étions toujours aux yeux des pays occidentaux que des citoyens d'un monde de seconde zone. L'absence de réelle démocratie, bien davantage que notre statut d'ex-colonisés, expliquait, me semblait-il, que nous soyons à la marge de la scène internationale.

Un certain Laurent Gbagbo tirait déjà la sonnette d'alarme, expliquant comment les gens vivaient de plus en plus mal la misère économique, le manque d'écoles, une justice considérée comme arbitraire qui ne pouvait présenter aucune légitimité.

Comment se construire dans un tel contexte ? Les pays d'Afrique avaient et continuent à avoir une réputation misérable sur la scène internationale. Ceux qui y vivent et ont accès à cette prise de conscience se sentent doublement marqués par la précarité des leurs.

Comment résister à ce sentiment d'échec, comment ne pas être marqué par le discrédit qui touche l'ensemble des pays africains?

La mise en place d'une Communauté des États d'Afrique de l'Ouest était la seule voie pour affronter la mondialisation et la concurrence internationale. Des actions vigoureuses ont été depuis entreprises pour une plus grande convergence des politiques macro-économiques et pour la mise en œuvre effective des prescriptions d'une Politique Industrielle Commune (PIC). Le marché de l'UEMOA (Union Économique et Monétaire Ouest Africaine) est un premier pas pour nous insérer efficacement dans le commerce international.

Mais il s'agit d'aller plus loin encore, vers une union politique qui renforcerait la communauté de destin de toute l'Afrique de l'Ouest.

Aller plus loin dans la construction de l'Union Ouest Africaine, c'est aussi mettre en œuvre une politique de bon voisinage, d'amitié et d'hospitalité avec les peuples.

Avec le FPI, Laurent Gbagbo a toujours prôné une Union africaine solide et solidaire qui ne peut que fortement déranger les grandes puissances occidentales.

Ce que nous voulions de toutes nos forces, et que nous voulons aujourd'hui encore plus que jamais, c'est proposer aux jeunes Africains de prendre leur destin en main, de tirer les pays vers le haut, de valoriser leurs réussites en refusant tout misérabilisme, tout fatalisme. L'Afrique a besoin d'une jeunesse qui croie en sa Terre.

TROISIÈME PARTIE

LES ANNÉES DE LUTTE

UN HOMME INDÉPENDANT, UN HOMME JUSTE

Tous les coqs qui chantent ont d'abord été des œufs
Proverbe africain

Le jeune Gbagbo

Laurent est né le 31 mai 1945 à Gagnoa. Il est deuxième du nom dans la famille de Koudou Paul. Il est l'aîné d'une fratrie de huit enfants. Sa maman Gado Marguerite a donné naissance à un premier garçon nommé Laurent Gbagbo qui n'a vécu que quelques mois. Le second fils de maman Marguerite s'est appelé également Laurent Gbagbo pour rendre hommage à l'ancien commandant de la compagnie de l'armée française dans laquelle Paul Koudou avait été sergent en Normandie de 1939 à 1942. Le Destin, ainsi, confia à mon mari la responsabilité d'aîné, d'exemple et de guide pour sa sœur Jeannette et ses six demi-frères qui naîtront plus tard.

Laurent a vécu une enfance africaine bercée par les jeux mais très vite projetée dans l'ambiance des villes coloniales d'alors. Il aimait jouer comme tout enfant mais consacrait aussi une partie de son temps à aider à la maison. C'était dans sa nature, les Anciens de la famille aiment beaucoup le raconter !

Et puis l'heure de la scolarisation est venue.

Laurent fait très tôt sa première initiation dès l'âge de trois ans, suivant ainsi les plus grands. Quand il arrive effectivement au CP1, il a déjà fini de parcourir le programme et donc il s'ennuie en classe : il fait l'école buissonnière... Pour l'intéresser aux études, son père lui dit : « Il faut que tu partes à l'école, il faut que tu ailles au lycée ». Le petit Laurent, sa curiosité éveillée s'informe : « Papa, qu'est-ce que c'est que le lycée ? C'est l'école, mon fils, dans laquelle les blancs vont apprendre les choses pour venir nous commander. Il faut que tu ailles donc au lycée ! »

Devenu bon élève, après l'obtention du certificat d'études en 1958, il sera inscrit en sixième par son père au petit séminaire de Gagnoa, mais il n'a pas la vocation. C'est pourtant au petit séminaire que Laurent a commencé à aimer l'école, qu'il a acquis le goût d'apprendre et qu'il a eu envie de poursuivre ses études. Dans cet établissement, il acquiert des bases solides en latin, en grec et en musique. Il sera plus tard surnommé Cicéron. C'est aussi là qu'il commence à s'intéresser à la politique à travers les articles qu'il dévore dans le journal catholique *Afrique Nouvelle* édité à Dakar, capitale de l'Afrique Occidentale Française. Le paysage politique de l'Afrique francophone est alors en pleine mutation. Les colonies françaises d'Afrique (AEF, AOF) se transforment en territoires autonomes au sein d'une grande Communauté autour de la Métropole, créée par la Constitution de la 5e République après le référendum de septembre 1958, à l'exception notable de la Guinée française qui avait opté pour l'indépendance immédiate.

Cette Communauté française durera un peu moins de deux ans et disparaîtra *de facto* avec l'indépendance de ses composantes africaines, dès le second trimestre de l'année 1960.

Laurent Gbagbo suit avec intérêt le bouillonnement généré par ces transformations, la vie et les activités intenses des hommes politiques africains, peu nombreux mais très actifs, dont un en particulier force son admiration. Léopold Sédar Senghor est alors un phare pour les jeunes Africains. À un ami qui lui donnait des cours de musique, Laurent confiera : « Celui qui me plaît le plus, c'est Senghor. J'ai envie de lui ressembler : être instruit et être Président… »

Le Destin poursuit sa marche

La voie offerte par le séminaire, si elle pouvait mener à l'instruction, ne menait sûrement pas à la présidence d'un État laïc. Avec trois de ses amis, Laurent quitte l'établissement religieux en 1962 pour s'inscrire au Lycée Classique d'Abidjan en seconde. Les trois années passées dans ce lycée de très bon niveau seront consacrées aux études et à la musique pratiquée comme hobby, dans un orchestre de copains, « Les joyeux Compagnons du Lycée ».

Les certitudes tranquilles de l'adolescent Laurent Gbagbo vont être, une première fois, ébranlées par l'arrestation pour « complot », en 1963, de certains ministres et autres hommes politiques que tous croyaient jusque-là intouchables. Un an après, un second événement le bouleverse et fait très certainement basculer sa vie dans le combat. C'est l'arrestation, cette fois, de son père et de son oncle maternel Gris Camille, dénoncés pour un « complot » dont Paul Koudou nie avec véhémence et sincérité l'existence. Les conséquences immédiates de cette tragédie seront le décès de sa grand-mère, très affectée, et une famille privée du salaire d'un père, par conséquent complètement démunie.

Déstabilisé, le jeune Laurent faillit manquer l'occasion d'un séjour en France que lui octroyait sa qualité de lauréat du concours France-Afrique, organisé à l'époque par le ministère français de la Coopération. Seule la générosité de Mme Bamba, institutrice et épouse du directeur de l'école de Gagnoa, lui permit de se rendre, malgré l'adversité, dans cette colonie de vacances en France.

Dès son retour, Laurent, conscient de sa responsabilité de fils aîné, décida d'interrompre ses études et de chercher un emploi d'instituteur dans les écoles privées afin de « faire bouillir la marmite familiale ». Il chercha en vain. Il était en terminale philo et sur les conseils pressants de son entourage, notamment de ses amis Dominique Kangah et Auguste Denise Georges, Laurent reprit ses études secondaires, obtint le baccalauréat et fut orienté en Faculté de Lettres classiques à la jeune université d'Abidjan. Pendant les vacances, il décida d'aller au village pour se ressourcer. À la suite d'un match de football, organisé par la sous-préfecture de Ouragahio le 7 août 1965, jour de la fête nationale, et gagné par l'équipe du village de la maman de Laurent, le sous-préfet, M. Ayémou Noé, mécontent du résultat, refusa tout simplement de remettre la coupe à l'équipe gagnante. Cela déclencha des bagarres et l'emprisonnement à Gagnoa pour vingt et un jours de tous les protagonistes parmi lesquels, bien sûr, un Laurent Gbagbo, outré par l'acte injuste de l'Autorité sous-préfectorale. C'était la première fois qu'à la suite d'un acte inique d'autrui il se retrouvait en prison. Il ne se doutait pas qu'il allait y retourner plus souvent qu'à son tour.

À la fin de ces « vacances » un peu spéciales, il vint faire son année de propédeutique à l'université d'Abidjan. En septembre 1966, il s'envola pour Lyon où il rencontra deux personnes qui devaient beaucoup le marquer : Jacqueline Chamois, une jeune Française qui deviendra sa première femme et lui donnera son fils aîné, Michel, et Gérard Collomb avec lequel il va lier une amitié solide et durable. Le hasard voudra que son ami Gérard, entré lui aussi en politique, devienne maire de Lyon au même moment où Laurent sera élu président de la République.

Inscrit à la Faculté des lettres en latin et grec, Laurent se sent un peu décalé : « C'était très exaltant de parler du Péloponnèse, mais cela ne m'enseignait rien sur la vie politique de l'Afrique et encore moins de la Côte d'Ivoire… »

C'est à Lyon qu'il commence à assister à des réunions associatives ou politiques d'Africains, résidant en France et de Français. S'il décide d'étudier l'histoire, c'est parce qu'il veut tirer davantage de leçons de la vie passée des Nations et des Peuples.

Ayant informé par lettre le ministère ivoirien de l'Éducation de ce changement d'orientation - c'était obligatoire - on lui signifia, que de ce fait, il devait revenir en Côte d'Ivoire, les études en histoire y étant possibles. Après s'être mariés, Jacqueline et Laurent rentrent donc en Côte d'Ivoire et s'engagent dans des études d'histoire.

La forte tête

Inscrit à l'université d'Abidjan où il obtient en 1969 une licence d'histoire, Laurent continue de militer à l'Union Nationale des Étudiants et Élèves de Côte d'Ivoire (UNEECI), syndicat estudiantin dans lequel commence à poindre une conscience politique avec deux courants, l'un favorable au pouvoir en place, l'autre opposé. Au congrès de l'UNEECI de 1968 qui devait élire un nouveau bureau pour l'année scolaire suivante, les partisans du Parti Démocratique de Côte d'Ivoire (PDCI-RDA), parti unique au pouvoir, sont mis en minorité et écartés de la course à la présidence du mouvement par les étudiants. Laurent est candidat à la présidence de l'UNEECI.

La colère du président de la République, président également du PDCI-RDA, engendrera la dissolution immédiate de l'UNEECI sans autre forme de procès. Avec les étudiants favorables à sa politique, Houphouët-Boigny crée, dès la rentrée scolaire 1968-1969, une nouvelle organisation : le Mouvement des Elèves et Étudiants de Côte d'Ivoire (MEECI), sous-section du PDCI-RDA. Les autres étudiants, majoritaires, parmi lesquels Laurent Gbagbo, en retour, vont déclencher une grève de protestation et de refus, grève matée sauvagement par les forces de l'ordre.

Tous les grévistes seront conduits manu militari au camp militaire d'Akouédo pour un séjour punitif de quinze jours.

À leur retour d'Akouédo, les étudiants, loin d'être brisés, vont durcir leur mouvement de lutte. C'est pour avoir supprimé l'UNEECI, le paravent syndical derrière lequel chaque étudiant ou élève pouvait s'exprimer quelle que soit son idéologie ; c'est pour avoir cherché, coûte que coûte, à instituer une pensée unique, que le président Houphouët-Boigny a amené le combat estudiantin à se radicaliser. Les étudiants qui n'étaient pas de son bord se sont organisés dans la clandestinité et ont exploré les voies et moyens de prendre le pouvoir pour le démocratiser. C'est à ce moment-là que se formèrent des groupes clandestins de tendance socialiste ou marxiste auxquels se rallieront Laurent et moi-même.

L'enseignant de lycée

En septembre 1970, à vingt-cinq ans, Laurent devient professeur d'histoire dans ce Lycée Classique d'Abidjan où il avait été élève et où le corps enseignant est encore à l'époque en grande majorité français. Il y avait seulement huit Ivoiriens et une Nigériane sur cent dix professeurs. Le proviseur, Mory Doumbia, était le premier noir à occuper une telle fonction dans cet établissement. Dès le début, Laurent se révéla être un professeur atypique qui préférait la compagnie des élèves dans la cour de récréation à celle de ses collègues en salle des profs. Se sentant de la même génération que ses élèves, il n'hésitait pas à jouer au football avec eux pendant les heures de pause, ce qui lui valut d'être réclamé par les élèves, pour être professeur principal dans quatre classes en même temps.

Un incident viendra très vite troubler cet équilibre et la quiétude apparente, de ce petit village qu'était le Lycée Classique d'Abidjan. Un jour, dans un cours de terminale D, Laurent décrivait le capitalisme dans le monde et son fonctionnement ; l'existence des deux blocs, occidental et soviétique. La fille d'un ambassadeur n'apprécia pas que son professeur ait utilisé le mot « impérialiste » pour qualifier le bloc de l'Ouest et l'interrompit pour protester. Elle se montra tellement incorrecte que, pour mettre fin au désordre créé, Laurent l'expulsa de la classe. Cela se passait un vendredi.

En arrivant au lycée le lundi suivant, Laurent s'enquit des raisons de l'effervescence qui régnait dans la cour et apprit, complètement sidéré, que les élèves avaient décidé de se mettre en grève parce que lui, Laurent Gbagbo, était menacé d'arrestation pour avoir expulsé de sa classe la jeune élève et refuser de présenter des excuses. Convoqué par le proviseur, Laurent expliqua ce qui s'était réellement passé.

C'est le moment que choisit l'ambassadeur pour pénétrer en voiture dans la cour du lycée, pavillon battant. Il n'en fallut pas plus pour exaspérer les élèves déjà surexcités. Laurent, ne voyant pas où et pourquoi il y avait un problème, refusa catégoriquement de rencontrer l'ambassadeur qui exprimait les mêmes exigences que sa fille.

Sa position lui paraissait très claire : il avait pour mission de dispenser des cours à ses élèves et il le faisait, à son avis, du mieux qu'il le pouvait, mais il n'était pas tolérable de ne pas sanctionner le manque évident de respect d'une élève, fût-elle la fille d'un ambassadeur. Laurent ayant refusé de faire amende honorable devant le proviseur, fut convoqué et reçu avec ce dernier par le ministre de l'Éducation nationale Lorougnon Guédé, entouré de ses principaux collaborateurs. Il comprenait de moins en moins l'ampleur que prenait une affaire qui n'en n'était pas une selon lui. Il ne s'agissait après tout que de l'interruption d'un cours par une élève contrariée par des propos qu'il refusait de retirer. La première question que lui posa le ministre fut : « Quel type de cours dispensez-vous ? » Trouvant la question pour le moins incongrue, Laurent répondit qu'il ne la comprenait pas.

Le ministre lui répondit alors qu'il était accusé de donner des cours communistes. « Qu'est-ce qu'un cours communiste ? » demanda Laurent. Tandis que se déroulait cet étonnant interrogatoire qui allait être grave de conséquences pour le jeune professeur, les Autorités firent ramasser les cahiers de tous les élèves des quatre classes où Laurent enseignait, afin de vérifier s'il donnait réellement des cours communistes. Pis encore, on distribua à ses élèves des feuilles afin qu'ils y écrivent ce qu'ils pensaient de Laurent Gbagbo. Ce fut l'opinion de ses élèves qui le sauva.

Les professeurs du lycée, voyant tout ce remue ménage et que l'expulsion d'une élève qui le méritait devenait une affaire d'État, décidèrent d'observer, eux aussi, une grève de soutien à leur collègue. Dès le lendemain le Lycée technique, le Lycée Sainte-Marie et l'Université se mirent également en grève, suivis de toutes les écoles de Côte d'Ivoire.

L'affaire prenait une tournure si grave et si inattendue que le président Houphouët-Boigny chargea le ministre des Affaires étrangères, Arsène Assouan Usher, d'interroger à son tour Laurent, le proviseur, les autres professeurs ainsi que les élèves du lycée. Après lecture du rapport du ministre, le chef de l'État décida de calmer le jeu en demandant le départ de l'ambassadeur et de sa fille. Les cours reprirent aussitôt mettant fin à une crise inimaginable, causée par le mouvement d'humeur d'une élève. Mais le pouvoir n'avait pas dit son dernier mot.

Quelques semaines plus tard, profitant du départ en congé de Pâques des élèves, le président Houphouët-

Boigny fait arrêter Laurent Gbagbo, deux autres enseignants, Djeni Kobina et Albert Hoba, en même temps que des étudiants qui, pour contrebalancer la création du MEECI (Mouvement des Élèves et Étudiants de Côte d'Ivoire) très proche du pouvoir, avaient créé un nouveau syndicat, l'USEECI (Union Syndicale des Étudiants et Élèves de Côte d'Ivoire).

Environ quatre cents élèves et étudiants dont six filles sont arrêtés.

Le prisonnier

Peu après ces arrestations, le ministre de la Défense, M'Bahia Blé, vint à Akouédo un matin, rassembla les nouveaux enrôlés de force sur la place d'armes et signifia au jeune détenu : « Monsieur Gbagbo Laurent, votre épouse est une communiste de Lyon. Nous venons de la renvoyer chez elle ». La femme de Laurent, enseignante elle aussi, venait d'être expulsée avec leur enfant de deux ans, sans le sou. Laurent ne devait les revoir que deux ans plus tard après sa libération. Non seulement le Pouvoir s'attaquait à celui qu'il avait catalogué de forte tête et de dangereux communiste, mais il s'en prenait aussi à sa famille. Laurent et Jacqueline, privés tous les deux de salaires, se retrouvèrent matériellement fragilisés. Avec une cinquantaine d'entre les détenus, il fut transféré d'Akouédo à la garnison militaire de Séguéla, dans le nord de la Côte d'Ivoire, tandis que les filles étaient envoyées au service civique à Bouaké.

Les hommes passèrent sept mois au camp militaire de Séguéla puis les étudiants furent libérés. Les fonctionnaires, dont Laurent, seront alors transférés à l'École des Forces armées de Bouaké où ils séjourneront pendant quinze autres mois. Cette incorporation forcée à l'armée permettait au pouvoir en place de déclarer qu'il n'y avait pas de prisonniers politiques en Côte d'Ivoire.

Laurent fit contre mauvaise fortune bon cœur et mit à profit sa plongée au cœur de la « grande muette » pour bien comprendre et connaître l'armée, son fonctionnement, ses rouages et ses hommes.

Cela lui sera utile trente ans plus tard dans la gestion de la crise déclenchée par des forces subversives en 2002. Pendant ce séjour, il fera la connaissance d'un certain Robert Gueï, à l'époque capitaine, et de la plupart de ses futurs collaborateurs d'aujourd'hui. C'est pendant sa période d'incorporation qu'il écrivit la pièce de théâtre *Et le lion rugira* publiée par les CEDA en 1979 sous le titre *Soundjata, Lion du Mandingue* qui a d'ailleurs été rééditée en 2006.

L'homme à abattre

Laurent Gbagbo et ses compagnons furent libérés en janvier 1973 mais le pouvoir continuait à se méfier de ces « communistes » et en particulier de ce jeune professeur d'histoire à la personnalité très marquée, affichant des qualités de meneur d'hommes et qui ne pouvait que troubler l'ordre très établi d'un parti unique omnipotent et d'un chef d'État monarchique, incontestable et incontesté jusqu'alors. Une surveillance rapprochée ne cessera plus de s'exercer autour de lui et de ses proches, les obligeant à la clandestinité pour organiser la défense de leurs idées. Il n'obtiendra plus jamais d'affectation dans un établissement d'enseignement public.

Le visionnaire

À l'issue de ces vingt-deux mois d'enrôlement forcé, Laurent retrouva la vie civile dans une Côte d'Ivoire apparemment apaisée, mais dans laquelle bouillonnaient des idées progressistes.

L'envers du décor officiel de la vie politique ivoirienne était constitué de plusieurs mouvements clandestins ivoiriens ou même africains, ayant des cellules en Côte d'Ivoire. Ces mouvements étaient créés en grande majorité par des étudiants et des enseignants qui formaient, à l'époque, le fer de lance des luttes contre les régimes néocoloniaux, mis en place par l'ancien colonisateur, au lendemain de la vague des Indépendances du début des années 60. Les universités et grandes écoles nationales créées dans les nouveaux États africains formaient un creuset favorable à la germination et au développement des idées progressistes mais aussi à la naissance de mouvements qui ne pouvaient être que clandestins dans un contexte pur et dur de parti unique.

Parmi ces mouvements, figuraient le Mouvement Ivoirien de Libération (MIL) et le Parti Africain de l'Indépendance (PAI) dont une section agissait en Côte d'Ivoire. À Strasbourg en 1969, Assoa Adou, Mamadou Traoré, Zadi Zaourou et Laurent créèrent un groupe destiné à agir en Côte d'Ivoire.

Ce groupe était l'embryon du parti qui deviendra, plus tard, le Front Populaire Ivoirien (FPI).

Durant leur parcours, certains mouvements se sont sabordés et leurs cadres ont rejoint le PDCI-RDA, parti au pouvoir.

Le paysage syndical ivoirien n'était pas en reste. Face à l'Union Générale des Travailleurs de Côte d'Ivoire (UGTCI), sous-section du PDCI-RDA, s'étaient créés des syndicats entièrement autonomes. Entre autres, le Syndicat National des Enseignants du Secondaire de Côte d'Ivoire (SYNESCI) dirigé par Djény Kobina et Angèle Gnonsoa, le Syndicat National de la Recherche et de l'Enseignement Supérieur (SYNARES) dirigé par Francis Wodié et le Syndicat National des Cadres Supérieurs de la Santé (SYNACASSCI) que dirigera le Dr Assoa Adou.

Laurent et ses compagnons finirent par recouvrer la liberté.

Avec ceux qui partageaient ses idées, il se donna désormais pour objectif de créer un grand parti politique destiné à prendre le pouvoir en lieu et place du PDCI-RDA.

J'étais de ceux que Zadi Zaourou avait recrutés dans une organisation qui n'avait pas encore de nom, pendant la période militaire de Laurent.

Nous avions engagé plusieurs actions comme celle de recruter un maximum d'adhérents, toujours dans la clandestinité, de veiller discrètement mais efficacement à l'affectation des nouveaux enseignants dans les régions où le groupe avait besoin de s'implanter et de se développer, d'assurer l'édition et la diffusion clandestine de notre périodique *La Feuille du Militant.*

Pour toutes nos actions, comme je l'ai déjà dit, nous nous donnions des pseudonymes destinés à tromper la vigilance des services de police, de gendarmerie ou de renseignements ivoiriens et français.

Si Zadi Zaourou, professeur à l'université d'Abidjan, était la référence idéologique, le « grand frère », Laurent était lui le responsable politique, celui que nous appelions « Commissaire politique », ou encore le « petit frère », celui qui organisait et coordonnait toutes choses. Ainsi se déroulait notre vie toute tournée vers notre idéal, défendre nos idées, combattre le néocolonialisme.

C'est à ce moment-là que se produisit un tournant dans le marxisme international : la démaoïsation de la Chine populaire après la mort du Grand Timonier, Mao Tsé-toung. À l'instar de la plupart des mouvements révolutionnaires de l'époque, notre organisation perdait soudain une partie de ses repères.

À partir de 1976, réalisant que le monde changeait, Laurent convainquit Zadi Zaourou de débattre du sujet. Au cours des discussions qui furent engagées, de nombreuses interrogations se posèrent à nous.

Fallait-il abandonner la plate-forme marxiste ?

Notre société réussirait-elle à apprivoiser cette culture marxiste ?

Ne devions-nous pas revendiquer plutôt les valeurs strictement démocratiques ?

Malheureusement en 1980, les chemins de Zadi Zaourou et de Laurent Gbagbo se séparèrent. Laurent réunit alors ceux qui restaient et dont j'étais et nous déclara : « Nous allons laisser tomber la lutte marxiste et lutter désormais pour le socialisme et la démocratie ».

Malgré la déstalinisation et la démaoïsation, la guerre froide battait son plein et toute organisation, groupe ou parti qui se réclamait de l'idéologie marxiste était cataloguée par les pays occidentaux comme porte-voix de Moscou ou de Pékin ; à tort pour ce qui nous concernait car nous n'avions absolument aucun lien, ni avec Moscou ni avec Pékin.

Là où on s'aime, il ne fait jamais nuit.
Proverbe africain

UNE RENCONTRE

La personne est une multiplicité intérieure,
inachevée, appelée à s'ordonner, à s'unifier.
Dieu ne fait qu'ébaucher l'homme,
c'est sur la terre que chacun se crée.
Proverbe africain

Un personnage atypique

J'ai toujours eu une admiration profonde pour Laurent Gbagbo, une admiration qui ne s'est jamais érodée. Même en étant son épouse depuis belle lurette désormais, il continue à m'épater. J'apprécie plus que jamais son courage et sa détermination dans les événements tragiques qui ne cessent de secouer notre pays depuis des années. Laurent a une véritable vision politique et je crois que c'est justement ce qui dérange ! Homme de convictions, contrairement à nombre d'hommes politiques et à nombre d'hommes tout court, il reste à l'écoute des autres.

Pour n'en donner qu'un exemple, Laurent avait fortement combattu, en 1983, l'idée qui nous avait à tous semblé saugrenue, du transfert de la capitale d'Abidjan à Yamoussoukro, la ville natale du premier chef de l'État de la Côte d'Ivoire. Mais Houphouët-Boigny a imposé son idée et a commencé à construire sa nouvelle capitale. Bien qu'il continue de condamner le fait qu'un président de la République érige sa ville natale en capitale, il a choisi de ne pas abandonner le projet de Félix Houphouët-Boigny. L'ancien Président y avait déjà opéré des investissements énormes. Il valait mieux poursuivre de sorte qu'ils ne soient pas perdus. Si dans les gestions antérieures nous avions dénoncé des choses négatives, aujourd'hui, il revenait à Laurent, au pouvoir, de les corriger. Félix Houphouët-Boigny a dirigé la Côte d'Ivoire pendant quarante ans et les traces qu'il a laissées comportent des aspects positifs. Beaucoup se reconnaissent encore en lui. En l'honorant et en poursuivant une partie de son œuvre, Laurent a agi en homme d'État responsable.

Laurent n'a jamais eu l'esprit étriqué. Il ne pose pas les problèmes par rapport à son appartenance ethnique, politique ou religieuse. Il n'est pas un homme de caste, il est atypique certes, il n'est ni rosicrucien, ni franc-maçon, (l'influence maçonnique a joué un rôle capital en Afrique) ni « françafrique » de « la civilisation de la liasse » comme le dit le regretté François Xavier Vershave.

Pour lui, la seule chose qui le mette en mouvement, c'est la Côte d'Ivoire qui doit devenir un pays moderne et développé. Mais revenons à l'homme.

Dans un pouvoir despotique, la main lie le pied ;
dans une démocratie, c'est le pied qui lie la main.
Proverbe africain

L'engagement politique

Lorsque j'ai rencontré Laurent, j'étais étudiante, fraîchement licenciée de lettres modernes. Enseignant atypique, il était auréolé d'une renommée qui le présentait comme un farouche combattant pour la liberté d'expression, dans une Côte d'Ivoire tenue d'une main de fer par Félix Houphouët-Boigny.

Ce jour-là, bénéficiant d'une permission alors qu'il était toujours détenu à Bouaké, Laurent est venu se faire soigner à Abidjan. Il en a profité pour retrouver Zadi Zaourou, professeur à l'université, et faire le point sur les activités d'un cercle politique clandestin qu'ils animaient tous les deux. J'étais ce jour-là en visite chez Zadi Zaourou.

Nous avons immédiatement sympathisé, nous nous sommes découvert la même sensibilité politique, la même conception des choses de la vie. J'avais tellement entendu parler de lui que j'étais très impressionnée. Nous sommes devenus des camarades politiques et ce n'est que bien plus tard que nos relations vont se transformer. J'ai de suite apprécié l'homme politique. Sa façon de percevoir la vie politique et son comportement de militant cadraient avec ma vision des choses.

Depuis un an déjà, j'étais moi-même membre d'une organisation politique clandestine dont le fonctionnement et la structuration étaient stricts et rigoureux, du fait du climat policier d'alors.

Les membres étaient répartis dans des cellules qui s'ignoraient les unes les autres. Laurent était le responsable de toute cette organisation à notre insu. En son absence, Zadi Zaourou le remplaçait. Quelques semaines après son retour définitif de prison, Laurent fut nommé encadreur de ma cellule, la cellule « Lumumba ».

À partir de ce moment-là, Laurent et moi avons commencé un chemin politique ensemble, qui dure aujourd'hui encore.

J'étais ravie de rencontrer quelqu'un qui n'avait pas peur de « mouiller son maillot » ni d'aller au contact réel et direct avec la dure réalité du terrain. Laurent m'a donné sa confiance. Le courage des uns donne l'espoir aux autres. Ce qui m'a aussi tout de suite beaucoup impressionnée chez lui, c'est le sérieux avec lequel il s'impliquait dans cette activité syndicale et politique. Il courait de grands risques, mais il était déterminé. Il avait le courage de ses opinions. C'est simple à dire, mais peu d'êtres ont ce courage-là. À cette époque, les choses n'étaient pas faciles. Il fallait de la témérité pour oser afficher son point de vue. Tout cela a beaucoup marqué la jeune femme que j'étais alors.

L'histoire de la naissance du FPI (Front Populaire Ivoirien) en tant que parti politique a véritablement commencé en 1982. Mais l'histoire de la naissance d'un parti politique s'apparente un peu à celle d'un être humain. Ce n'est pas à l'accouchement que l'enfant naît. L'enfant est le résultat de plusieurs événements qui ont précédé sa naissance. Si l'enfant est le FPI, la mère de l'enfant, ce sont ces valeurs de démocratie, de justice et de liberté. Le père, ce sont les démocrates qui ont travaillé dans la clandestinité à la création de la force politique que représente aujourd'hui le FPI.

Ces démocrates ce sont : Laurent Gbagbo, Kodjo Richard, Aboudramane Sangaré, Boga Doudou, Kokora Pascal, Assoa Adou, moi-même mais tant d'autres... Pour Laurent et Assoa Adou, la lutte avait commencé en 1969 à Strasbourg où, en tant qu'étudiants, ils avaient, avec Zadi Zaourou, créé à l'époque un groupe de réflexions sur l'avenir de la Côte d'Ivoire en matière d'instauration d'une vraie démocratie dans ce pays.

L'homme de courage et de convictions

Celui qui rame dans le sens du courant
fait rire les crocodiles.
Proverbe africain

La lutte contre le parti unique menée par Laurent et la structure qu'il dirigeait a pris de l'ampleur dans les années 80. Cette lutte a conduit plus tard à la naissance du Front Populaire Ivoirien dont j'ai eu la joie d'être l'un des artisans. L'année 1980 marqua une rupture dans l'histoire de la Côte d'Ivoire. C'était la fin du miracle ivoirien et le début des premières difficultés économiques. La politique de Félix Houphouët-Boigny commençait à être décriée avec le blocage des salaires des fonctionnaires et l'élévation du coût de la vie. C'est dans ce contexte qu'une plus grande liberté d'expression a pu être revendiquée par la population.

Début 1982, nous formions dans le milieu universitaire un groupe politique clandestin que nous appelions le « noyau des cinq ». Nous étions tous, à la base, des syndicalistes qui, constatant qu'avec le syndicat nous ne pouvions pas aller au-delà des revendications corporatistes, avions décidé de créer un parti politique. Chacune de ces cinq personnes avait constitué un « sous-noyau » de travail et chaque sous-noyau travaillait de manière isolée ; si bien que tous ne se rencontraient jamais à une même réunion, de peur d'attirer l'attention des autorités du PDCI-RDA. Ces sous-noyaux avaient pour tâches de recruter des militants et de créer des comités de base.

Afin de prendre le moins de risques possibles, en matière d'arrestation, nous nous étions donné des pseudonymes : Laurent se faisait appeler Santia, puis Djédjé Léon ; Aboudramane Sangaré avait pour pseudonyme Jean-Claude ; Kokora Pascal se faisait appeler Yao ; Boga Doudou cachait son identité derrière le pseudonyme Diop. Quant à moi, j'avais pour nom d'emprunt Dominique. Nous signions tous les documents du parti naissant de nos pseudonymes. Les pseudonymes, nous en avons changé plusieurs fois dans la clandestinité. Nous les portions pour des raisons de sécurité. Le prénom Dominique, parce qu'il était utilisé tant au masculin qu'au féminin me paraissait un camouflage parfait.

Notre mouvement était très proche dans ses débuts des idées marxistes, mais nous avons vite renoncé au communisme, conscients que le communisme allait entraîner l'installation d'un nouveau parti unique. Nous avons opté pour une plate-forme démocratique, social-démocrate.

Nous étions en 1980. Laurent venait d'être élu directeur de l'Institut d'Histoire d'art et d'Archéologie africaine d'Abidjan pour trois ans, mais il n'achèvera pas son mandat. Le PDCI vient de réaliser en son sein une réforme fondamentale : désormais, pour être parlementaire, il faut se soumettre au verdict du peuple. Les députés ne vont plus être directement nommés par le président Houphouët-Boigny. Cependant tout candidat élu devient automatiquement et obligatoirement, député du PDCI. L'Assemblée nationale demeure donc une assemblée de parti unique et la réforme, une demi-réforme.

En 1982, le MEECI, dans une manœuvre de provocation, demanda à Laurent Gbagbo de participer à un débat contradictoire sur le thème « Peut-il y avoir démocratie dans un parti unique ? ». Pour des raisons de principe, Laurent refusa tout net en précisant aux demandeurs qu'il était contre le MEECI et le PDCI, ce qui était notoirement connu. Et qu'il n'était donc pas question pour lui d'intervenir dans cette tribune.

Plus tard, sollicité par un groupe d'étudiants en droit, en combat contre le parti unique, Laurent accepta de prononcer une conférence sur « Jeunesse et politique », conférence qui fut interdite par le pouvoir. Le jour dit, les alentours du Théâtre de la Cité qui devait l'accueillir furent bouclés par les forces de l'ordre. Le lendemain, une rumeur infondée circulait sur l'arrestation de Laurent Gbagbo jetant les étudiants dans une grève de protestation. Cette rumeur se nourrissait de la colère d'Houphouët-Boigny. En effet, le chef de l'État avait publiquement reproché à Laurent d'être l'instigateur de tous les troubles qui agitaient le campus universitaire.

Sur le campus même de l'université d'Abidjan, les forces de sécurité chargées de rétablir l'ordre public envahirent les salles de classe, bousculant étudiants et enseignants. Alors l'université tout entière s'embrasa. Les enseignants rejoignirent les étudiants dans la grève, et avec eux, réclamèrent davantage de liberté et de démocratie. Le président Houphouët-Boigny accusa les cadres bétés, l'ethnie de Laurent, de vouloir renverser son régime. Zadi Zaourou, Kipré Pierre, alors secrétaire général du SYNARES et Laurent Gbagbo, tous des enseignants à l'université, membres du Synares et bétés, étaient dans le collimateur du « Vieux » (nom affectif que donnaient les Ivoiriens à Houphouët-Boigny). Leur seul péché : avoir déclenché cette grève pour protester contre la violation des franchises universitaires, après l'interdiction de la conférence.

Face aux menaces qui pesaient sur la vie de Laurent, déjà recherché par la DST (Direction de la Surveillance du Territoire), je dis bien sur sa vie, le noyau des cinq se réunit rapidement et prit une décision d'importance capitale : Laurent devait d'urgence partir en exil.

Le chien a beau avoir quatre pattes,
il ne peut emprunter deux chemins à la fois.
Proverbe africain

Départ en exil

Pour nous, de toute façon, le temps était venu de faire connaître notre lutte à l'extérieur afin de la renforcer. L'un d'entre nous devait s'exiler pour remplir cette importante mission. Laurent fut désigné.

Les raisons politiques confirmaient les raisons sécuritaires.

Laurent s'en alla au moment où nous étions en train de réorganiser notre structure pour passer de la plate-forme communiste à la plate-forme socialiste. J'avais quant à moi décidé de rester en Côte d'Ivoire pour poursuivre avec les autres membres de la structure le combat contre le parti unique. Des raisons familiales étaient aussi à la base de ma décision : nos jumelles avaient à peine huit mois. Je m'imaginais mal en exil avec deux bébés ; je ne voulais pas leur faire vivre ce type de précarité.

Il fallut organiser le départ avec la plus grande discrétion. Accompagné de notre camarade André Kouassi (Lokossué dans la clandestinité), il partit en train couchette pour Ouagadougou où, après vingt-huit heures d'un voyage éreintant, il fut accueilli par Philippe Ouédraogo, responsable de la section de Haute-Volta du Parti Africain de l'Indépendance (PAI). De Ouaga, il gagna seul Paris par un vol de la défunte compagnie française UTA.

À Paris, se posait le problème de sa survie : pas de statut lui permettant un long séjour et peu d'argent. Heureusement, le réseau d'amitiés était là. Après deux jours passés dans un petit hôtel du 16 e arrondissement, il trouva le gîte et le couvert successivement chez une amie, Jocelyne Rodriguez, puis dans un appartement mis gracieusement à sa disposition, rue des Ecouffes dans le quartier du Marais, par Monique Chajmowiez et pour finir chez Guy Labertit.

Réfugié politique

Dès son installation chez Jocelyne, Laurent entreprit les formalités d'obtention du statut de réfugié politique en France en écrivant une lettre de demande publiée plus tard dans un ouvrage intitulé *Agir pour les libertés*.

Il se mit dès lors à beaucoup travailler en écrivant et en donnant des conférences, mais aussi en intervenant sur des stations radios destinées aux Africains, aux Arabes et aux Antillais, les radios d'État françaises ne lui étant pas accessibles. Une de ses conférences sera annulée en 1982 par Gaston Defferre, ministre de l'Intérieur, vieil ami de Félix Houphouët-Boigny et personnage très important de la France politique socialiste. Laurent ne rencontrera d'ailleurs aucun dirigeant de ce parti pendant son exil.

Le statut d'exilé politique demandé en avril 1982 lui fut refusé en juillet de la même année. On lui proposa par contre de demander la nationalité française en fondant la légitimité de sa requête sur le statut d'ancien combattant et blessé de guerre de son père, qui avait combattu sous le drapeau français. On lui assura, dans un cabinet où il fut convoqué, que la nationalité française lui serait attribuée dans un délai de quinze jours puis un emploi d'enseignant dans une université, ce qui lui permettrait de faire venir sa famille restée en Côte d'Ivoire. On lui précisa que cela arrangerait le gouvernement français car François Mitterrand n'avait pas du tout envie de s'opposer à Houphouët-Boigny et ce dernier serait rassuré de savoir que Laurent Gbagbo n'était pas réfugié politique en France.

Laurent refusa cette offre, estimant qu'il n'était pas venu en France pour trouver du travail mais pour se constituer réfugié politique afin de faire connaître le combat que ses camarades et lui-même menaient en Côte d'Ivoire. La France devait prendre une position claire. Il introduisit un recours. En attendant une nouvelle réponse, il fut tenu de se présenter tous les trois mois à la police pour obtenir un titre de séjour provisoire. Ces « pointages » réguliers permettaient aussi à la police de le surveiller et de rendre compte…

C'est, paradoxalement, Félix Houphouët-Boigny, involontairement bien sûr, qui permit à Laurent d'obtenir les papiers d'exilé tant désirés. En effet en 1983, le « *Vieux* » prononça son fameux discours de quatre heures où il clamait « être né dans l'or et avoir de l'argent en Suisse ». Ce discours fut très mal perçu en France. Laurent fut alors convoqué et s'entendit dire : « Monsieur Gbagbo, vous aurez vos papiers d'exilé. Nous ne pouvons pas continuer à nous taire sur de tels dérapages… » La promesse se réalisa en 1985.

Contre une vision unique

Toujours est-il qu'en 1982 nous luttions contre une vision unique. Il fallait faire comprendre à nos dirigeants que nous voulions une vraie démocratie où chacun se sente citoyen ! Foin de démagogie et de mensonge, il fallait en finir avec les totalitarismes. Pour nous, l'urgence consistait, et consiste encore, à mettre en place les conditions d'une vraie démocratie, d'une scolarité de qualité, d'une égalité face à l'emploi, d'une vraie justice.

Nous étions prêts à prendre en main notre destin, bien décidés à prendre le chemin de la lutte sans avoir le sentiment de tromper une quelconque mémoire, en ayant la certitude de faire le choix d'un avenir précis.

Certes, Félix Houphouët-Boigny avait obtenu l'indépendance, mais les rêves d'avenir qu'il avait promis à tous étaient en lambeaux. La citoyenneté ne passait pas seulement par le droit de vote mais aussi par le droit à la formation, au logement, à la santé, au travail. Le gouvernement en place parlait faux, il prétendait à l'égalité républicaine, à l'égalité des chances, à la paix. Il nous parlait d'égalité quand la réalité, c'était la pauvreté, la difficulté à suivre des études. Il nous parlait de paix alors que la réalité c'était les détresses des familles, les matraques des policiers, les prisonniers politiques. On était dans l'urgence, il fallait tout faire pour casser l'engrenage. Nous luttions pour la démocratie et le multipartisme. Et nous avions un homme de cœur à notre tête !

L'exilé

Six années et demie d'exil, un exil qui n'a pas empêché Laurent de continuer à se battre, tout au contraire. Un exil qui lui a permis de faire connaître à l'opinion internationale, les réalités effectives de la vie politique en Côte d'Ivoire. En 1983, nous avons pu publier la vision du mouvement politique clandestin pour une Côte d'Ivoire nouvelle. L'Harmattan édita *La Côte d'Ivoire, pour une alternative démocratique.* Cet ouvrage de Laurent, qui a eu un très grand écho en Côte d'Ivoire bien que circulant sous le manteau, était important car il véhiculait un triple message. À l'adresse de tous ceux qui luttaient dans les cercles marxistes, il disait : « *Ouvrez les yeux sur le monde tel qu'il est et non pas tel que vous le rêvez* » ; aux Ivoiriens : « *Seule la démocratie permet le développement. En observant la carte du monde on s'aperçoit que tous les pays développés sont des pays démocratiques* » ; et enfin : « *Mobilisons-nous, pour qu'à moyen ou long terme nous puissions faire une alternance démocratique, non pas par des coups d'État mais par les urnes* ».

C'était un acte majeur et « prémonitoire » dans notre combat politique.

Laurent, qui cherchait des militants à notre cause, avait fait la connaissance du milieu ivoirien en France. Les Ivoiriens de France étaient répartis dans des associations plus ethniques et régionales que politiques, ce qui ne leur enlevait nullement leur utilité sociale et culturelle locale, mais ne faisait pas notre affaire dans l'immédiat.

Laurent créa alors le Mouvement Ivoirien pour les

Droits Démocratiques (MIDD) afin de rassembler tous ceux qui souhaitaient l'avènement de la démocratie en Afrique en général et en Côte d'Ivoire en particulier. Il y recruta plusieurs personnes qui occupent ou ont occupé d'importantes fonctions en Côte d'Ivoire.

En 1986 les élections législatives françaises donnèrent la majorité à la droite et son leader, Jacques Chirac, devint Premier ministre. C'est la même année que mourut Gaston Defferre. Laurent fut alors convoqué à nouveau par un commissaire de police qui voulait discuter de la Côte d'Ivoire avec lui. Il se rendit à la convocation avec son ami socialiste Guy Labertit chez qui il habitait depuis quelque temps. L'entretien devint très vite un dialogue surréaliste. « Nous ne voulons pas avoir une autre affaire Ben Barka. Le président Houphouët-Boigny a saisi le gouvernement français qu'il a informé de votre décision de rentrer en Côte d'Ivoire », lui déclara le commissaire. « Moi, mon désir le plus ardent est de retourner dans mon pays, mais pas maintenant. Pour le moment je travaille à ce qu'il y soit instauré un régime démocratique », répondit tranquillement Laurent.

Le journal *Libération* publia l'affaire sous le titre « Gbagbo, l'Ivoirien qui n'a pas la cote ». C'était une protection pour Laurent qui mettait, à dessein, sur la place publique les manigances destinées à le faire rentrer et à le museler, sinon pire.

Pendant que Laurent était en exil en France, je suis donc restée seule avec les enfants, mais j'ai continué à animer le mouvement clandestin qui donnera plus tard naissance au FPI.

Ce mouvement, je l'ai dirigé de 1982 à 1987, puis j'ai été remplacée par Aboudramane Sangaré de 1987 à 1988. Pendant ces années d'intense activité, j'ai eu tout loisir d'expérimenter la devise apprise à la JEC : voir, juger et agir.

Voir : c'est-à-dire apprendre à observer sa société, à observer son milieu pour en discerner les difficultés, les besoins, l'état de la situation vécue. Dans les différentes cellules qui travaillaient sans se connaître, chacun devait produire des rapports sur les milieux où il était affecté. Cela nous permettait de savoir ce qui se passait dans les écoles, dans les hôpitaux, dans les usines, dans les tribunaux, etc. Tous les faits et événements du pays nous intéressaient. Je me souviens par exemple du procès « Logemad » (Logements administratifs). Les dirigeants de cette structure nationale chargée de la gestion des logements des fonctionnaires et cadres de l'État étaient accusés de détournements gigantesques des deniers publics et de plusieurs malversations. Nous avons suivi ce procès de bout en bout, nous démenant pour accéder à la salle d'audience. On y parlait de gros détournements de fonds publics dans la gestion de l'immobilier de l'État. Mais on y parlait aussi d'abus de droit des autorités politiques y compris le chef de l'État Houphouët-Boigny et on y parlait enfin du manque de courage des cadres de cette administration.

Juger : de toutes ces observations, il fallait tirer les leçons. Dans nos cellules, nous avons été initiés à la méthode d'analyse. Savoir théoriser, maîtriser la dialectique, savoir distinguer la contradiction principale des contradictions secondaires.

Agir : on ne théorise pas juste pour le plaisir. Il fallait être capable de dégager des axes d'action et les moyens de les mettre en œuvre et d'en assurer le succès. Nous retournions alors sur le terrain, soit pour organiser des séminaires, des conférences, soit pour distribuer des tracts de dénonciation ou de mise en garde. En pleine nuit, sans se faire prendre par les rondes de police.

La maturation politique de la population ivoirienne progressait bien. Bientôt ensemble, nous allions pouvoir avec succès, revendiquer la démocratie et le multipartisme.

Plusieurs « envoyés » d'Houphouët-Boigny défilèrent en France pour convaincre Laurent de rentrer. Parallèlement de nombreux Ivoiriens lui demandaient de revenir en Côte d'Ivoire. Il n'était pas contre, mais voulait d'abord que nous écrivions notre programme de gouvernement.

Ce programme fut écrit par les cadres du FPI, coordonné et corrigé par Laurent depuis Paris et par moi depuis la Côte d'Ivoire. Les *Propositions pour gouverner la Côte d'Ivoire*, furent publiées en 1987. On aurait pu intituler cet ouvrage collectif *Comment gouverner la Côte d'Ivoire autrement.* Estimant que sa mission en exil était accomplie, Laurent accepta d'examiner la demande de retour du dernier envoyé du président Houphouët-Boigny, le conseiller spécial Abdoulaye Diallo. Celui-ci se présentait sous une aura plus crédible et plus honnête, sans intention aucune de le corrompre. Après un tête-à-tête chaleureux et fructueux, l'accord de retour fut conclu.

Abdoulaye Diallo lui offrit un billet d'avion en classe économique. C'est ainsi que Laurent rentra en Côte d'Ivoire le 13 septembre 1988.

Le président Houphouët-Boigny ayant interprété ce retour comme un désir de Laurent de venir travailler à ses côtés, de rentrer dans le rang, son entourage lui conseilla de lui proposer un portefeuille ministériel ou la direction d'une entreprise privée ou d'une société d'État. C'était mal connaître Laurent Gbagbo qui n'était rentré que parce qu'il estimait sa mission en France achevée et pour poursuivre la lutte avec nous sur le terrain.

Laurent retourna, finalement et à sa grande satisfaction, à l'Institut d'Histoire d'art et d'Archéologie africaine d'Abidjan et s'attela avec nous à préparer le congrès constitutif du FPI.

LE PARTI

Le partisan

Début 1982 ; dans l'appartement n° 42 appartenant à Pascal Kokora dans la Tour Golem à Cocody, cinq camarades et amis sont réunis et discutent de la nouvelle direction que doit prendre leur engagement politique. Ce sont Émile Boga Doudou, Laurent Gbagbo, Pascal Kokora, Aboudramane Sangaré et Simone Ehivet. Toutes nos années de lutte passent à la loupe de l'évaluation. Aucune complaisance, aucune tricherie, aucune faiblesse, aucune auto-célébration. Les minutes sont cruciales. Elles peuvent être mortelles. L'avenir de chacun d'entre nous, le projet porté par notre vision pourraient basculer dans l'échec indescriptible, insoutenable et irrémédiable pour peu que nous ayons commis des erreurs d'appréciation du terrain et des fautes de démarches tactiques. Mûrissement et accouchement, la foi est là et la vision perdure. Une décision capitale est prise : rupture d'avec l'ancienne plate-forme idéologique. Désormais nous allons travailler sur la base social-démocrate.

Dès lors les choses vont très vite. Création d'une nouvelle direction de toute l'activité politique. J'en deviens la première secrétaire générale. Nous allons disposer désormais d'une structure, certes encore clandestine, mais au sein de laquelle nous pourrons mieux organiser notre lutte.

Cette création fut une étape marquante dans notre engagement et dans notre vie politique qui allait encore connaître bien des difficultés imposées par le pouvoir d'Houphouët-Boigny, très souvent sur la base de fausses accusations. Elle allait, fort heureusement, nous procurer aussi des joies et la fierté de lutter pour une cause juste dans un environnement hostile.

Je me souviens qu'en 1984 nous avons eu un grand débat au sein du parti sur la dénomination du mouvement clandestin proposé par les camarades qui se trouvaient en France autour de Laurent. Certains membres du groupe d'Abidjan trouvaient que la dénomination « Front Populaire Ivoirien » faisait penser à une révolution sanglante et que cela conférait une valeur dépréciative à notre organisation. Mais le mot « Front » a fini par être accepté comme qualifiant un vaste mouvement démocratique ouvert à tous et s'inscrivant dans le combat pour la liberté, la justice et la démocratie.

Il était très clair que le FPI s'opposerait toujours à la prise du pouvoir par les armes et prônerait, en toutes circonstances, la prise du pouvoir par les urnes.

Le congrès constitutif du FPI

Il était important que se tienne avec succès notre congrès constitutif pour donner à notre parti un statut, un règlement intérieur et une structuration plus adaptée aux nouveaux enjeux : émerger de la clandestinité et imposer l'application effective du multipartisme prévu dans la Constitution. En attendant, nous ne pouvions même pas tenir notre congrès au grand jour. Fort heureusement, un de nos camarades, Gaha Bernabé, avait mis à notre disposition sa villa dans les palmeraies de Dabou, en dépit du gros risque que cela comportait. Pour éviter d'attirer l'attention, nous avions limité le nombre de participants à vingt représentants, une large palette de la société ivoirienne : des étudiants, des femmes, des ouvriers, des enseignants, des hommes d'affaires.

Étaient présents, entre autres, Koudou Jeannette la sœur de Laurent, Ouraga Obou, Émile Boga Doudou, Aboudramane Sangaré, Maurice Bamba, Ahibo Koffi, André Kouassi, Tapé Kipré, Anaky Kobina, Kouassi Raphaël, Gballou Lida, Maigni Mathurin, Zahui Zokou Zéphirin, Ahoua Don Mello, Comoué Augustin, mon mari Laurent Gbagbo que des rapports de police ont déclaré absent et moi-même.

Libérez Anaky !

« Toi Gbagbo tu n'es rien, tu n'as rien et tu ne seras jamais rien dans ce pays ».
Félix Houphouët-Boigny

Le congrès constitutif du FPI eut donc lieu dans les palmeraies de Dabou et se déroula sur deux jours, les 19 et 20 novembre 1988. Il se termina par des résolutions et l'élection de Laurent au poste de secrétaire général. Anaky Kobina, qui m'avait ramenée de Dabou, sabra le champagne avec Laurent et moi, chez nous, pour fêter ce grand événement, mais à peine de retour chez lui, il fut arrêté. Cette arrestation pour nous était inattendue, elle demeure incompréhensible. Qu'est-ce qui l'a motivée ? Pourquoi est-ce Anaky qui a été arrêté ce jour-là ? Le pouvoir n'était pas informé de la tenue de notre congrès. Ce n'était donc pas le congrès qui justifiait son arrestation. Une chose est certaine, cette arrestation allait ouvrir pour nous une nouvelle période d'anxiété et de difficultés.

Quelques jours plus tard, Laurent et moi sommes convoqués au palais présidentiel par le président Houphouët-Boigny. Tout le bureau politique du PDCI était présent, des officiers supérieurs de l'armée, de la gendarmerie et de la police, de même que des responsables de la région d'Anaky Kobina et de Gagnoa, dont Paul Koudou, le père de Laurent. La présence de son père ne lui plaisait pas du tout et, avant de se rendre à la réunion avec moi, il le manifesta en interpellant en ces termes

Abdoulaye Diallo : « Cela ne se passera pas ainsi. Je suis majeur et responsable de mes actes. Je ne vous laisserai pas manipuler mes parents. Si mon père est là et si vous lui donnez la parole, je quitte la salle ».

Abdoulaye Diallo, conseiller spécial d'Houphouët-Boigny, était accusé à tort par ses adversaires à la présidence de faire partie du FPI, simplement parce qu'il avait œuvré pour le retour au pays de Laurent. C'est au cours de cette grand-messe du parti unique, que le président Houphouët-Boigny prononça sa fameuse et terrible phrase : « Mais, Gbagbo Laurent, il est perdu. Toi Gbagbo tu n'es rien, tu n'as rien et tu ne seras jamais rien dans ce pays ».

Après cette réunion, nous avons été conduits, mon mari et moi, à la Sûreté nationale pour y être fichés et photographiés avec une ardoise sur la poitrine comme de vulgaires bandits.

Ces photos trônent actuellement dans notre chambre à coucher au palais. À partir de l'arrestation d'Anaky Kobina et de notre séance de photos, nous ne nous sentions plus clandestins.

Laurent se mit à donner des interviews et à écrire des articles pour les faire publier à Paris par des amis journalistes. Nous nous battions pour que notre camarade et ami Anaky ne reste pas en prison dans l'indifférence. Nous étions conduits à nous battre presque à découvert.

À défaut de l'expulser ou de le mettre en prison, le pouvoir mit Laurent en résidence surveillée, quatre fois, entre son retour en 1988 et l'instauration officielle du multipartisme, le 30 avril 1990.

Félix Houphouët-Boigny faisait encercler régulièrement notre maison par des policiers. Quelquefois ils se cachaient dans les plantes qui servaient de haies vives à notre jardin. Un soir, Laurent décida d'aller « arroser » les plantes et se soulagea, sans le savoir, sur la tête des agents embusqués. « Arrosés », ils jaillirent brusquement du buisson et se sauvèrent. C'est ainsi que l'on découvrit que notre maison était sous surveillance.

Laurent et moi avons décidé, à cette époque-là, de légaliser notre union pour sécuriser l'avenir de nos enfants. Nous étions heureux ainsi, mais étant tous les deux engagés et en première ligne dans notre combat, il fallait que, s'il arrivait quoi que ce soit à l'un d'entre nous, l'autre puisse s'occuper légalement des enfants. Le mariage eut lieu le 19 janvier 1989, dans la plus grande discrétion à la mairie de Cocody, un quartier résidentiel d'Abidjan.

En septembre 1989, la situation politique devenant insurrectionnelle, le président Houphouët-Boigny convoqua un « Conseil National », grand rassemblement de toutes les couches politiques, administratives et syndicales du pays. Au cours de leurs interventions, les enseignants dont Marcel Etté, le secrétaire général du SYNARES, réclamèrent à nouveau, haut et fort, le multipartisme.

En réponse, le résident Houphouët-Boigny déclara que le multipartisme était une vue de l'esprit et que ni Marcel Etté, ni Laurent ne pourraient se faire élire dans leurs régions respectives. Le Président se moqua de Laurent en disant que son parti, d'ailleurs, ne comportait que six membres.

La vie politique et militante continuait pour nous,

ponctuée par des actions, des réunions d'information et de réflexion. Nous gardions un contact épistolaire régulier avec Anaky, toujours incarcéré, pour maintenir son moral et le tenir informé de ce qui se passait dans le pays et dans notre parti.

Beaucoup de questions sont posées sur Anaky Kobenan et le FPI, son rôle dans le parti, les raisons de son arrestation, les raisons de son départ du FPI, la cause de sa haine contre Laurent et moi-même. Cet homme a été un copain d'école de Laurent, qu'il a connu au lycée et envers lequel il a gardé de bons souvenirs. Il a été recruté dans le FPI en 1987 sur sa recommandation et inscrit dans la cellule que je dirigeais. Avec lui nous pénétrions le milieu des chefs d'entreprise ivoiriens.

Au moment de l'organisation du congrès constitutif en 1988, comme tous les autres militants, il paya sa quote-part par un chèque de 500 000 francs CFA (environ 800 euros). À cause du procès qui s'engagea contre lui dès le retour du Congrès, tous ses comptes et ses biens furent mis sous séquestre. Ce chèque ne sera donc jamais encaissé. L'unique occasion qu'il avait d'apporter son obole au FPI avortait. L'épreuve de la prison eut raison de la détermination de ce grand camarade. Il y séjourna trois longues années.

« Libérez Anaky. Libérez Anaky ! »... « Anaky innocent ! » etc.

Avec générosité, acharnement et fougue, les militants du FPI, par milliers, arpentèrent les rues d'Abidjan, harcelèrent le président Houphouët-Boigny, organisèrent marches sur marches, meetings sur meetings, sit-in sur sit-in, jusqu'à faire craquer le « Vieux » et obtenir la libération d'Anaky, par décret de grâce présidentielle. Anaky fut libéré le 29 septembre 1991. Un grand meeting fut organisé au stade Champroux pour fêter sa sortie. Plus d'une dizaine de milliers de personnes étaient présentes.

Quelques semaines après, on découvrait qu'Anaky Kobenan, pour obtenir la grâce présidentielle, avait accepté de faire des déclarations contre le FPI et de claquer la porte du parti. Le but de l'exercice était de créer une scission au sein du parti, Anaky emmenant avec lui ses partisans, le FPI se retrouverait brisé, détruit. Évidemment, cet objectif ne se réalisa pas.

Anaky quitta le FPI et créa son parti devenu aujourd'hui le MFA. Mais les militants du FPI, choqués par tant d'ingratitude, lui tournèrent le dos.

L'ÉTAT DU PAYS

« *Houphouët voleur !* »

La décision du gouvernement de réduire les salaires fut la goutte d'eau qui fit déborder le vase. Le peuple descendit dans la rue pour conspuer le président Houphouët-Boigny et son gouvernement : « Houphouët voleur ! », « Houphouët voleur ! ». Interjections courageuses même en ces temps de fin de règne !

À la demande du FMI, le gouvernement s'attela à élaborer les deux plans de redressements économiques que furent successivement le plan Koumoué Koffi, et le plan Ouattara.

Koumoué Koffi, alors ministre de l'Économie et des Finances, proposait donc un plan qui, à l'en croire, allait faire baisser les charges de l'État et réduire le coût de la vie. Il s'agissait de réduire, de façon sensible, les salaires des fonctionnaires et agents de l'État, tout en diminuant de manière insignifiante, négligeable, le prix de certaines denrées alimentaires et produits de grande consommation comme l'huile, le savon, le pain, le riz.

Ces réductions oscillaient généralement entre 5 et 25 francs CFA sur le litre, le kilo ou l'unité selon le type de marchandise. L'annonce de cette mesure provoqua un rejet en bloc et un agacement plus grand des Ivoiriens. Des élèves et étudiants rejoignirent leurs parents pour contester cette décision qui signifiait pour eux une plus grande souffrance.

L'apparition !

Le président Houphouët-Boigny voulut rester ferme sur cette décision, mais la pression des populations qui envahissaient de jour en jour les rues d'Abidjan et celles de certaines villes de l'intérieur l'obligea à désavouer son ministre en suspendant la mesure, pour mettre sur pied un comité interministériel présidé par le gouverneur de la BCEAO (Banque Centrale des États de l'Afrique de l'Ouest).

C'est ainsi qu'en 1989, la Côte d'Ivoire découvrit pour la première fois Alassane Dramane Ouattara, présenté par Houphouët-Boigny comme un technocrate « venu d'ailleurs » redresser le navire Ivoire. C'est comme cela qu'il a débarqué, en inconnu, dans ce gouvernement pour être propulsé par la suite Premier ministre.

Des personnes proches d'Houphouët-Boigny prétendaient que le Président connaissait les origines burkinabé de Ouattara, mais que ce statut lui offrait la possibilité d'élever à un poste important du pays un individu qui n'allait pas pouvoir faire ombrage à « son dauphin constitutionnel », Henri Konan Bédié, dans la mesure où, étant étranger, il était inéligible au poste de président de la République.

Ouattara proposa donc à son tour un plan de redressement économique marqué, entre autres, par la privatisation de gré à gré des secteurs de l'eau et de l'électricité, donnés… à son « ami » français Martin Bouygues.

Ce plan sera imposé aux Ivoiriens malgré de nombreuses réserves émises et des amendements proposés par des intellectuels, des observateurs politiques, des membres de la société civile et des syndicalistes.

C'est le seul et unique moment dans l'histoire de la Côte d'Ivoire, où les fonctionnaires ivoiriens connaissent des arriérés de salaires. C'est à cette époque également qu'est institué le « salaire à double vitesse ». Les nouvelles recrues dans l'enseignement, percevant la moitié des salaires de base de leurs anciens collègues.

Les grèves se succèdent, le multipartisme arrive

À la fin du premier trimestre de 1990, l'atmosphère dans le pays est électrique. Le pays est triplement bloqué. En effet, à un premier niveau, financièrement, économiquement le pays est à genoux ; les réformes imposées par les Institutions de Bretton Woods et le président du comité interministériel n'ont apporté aucune détente. Le peuple ivoirien gronde.

À un second niveau, politiquement, le pays est dans l'effervescence. Les réformes demandées sont refusées par le vieux parti unique.

Enfin, à un troisième niveau, socialement, la misère s'est installée. Les salaires sont bloqués depuis 1980. Les infrastructures scolaires et sanitaires sont notablement insuffisantes. Le chômage des diplômés s'installe. Chaque jour le nombre des protestataires s'accroît dans les rues.

Nous écrivions des textes signés Laurent Gbabgo et les distribuions au peuple. Parmi ces tracts figurait *Le Papillon*, œuvre désormais célèbre de Lia Bi Douayoua et de ses hommes.

Le FPI créa également un journal clandestin, *L'Événement*, imprimé en France et introduit en Côte d'Ivoire *via* Ouagadougou la capitale du Burkina Faso, camouflé au milieu de cartons de viande. Nous avions décidé que, de même que les tracts, tous les articles du journal seraient signés par Laurent qui était notoirement connu comme opposant. Notre lutte qui avait déjà un nom, FPI, prenait désormais un visage, celui de Gbagbo Laurent.

Il était temps de forcer le destin. Laurent nous réunit un matin et nous proposa de bousculer les choses en allant à la préfecture d'Abidjan pour y déposer les dossiers en vue de la reconnaissance officielle du FPI. Son raisonnement était simple mais clair : si nous étions arrêtés à la suite de cette démarche, cela créerait davantage d'effervescence qui ne pourrait que gêner le pouvoir en place. Les forces de l'ordre étant déjà débordées par ce qui se passait dans la rue, le risque était faible. Il fallait donc s'engouffrer dans cette brèche. La proposition adoptée, Laurent se rendit le 2 avril 1990 à la préfecture d'Abidjan accompagné de Agodio Paul, Émile Boga Doudou et moi-même. L'employé préposé à la réception des dossiers, en voyant le nôtre, s'affola, refusa de le prendre et conseilla à notre délégation d'aller voir le secrétaire général de la préfecture ou le préfet lui-même.

Le secrétaire général, d'ethnie Dida comme Boga Doudou et Agodio, dit à ces derniers dans leur langue : « Qu'est-ce que vous me faites là ? Attendez ! »

C'est dire combien notre démarche paraissait inconcevable, folle et téméraire ! Pourtant l'article 7 de la Constitution ivoirienne du 3 novembre 1960 prévoyait le multipartisme : « Les partis et groupements politiques concourent à l'expression du suffrage. Ils se forment et exercent leur activité librement sous la condition de respecter les principes de la souveraineté nationale et de la démocratie, et les lois de la République ».

Le préfet, appelé au téléphone par son secrétaire général, nous fit dire de revenir le lendemain. C'était sûrement pour lui laisser le temps d'aller aux ordres auprès du président de la République *via* son ministre de tutelle. Le lendemain, le préfet lui-même nous reçut très gentiment, prit nos documents, les consulta et nous remit un récépissé de dépôt dûment signé et revêtu des cachets officiels requis.

C'était le 3 avril 1990. Un acte majeur et précurseur de la naissance du multipartisme venait d'être posé.

Peu de temps après, une banale coupure d'électricité

et d'eau, dans la cité universitaire du quartier de Yopougon, mettra le feu aux poudres. Les étudiants, regroupés au sein de la FESCI, le puissant syndicat estudiantin, réclamaient davantage de libertés, de réformes et de bourses. Ils sont les premiers à descendre dans les rues. Ils seront suivis rapidement par les sages-femmes, les infirmiers et les médecins puis les douaniers et pour finir les militaires. Houphouët-Boigny négocie avec les jeunes militaires et accepte de mettre fin au régime de conscription au profit de l'armée de métier. Le service militaire des appelés prend fin.

Le 30 avril 1990, le pouvoir PDCI fait un nouveau pas. Il capitule et procède enfin à la réforme politique réclamée par tout le monde. Houphouët-Boigny proclame le multipartisme et sauve ainsi son pouvoir.

Quand le monde change

Le coassement des grenouilles n'empêche pas
l'éléphant de boire.
Proverbe africain

Le 30 avril 1990, le bureau politique du PDCI-RDA se réunit pour constater la fin de son statut de parti unique. Le 4 mai 1990, un décret présidentiel officialisa l'existence de notre parti politique, le FPI, en application de l'article 7 de la Constitution. Dans les jours qui suivirent, plusieurs dirigeants de partis imitèrent notre exemple.

Décidément, le monde changeait. Coup sur coup, on enregistrait la dislocation du bloc soviétique avec pour conséquence la chute du mur de Berlin ; la disparition de l'URSS, une des deux superpuissances ; la libération de Nelson Mandela en février 1990 après vingt-sept ans de prison. Et maintenant on assistait à l'avènement du multipartisme en Côte d'Ivoire, une des têtes de pont du néocolonialisme en Afrique.

Le 30 avril 1990 a représenté une étape cruciale, une importante bataille gagnée pour l'avènement de la démocratie dans notre pays. Mais la lutte n'était pas terminée. Il nous fallait donner au FPI un journal et un siège, instruments indispensables à un parti politique sérieux. Ce qui fut fait dans les semaines suivantes.

Un de nos objectifs principaux était atteint. Une grande victoire était remportée. Le pays avait enfin rompu avec le parti unique. La démocratie pouvait commencer à s'implanter.

Le déferlement

Du jour au lendemain, nous sommes débordés, submergés. Des Ivoiriens venant de tous les coins du pays veulent adhérer au Parti. Notre résidence devient le siège provisoire du FPI. Six mois durant, nous avons dû recevoir entre trois cents et cinq cents personnes par jour. Nos enfants ont dû quitter la maison, pour être confiés à un couple d'amis, pendant plusieurs mois.

Levés dès six heures du matin, nous recevions les adhésions de personnes qui attendaient déjà devant la porte pour finir très tard dans la nuit. Nous n'avions même plus le temps de déjeuner correctement. Certains adhérents se constituaient spontanément en secrétaires et en personnel d'accueil. C'était fou, c'était délirant. À aucun moment nous n'avions imaginé un tel déferlement. Des amis français venus nous rendre visite nous disaient : « Ce que vous vivez, ce n'est pas la naissance d'un parti, c'est la mise en marche d'une véritable révolution ! »

C'est vrai que Laurent, à cause de toutes ces années de lutte et d'épreuves, s'était forgé une notoriété. Il était l'homme qui avait eu le courage de tenir tête au tout-puissant et redouté Félix Houphouët-Boigny. Il était le « woudi », il était le « garçon ».

C'est vrai que, moi aussi, à cause de tous les combats menés à la tête des syndicats, à cause de mon implication dans les organisations de jeunesse, j'étais déjà notoirement connue.

Mais cela ne pouvait cependant pas suffire à expliquer le phénomène que nous vivions. Manifestement, le peuple désirait ce changement, désirait l'alternance. Laurent et moi-même et tout le FPI capitalisions enfin toutes ces années de lutte, de risques, de peines et… d'amour.

Pendant longtemps nous avions enseigné le multipartisme, nous avions expliqué la démocratie, nous avions décrit la vraie société de justice et d'équité.

Les grains semés dans les cœurs des Ivoiriens avaient germé et là, devant nous, les fleurs s'épanouissaient tel un feu d'artifice.

PREMIÈRES ÉLECTIONS MULTIPARTISANES : VIOLENCE MAIS ESPOIR

Le candidat du FPI

Au cours de son premier congrès ordinaire, le FPI décida d'aller a l'élection présidentielle d'octobre 1990. Le débat avait été passionnant. Les camarades qui estimaient la chose prématurée se laissèrent convaincre. Laurent Gbagbo fut désigné candidat du FPI.

Les autres partis d'opposition boycottèrent, à tort, le scrutin. Ce fut une grande première, depuis l'indépendance, de voir un candidat se présenter contre le tout-puissant « Père de la Nation », tout comme ce fut une première qu'un parti autre que le PDCI tienne un congrès au grand jour, à Abidjan.

Laurent s'était donc présenté à l'élection présidentielle contre Houphouët-Boigny. Le « Vieux » a perçu cette décision de l'affronter comme une outrecuidance, un crime de lèse-majesté.

Il fallait trouver le moyen de l'empêcher d'être candidat.

Des bâtons dans les roues

Un plan en plusieurs points fut concocté par le pouvoir.

Premier acte, rendre la candidature de Laurent irrecevable. Trois jours avant la date de clôture des dépôts de dossiers, l'Assemblée nationale vota une loi instituant le paiement d'une caution de 20 millions de francs CFA (environ 30 000 euros) par toute personne désireuse de faire acte de candidature à l'élection présidentielle.

Dans l'histoire des élections en Côte d'Ivoire, c'était la première fois qu'une telle condition était posée. Les auteurs de cette mesure nous savaient incapables de réunir une telle somme, même en fusionnant tous nos avoirs sur nos différents comptes bancaires. C'était un malin subterfuge pour éliminer la candidature de Laurent.

Deuxième acte, des « âmes bien intentionnées » se présentèrent chez nous pour l'amener à renoncer à cette candidature. « Il ne faut pas humilier le Vieux… Il faut le laisser faire ce dernier mandat et le laisser partir la tête haute… On est prêt à te céder le nombre de circonscriptions que tu veux aux législatives… »

Ce à quoi Laurent va répondre : « Va pour ce schéma, mais alors faisons en premier les élections législatives. Après les résultats, je retirerai ma candidature à la présidentielle ». Les « âmes bien intentionnées » rétorquèrent alors : « Ah ! Ah ! Tu es malin, tu veux rouler le Vieux ! » Et Laurent de répondre sur le même ton : « Ahh ! donc, c'est que le Vieux voulait me rouler ! »

Et sur ces échanges « amicaux », la négociation prit fin.

Malgré tous ces obstacles, Laurent a pu se présenter à la présidentielle d'octobre 1990. Il s'est trouvé des personnes au sein de la population qui ont bien voulu rassembler les 20 millions de francs CFA pour régler la caution du candidat du FPI.

Je retiens cette belle anecdote. Nous avions posé une grande bassine dans la cour de notre maison à la Riviera, (quartier d'Abidjan), et chacun apportait sa contribution en espèces ou par chèque. Je me souviens qu'un petit garçon a même cassé sa tirelire et est venu nous apporter une pièce de 25 francs CFA ! En deux jours, la somme a été réunie et même davantage. Trente-six millions en tout.

Le candidat obtenait donc 16 millions de francs CFA de plus qui allaient lui servir à faire sa campagne électorale.

Les tenants du pouvoir ne s'attendaient pas à un tel soutien de la part du peuple.

Une campagne électorale dans la violence et la fraude

Le candidat FPI est finalement retenu pour l'élection présidentielle. Commence alors une nouvelle bataille : les listes électorales. Nous voulions en vérifier la correction et la conformité, mais le pouvoir refusa de les mettre à notre disposition.

Certains peuples ne mesurent pas la chance qu'ils ont de vivre en démocratie !

Alors les femmes de chez nous protestèrent et

organisèrent une marche au Plateau pour réclamer les listes électorales. Cette marche fut réprimée violemment par la police. Nous avons été nombreuses à être arrêtées et gardées à vue. Des femmes gravement blessées ont réclamé en vain des médecins. C'est finalement sous la pression de certains pays de la communauté internationale, informés de la situation par voie de presse, que le président Houphouët-Boigny, tard dans la nuit, a fait libérer toutes ces femmes avec qui j'étais. Si nous tenions à voir ces listes électorales, c'est que nous savions qu'elles comportaient les noms de nombreux étrangers, surtout burkinabés, qui n'avaient pas la qualité d'électeurs mais à qui le pouvoir PDCI avait distribué des cartes d'identité ivoiriennes, pour constituer ce qu'on a pu appeler un « bétail électoral ».

C'est peu dire combien j'étais révoltée. Il me semblait impérieux de mettre au jour cette fraude qui consistait à distribuer des cartes d'identité ivoiriennes à des personnes qui n'y avaient pas droit et qui, de surcroît pour certains, n'en avaient fait aucune demande. Bon nombre de ces étrangers ne voulaient pas voter et avaient été visiblement exploités contre leur gré à coups de menaces et d'intimidations.

Après la tenue des élections, le pouvoir avait – comble d'horreur – organisé une battue pour leur arracher ces « fausses » cartes d'identité, marquées d'un signe discret pour être facile à reconnaître.

Les listes électorales pour lesquelles les femmes avaient organisé cette marche avant la présidentielle ont finalement été obtenues, mais elles étaient inexploitables.

Bien qu'étant dans l'ordre alphabétique, elles n'étaient pas découpées par bureau de vote. Cela n'a pas permis au FPI de faire un travail efficace de suivi du scrutin présidentiel.

Par ailleurs, le soir de l'élection, à la fin du dépouillement des bulletins de vote, les résultats ont commencé à être communiqués directement sur les médias d'État par le ministre de l'Intérieur de l'époque, Léon Konan Koffi. Et puis brutalement, quelques moments après, comme si la transparence n'arrangeait plus tout le monde, la diffusion a été interrompue, Houphouët-Boigny fut proclamé vainqueur, Gbagbo perdant avec 18,3 % des voix. Le ministre de l'Intérieur venait d'annoncer « ses résultats ».

Nous savions que nous n'allions pas être proclamés vainqueurs. Le PDCI, resté parti unique pendant si longtemps, n'était pas encore prêt pour l'alternance. Il fallait cependant semer une graine pour l'avenir. Et c'est ce que nous avons fait.

Je voudrais relever ici le travail psychologique de fond que nous avons dû réaliser sur nos militants et sympathisants, pour les convaincre de se maintenir dans notre option première : l'accession au pouvoir par la voie des urnes, en évitant de céder à la tentation de la voie insurrectionnelle.

Laurent Gbagbo disait sans arrêt : « Doucement, doucement, nous sommes pressés ! »

Accepter la différence

Cela étant dit, ces élections ont été enrichissantes pour la Côte d'Ivoire qui intégrait ainsi, pour la première fois, le multipartisme à travers des élections. L'apprentissage des exigences du multipartisme n'a pas été une chose aisée pour le PDCI-RDA, parti unique, qui avait dirigé sans contre-pouvoir la Côte d'Ivoire de 1960 à 1990.

D'anciennes habitudes devaient être abandonnées, de nouvelles pratiques devaient être instaurées.

Par exemple, comment constituer et faire fonctionner une Assemblée nationale multipartisane ?

Après les élections législatives de 1990, le PDCI a vu entrer à l'Assemblée nationale une autre formation politique : le FPI de Laurent Gbagbo. Ce parti politique venait de conquérir 9 sièges au Parlement et non pas les 10 exigés pour créer un groupe parlementaire. Il fallut donc modifier le règlement de l'Assemblée. L'installation des deux groupes parlementaires dans l'hémicycle avait également suscité quelques problèmes. Jusque-là seuls à siéger au Parlement, les députés du PDCI étaient installés par ordre alphabétique. Ils trouvèrent inadmissible qu'on puisse briser cette tradition et séparer les députés PDCI de ceux du FPI.

C'est après moult discussions qu'ils ont accepté cette nouvelle disposition, propre à tous les Parlements pluripartisans à travers le monde. On connut le même débat au moment de la composition du bureau de l'Assemblée nationale qui était contrôlée par les députés du PDCI-RDA. Il a fallu des séances de sensibilisation pour que les députés PDCI admettent que chaque groupe parlementaire devait être représenté dans le bureau.

Autre exemple, selon quelles règles doivent s'exprimer les sentiments et l'opinion des partis dans l'opposition ? Il fallut tirer les leçons des marches brutalement réprimées, des manifestations dispersées à coups de grenades lacrymogènes.

Les partis politiques des années 90 et le pouvoir finirent par mettre sur pied une procédure permettant à une structure politique ou syndicale d'informer sur son projet de manifestation, par écrit, dans un délai précis. Le ministère de l'Intérieur ne devait plus rejeter la demande, mais simplement convoquer les organisateurs de la manifestation pour une séance de travail au cours de laquelle l'itinéraire de la marche et les dispositions sécuritaires étaient arrêtés d'un commun accord. Le jour de la manifestation, chacune des parties était simplement tenue de respecter scrupuleusement ce qui avait été décidé ensemble. Cela semble couler de source mais c'était à l'époque un grand pas.

La démocratie s'implantait peu à peu avec des grincements de dents, dans la pression, dans les frottements et les toussotements. Mais le mouvement était résolu. Bien qu'étant dans l'opposition et très minoritaire à l'Assemblée nationale, nous apportions une vision véritablement nouvelle, une pratique nouvelle, des connaissances nouvelles.

C'était pour nous une belle victoire, victoire à partir de laquelle je me suis rendu compte qu'on pouvait vraiment faire bouger les choses.

Vigilance

Le PDCI continuait de résister au grand mouvement démocratique. L'apparition de journaux d'opposition non complaisants le perturbait. En réaction, il déposa à l'Assemblée nationale, en décembre 1991, un nouveau projet de loi sur la presse. Cette loi était davantage destinée à museler la presse d'opposition et à restreindre les libertés nouvellement acquises qu'à les réglementer et les rationaliser. Elle allait être adoptée par ce Parlement, constitué à 95 % d'élus PDCI. Nous avons quand même pacifiquement manifesté notre mécontentement et retardé son vote d'un jour. Certains responsables du PDCI, sans doute vexés par cette maigre victoire de notre parti, projetèrent de nous infliger une correction sévère. Nous restions mobilisés et vigilants et Laurent annula tous ses déplacements pour parer à toute éventualité.

La lutte pour la démocratie était un long processus qui nécessitait que nous ne baissions pas la garde, à aucun moment.

Les forces de répression

Les réformes politiques et sociales naissaient dans la difficulté. L'école et l'université étaient « grosses » de cette Nation nouvelle. L'université était en ébullition.

Dans la nuit du 17 au 18 mai 1991, alors que les étudiants dormaient, une unité des forces d'intervention para commandos de l'armée (FIRPAC) fit une descente à la cité universitaire de Yopougon, une commune d'Abidjan, sur ordre du chef d'état major d'alors, Robert Gueï.

Les étudiants furent matés avec une violence inouïe pendant la nuit. On dénombra des centaines de blessés graves, des filles violées, des jeunes défenestrés, des chambres d'étudiants pillées. Cet acte de barbarie suscita l'indignation de l'opinion publique nationale. Des organisations de défense des droits de l'homme, des syndicats, des partis politiques dont le FPI exigèrent la mise sur pied d'une commission nationale d'enquête.

Début 1992, cette commission nationale d'enquête dépose son rapport. Il est accablant pour les forces de répression et leurs commanditaires. Mais le président de la République refuse de prendre des sanctions contre les officiers supérieurs responsables de cette expédition punitive : « Je ne peux retourner mon propre couteau contre moi-même ».

Ce qui est plus fort que l'éléphant, c'est la brousse.
Proverbe africain

La crise s'envenime

C'en était trop ! Le 18 février 1992, nous avons décidé de descendre dans la rue. Nos mots d'ordre étaient simples : nous réclamions des sanctions contre les militaires. Il était inadmissible que pour mater des jeunes, jugés trublions, l'État utilise l'armée, c'est-à-dire sa force la plus brutale formée sciemment pour combattre l'ennemi extérieur. Il avait à sa disposition la police adaptée spécialement aux opérations de maintien de l'ordre. Pourquoi l'armée et pourquoi la nuit au moment où les étudiants dormaient ? Il n'y avait aucune agitation à cette heure-là !

La marche sera réprimée de façon aussi brutale que les étudiants l'avaient été.

Une marche tranquille

Deux jours avant la manifestation, nous avions appris que le pouvoir voulait réprimer violemment cette marche. Laurent se rendit aux ministères de l'Intérieur, de la Sécurité intérieure et de la Défense pour discuter. Le 17 février, il donna des interviews pour montrer sa détermination et celle des membres du FPI. La naissance de la démocratie, le respect des droits des citoyens devaient peut-être se faire dans la douleur, mais il fallait qu'ils se fassent, même si nous devions subir des violences.

Ce 18 février, nous marchions Laurent, nos amis et moi, en tête de la manifestation organisée à Abidjan-Plateau par le FPI. Le dispositif de maintien de l'ordre mis en place était largement disproportionné par rapport à une simple marche de protestation. Des loubards avaient été réquisitionnés pour commettre des exactions et des débordements dans le seul but de nous les imputer, afin de justifier une répression dure. C'est ce qui ne manqua pas d'arriver.

Nous retrouvons aujourd'hui encore cette même pratique chez les mêmes auteurs. Au début d'une manifestation, des personnes mal intentionnées s'arrangent pour faire libérer des prisonniers qui attaquent les populations, leurs résidences et pillent leurs biens. Puis, sans vergogne, ces gens malhonnêtes accusent « les patriotes » de ces forfaitures. C'est ce que nous avons vécu en novembre 2004.

En effet, en novembre 2004, alors que les patriotes, en réaction à la destruction des avions de guerre ivoiriens et de l'agression de l'armée française contre l'État ivoirien, s'étaient regroupés en des lieux précis en vue de défendre les Institutions de l'État : la résidence du chef de l'État, les locaux de la télévision ivoirienne à Cocody, le bâtiment de la radio nationale au plateau, l'aéroport de Port-Bouët, des forces occultes sont allées ouvrir la prison d'Abidjan (la MACA) libérant dans la ville des milliers de malfrats. Ils ont alors procédé au sac et au pillage de certaines maisons et des établissements appartenant à des Français (Lycée Mermoz, Centre culturel français, etc.), mettant ces actions crapuleuses sur le dos des patriotes.

Des loubards commandités

Cherchant l'incident, ce 18 février 1992, le PDCI programme le jour même de la marche, le procès de

Ahipeaud Martial, secrétaire général de la FESCI mis aux arrêts quelque jours plus tôt. L'ayant su à temps et voulant éviter tout amalgame, nous dressons un itinéraire de notre marche qui nous conduit loin du palais de justice. Mais le PDCI, mal informé sur notre itinéraire, envoie des loubards qui cassent et incendient des véhicules de magistrats et d'avocats garés dans les parkings devant le palais. Un groupe de loubards se rend également dans le parking souterrain de la BAD (Banque Africaine de Développement), pour perpétrer les mêmes forfaits. Il faut dire que, quelques semaines auparavant, des représentants de la BAD avaient accepté de participer à un colloque international organisé par le FPI sur le thème de la décentralisation.

Étranges hasards ! Devant le palais de justice, seuls les véhicules des avocats proches de l'opposition avaient subi des actes de vandalisme et l'on n'appela pas les sapeurs-pompiers dont la caserne principale était pourtant toute proche. On appela plutôt des journalistes et cameramen de la télévision nationale pour filmer et diffuser ces scènes affligeantes qui furent imputées, bien entendu, au FPI. Mais voyons ! ! !

Les loubards se rendirent ensuite au centre du quartier des Affaires pour saccager des magasins. Seul échappa miraculeusement… « Récréation », un magasin de la femme du Premier ministre Ouattara…

Les forces de l'ordre donnèrent la charge contre nous sans ménagement, avec matraques, grenades lacrymogènes et fusils d'assaut, avec des tirs à balles réelles, notamment contre Boga Doudou, Foua Bi Foua Vincent le chauffeur de Laurent et Laurent lui-même. La balle qui lui était destinée finit sa course dans la jambe d'une militante. N'ayant eu ni le chauffeur, ni le propriétaire, ils mirent le feu au 4 x 4 de Laurent : il fallait bien qu'ils passent leur colère sur quelque chose !

« Tuez-la, tuez-la ! ! ! »

La marche fut dispersée. Au cours de la chasse à l'homme qui s'ensuivit, nous nous sommes trouvés séparés, Laurent et moi. Laurent et quelques compagnons se réfugièrent dans le sous-sol d'un immeuble. Acculé par les militaires dont le projet était visiblement de l'abattre, il ne devra son salut qu'à l'intervention de gendarmes qui l'arrachèrent d'autorité de leurs griffes. Avec d'autres militants, je m'étais réfugiée dans des bureaux aux étages supérieurs de cet immeuble. Les militaires de la FIRPAC (Force d'Intervention Rapide des Para Commandos, créée par Robert Gueï) nous débusquèrent après avoir passé l'immeuble au peigne fin, pièce par pièce. Ils nous emmenèrent au camp Gallieni. Dès notre sortie du bâtiment des soldats armés de matraques, reprochant à l'officier qui nous avait trouvés de nous traiter avec ménagement, nous avaient arrachés de ses mains et la bastonnade commença. Au camp Gallieni, un cri sauvage nous accueillit : « C'est la viande. Envoyez-la ! Tuez-la, tuez-la ! » Un officier qui depuis lors s'est repenti m'interpella et me dit : « Simone Gbagbo, tu sais qui je suis… Tu es là au lieu d'aller faire la cuisine. Tu fais des marches et tu mélanges tout dans le pays. On va faire l'assaut final avec toi aujourd'hui ! » Il nous livra alors aux soldats. Les matraquages reprirent. Il en pleuvait et il en pleuvait. Sur la tête, dans le dos, dans le ventre. Jusqu'à ce que je m'effondre évanouie. Je n'ai jamais été autant battue de ma vie.

Une fois de plus ce sont les gendarmes qui nous sauveront, leurs radios leur ayant permis de nous retrouver. On nous transféra dans cet état au camp de gendarmerie d'Agban. Mon état était grave, j'allais d'évanouissement en évanouissement. L'infirmier gendarme de service, après une énième réanimation et un massage cardiaque, prit sur lui de m'évacuer au CHU de Yopougon. Je resterai hospitalisée pendant dix-huit jours. Mes vertèbres cervicales ayant été touchées, on me mit une minerve. On me conduisit à la MACA (Maison d'arrêt et de Correction d'Abidjan), où je retrouvai mon mari et plus d'une centaine d'autres camarades.

Quand Michel Gbagbo, le fils aîné de Laurent, vint aux nouvelles parce que courait le bruit de la mort de son père, il fut arrêté à son tour et, condamné plus tard à deux ans de prison pour « bris de voitures et incendies de maisons ».

« Gbagbo Président ! »

Je me souviens que, ce jour terrible du 18 février, Laurent était persuadé qu'il ne me reverrait plus jamais. Lui-même et un grand nombre de marcheurs avaient également été conduits au camp de gendarmerie d'Agban. Pendant qu'on me transportait au CHU, recommençait pour lui l'expérience « exaltante » de la prison.

À partir d'une liste préalablement établie par le pouvoir, de nombreux autres compagnons du Front Populaire Ivoirien ou d'associations politiques et syndicales taxées de « révolutionnaires » sont arrêtés arbitrairement sur ordre du Premier ministre Alassane Ouattarra et viennent grossir leur nombre à Agban. Quelques jours après, ils sont tous conduits devant un tribunal où de jeunes substituts du procureur, après les avoir rapidement entendus, leur délivrent des mandats de dépôt. Ils seront transférés à la Maison d'arrêt et de correction d'Abidjan, dans le fourgon prévu à cet effet et baptisé ironiquement « Air MACA ».

Même les députés seront emprisonnés sans que ne soit levée leur immunité parlementaire.

L'immunité parlementaire de Laurent ? Ça ne comptait pas. Nous étions en plein délire ! Il me revient en mémoire le comportement d'Henri Konan Bédié, alors président de l'Assemblée nationale : réjoui de la nouvelle de notre arrestation, il fait le déplacement chez le Premier ministre Ouattara pour le féliciter « d'avoir mis fin à la délinquance politique » (*sic*) ! Les oiseaux de même plumage volent ensemble…

Côté prison, grande surprise ! L'entrée de Laurent dans l'enceinte de la prison est saluée par de grands « Gbagbo Président ! » scandés par les prisonniers du fond de leurs cellules.

Prison d'Abidjan : épreuves et preuves d'amour et de solidarité

À la MACA, Michel, Laurent et moi étions séparés, chacun dans un bâtiment différent. Nous pouvions nous voir en famille une fois par semaine, tous les mercredis après-midi et pendant une trentaine de minutes, à la suite d'une décision prise par la direction de la prison. Notre séjour en prison fut pour nous l'occasion d'expérimenter une solidarité extraordinaire et spontanée de toutes sortes de personnes et de communautés.

Un avocat ivoirien, membre du parti au pouvoir, ancien ami de lycée de Laurent, Dominique Kanga, décida spontanément de veiller sur nos enfants. Il nous témoigna son amitié et son soutien en nous faisant livrer par un service traiteur, une fois par semaine, un repas complet pour une cinquantaine de personnes. Il le fit avec fidélité jusqu'à notre sortie de prison.

Les militants du FPI, les démocrates, s'organisèrent pour nous livrer des vivres, des vêtements, des livres, des matelas, des moustiquaires, des médicaments, etc. en une telle abondance que, pendant six mois, nous avons fait le bonheur de tous les prisonniers de la MACA.

L'administration pénitentiaire elle-même prendra des dispositions pour améliorer les repas servis aux prisonniers. Les choses se passaient comme si toute la population ivoirienne se sentait concernée et obligée de réparer cette injustice en nous offrant le plus grand confort possible.

La vie s'organisait dans cet univers clos. Il fallait s'occuper comme on pouvait. Les hommes entre eux organisèrent des compétitions sportives, des conférences, des débats intellectuels.

Laurent et nos camarades hommes arrivaient à se réunir une heure par jour pour débattre de sujets relatifs à la société ivoirienne et à nos options politiques.

Nous n'étions que deux femmes du parti arrêtées, Odette Sauyet et moi-même. Logées dans le bâtiment des femmes, bien accueillies, vite intégrées, nous sommes rapidement devenues les « mamans » de toutes les femmes prisonnières. Je découvris la grande détresse des femmes en prison, avec leurs enfants nés en prison et grandissant en prison. Avec Odette, nous réussirons à faire sortir officiellement les enfants pour les faire recueillir par des centres SOS ou par des parents des détenues. Il y avait aussi des femmes malades du sida, presque au bout du rouleau ! Le directeur de l'administration pénitentiaire acceptera de faire écourter leur peine. Nous ressentions la joie de réussir, de convaincre, de changer de petites choses qui sont en réalité de grandes choses.

Nous découvrions l'univers complexe de la MACA avec ses réseaux, ses commerces avec l'extérieur, sa corruption, ses maladies, ses peines continuelles et ses joies éphémères comme celle que j'éprouvais quand je rencontrais mon mari, même pour quelques minutes seulement et en présence des gardiens.

Aujourd'hui encore deux choses continuent de me hanter.

Tout d'abord, le sort réservé aux jeunes mineurs. Ils ont un bâtiment à eux, à l'intérieur de cette prison. Mais c'est une prison pour adultes. Et ils entrent sans cesse en contact avec ces adultes et se font recruter par les gangs expérimentés. Ils sortent de leur temps d'incarcération, très souvent, encore plus endurcis dans la délinquance qu'à leur arrivée. Il est urgent pour toute la société ivoirienne qu'il soit construit un établissement spécifique à la jeunesse délinquante. On pourrait les y former, tenter de les repêcher et leur donner une meilleure chance de se réinsérer dans la société.

L'autre chose qui me tourmente encore à ce jour, c'est la situation que vivent les femmes emprisonnées à la MACA. Elles habitent dans un bâtiment spécifique entouré par un grand mur haut de près de trois mètres. Il est tellement clos que les prisonniers l'ont dénommé le « Kremlin ».

Des pièces pour dormir, surpeuplées, un espace pour faire la cuisine et la lessive, une cour intérieure cimentée, un mur d'enceinte surélevé par des fils de fer barbelés. Aucun espace de jeux, aucun espace de sports. On y est doublement en prison.

Les hommes pouvaient sortir de leur bâtiment, se

rendre dans la grande cour, se distraire un peu, marcher, échanger des idées, aller sur les terrains de sport et organiser des matchs de foot. Les femmes presque jamais. Les hommes quittaient leurs cellules et vivaient dans la cour jusqu'au rappel du soir pour les réintégrer. Les femmes ne le pouvaient jamais. Les hommes se rendaient dans la salle de culte presque librement. Lorsqu'ils étaient malades, ils allaient à l'infirmerie, presque librement. Les femmes devaient obligatoirement être accompagnées. Et si l'escorte n'avait pas pu être organisée, elles étaient contraintes de rester à demeure.

Une femme en prison à la MACA est plus en prison qu'un homme et cela n'est pas juste. Évidemment on veut la protéger contre les agressions, contre les éventuels viols, mais il serait tellement plus juste qu'on offre aux femmes un établissement tout à elles.

C'est dans cet environnement éprouvant, quelquefois suffocant, que j'ai vécu pendant six mois. J'y ai rencontré la grande détresse, la grande délinquance mais également une très grande considération et beaucoup d'amour. J'y ai rencontré Dieu. Un Dieu tout nouveau, il est très présent à la MACA, Dieu.

Nombreuses sont les associations, ONG, hommes de Dieu, prêtres, pasteurs, imams, religieuses, qui s'y rendent pour soulager les peines, réduire l'indigence, aider à soigner, vêtir et nourrir. Souvent, ils servent de traits d'union entre les prisonniers et leurs familles à l'extérieur. Ils apportent également un réel encadrement spirituel.

Prison d'Abidjan : cheminement spirituel

Mon séjour à la MACA, je l'aurai vécu comme un cheminement spirituel, depuis l'injustice de mon arrestation jusqu'à la réhabilitation publique. Partis de l'humiliation – le jour de l'arrestation nous avons tous subi l'avilissement, Laurent a même été mis nu devant tous les jeunes qu'il dirigeait - nous nous sommes retrouvés à fond de cale, dans les plus sombres des souterrains de la société. Il fallait s'accrocher pour ne pas se laisser corrompre par les sentiments légitimes de révolte et de vengeance. Il fallait apprendre à vivre avec « les damnés de la Terre » ; riche expérience ! Il fallait côtoyer les laideurs morales et physiques, les souffrances, l'agressivité sans sombrer. Il fallait surmonter la solitude, dominer les questions lancinantes et oppressantes sur l'avenir de nos enfants. Il fallait faire barrage au sentiment de défaite. Il fallait rester debout. Jésus est venu à ce moment-là sous le manteau d'une servante de Dieu, avec en main, le psaume 37 qu'elle m'a laissé comme viatique, pour le reste du chemin à parcourir. Et j'ai franchi le reste du chemin. Je suis sortie de l'épreuve sans haine, sans rancœur ni ressentiment pour le Président Houphouët-Boigny.

Concernant Alassane Ouattara, j'avais acquis la conviction que cet homme était dangereux, sans scrupule, sans foi ni loi. L'utilisation des loubards dans la politique en Côte d'Ivoire, c'était lui. Mais avec surprise, je découvris que je n'avais pas de rancœur contre cet homme. La seule chose importante, exaltante, c'était cette formidable solidarité qui s'était manifestée à tout moment. Les jours de visite nous recevions jusqu'à trois cents visiteurs. Nous étions submergés par l'expression de l'amitié, de la camaraderie et de la fraternité. Nous sommes restés debout, enrichis par la noblesse et la puissance de l'élan de soutien. Nos cœurs, nos âmes n'ont pas eu l'occasion, ni la raison d'exprimer des pleurs, des murmures, des soupirs… Le déferlement qu'on avait connu à la maison au début du multipartisme se maintenait, se confirmait.

Dans la journée, nous avions beaucoup de temps libre. J'en profitais pour apprendre à faire du crochet et approfondir la Parole de Dieu. Un délice, un ancrage solide dans la foi et l'espérance.

Lorsque arriva le jour de la libération, Dieu qui fait « toute chose bonne en son temps » avait nettoyé tous nos cœurs, nous avait enrichis de la connaissance intime de la souffrance et de la détresse humaines.

Dieu nous a permis d'expérimenter le pardon des offenses des autres. Dieu nous a permis de grandir au-delà de l'humiliation et Il nous a donné « la victoire du juste ».

Le procès

Nous voulions faire de notre procès une occasion, pour nous et en particulier pour Laurent, de parler, de faire passer notre message à l'intérieur comme à l'extérieur de la Côte d'Ivoire.

Nous avons eu droit à un procès retentissant suivi par toute la Côte d'Ivoire.

Nos deux procès, en première instance et en appel, avaient suscité une formidable mobilisation d'avocats, une trentaine environ, venant d'horizons divers – France, Suisse, Sénégal, Mali, Burkina Faso, Gabon… – et venus tous nous défendre bénévolement. Des avocats ivoiriens, comme Me Dervain pourtant proche du PDCI, s'étaient mobilisés et avaient offert leurs services à titre gracieux. Nous étions fiers que des hommes et des femmes de qualité se soient mobilisés autour de nous et participent ainsi à notre combat. Le président Houphouët-Boigny et encore moins Alassane Ouattara, n'avaient prévu cela.

Nous avons tous été condamnés en première instance à un an ou deux ans de prison, plus 300 000 francs CFA (500 euros environ) d'amende. Deux types de délits furent retenus contre nous : destruction de biens publics, atteinte à la sûreté de l'État. Le Premier ministre Alassane Ouattara et le ministre de la Justice, Jacqueline Oble Lohouès, avaient bien essayé d'utiliser une ordonnance anti-casse pour nous faire condamner, mais ils avaient été dénoncés et avaient dû reculer. Le procès devant la cour d'appel s'organisa, mais les débats furent différents.

Ni le procureur ni les avocats du gouvernement n'arrivèrent à prouver que l'un d'entre nous avait posé un acte nuisible ou préjudiciable aux intérêts de l'État, aux biens publics ou privés.

On s'acheminait manifestement vers un non-lieu, ce qui était insupportable pour les Autorités. Nous semblions avoir toutes chances de gagner. Le procureur de la République Tia Koné, prit alors les devants et contesta le président de la cour d'appel pour « suspicion légitime ». En d'autres termes, ce juge, président de cour, Yanon Yapo, refusait d'être aux ordres. Le procès fut interrompu.

Une loi d'amnistie générale

Voyant la tournure que prenait l'affaire, le président Houphouët-Boigny prit alors les devants et fit voter une loi d'amnistie générale dont nous avons bénéficié. Nous avons été libérés à la fin du mois de juillet 1992 dans la discrétion afin d'éviter que nos militants n'organisent une sortie triomphale à Laurent Gbagbo et ses compagnons. À sa sortie de prison, Laurent fut invité en France par le président de l'Assemblée nationale, Henri Emmanuelli, et en Israël par le Parti travailliste de ce pays.

À la sortie de ses dirigeants de la MACA, le FPI était devenu encore plus célèbre, encore plus aimé et encore plus légitimé qu'avant.

Rencontres avec le président Houphouët-Boigny

En novembre 1992, Laurent, qui préparait une émission à laquelle il avait été convié à la télévision ivoirienne, fut invité la veille de celle-ci à rencontrer le président de la République.

L'ancien ministre Camille Alliali, chargé d'organiser cette rencontre, avait envoyé le préfet Debrouchard porter le message à Laurent. Voulant se concentrer sur la préparation de cette émission, Laurent demanda et obtint le report de cette rencontre au lendemain de l'émission. Le 6 novembre, il se rendit donc à l'audience du président Houphouët-Boigny. Lors de cette réunion avec le Président, Laurent constata que le « Vieux » avait attentivement suivi le débat télévisé. Il en fit même des commentaires très positifs et lui donna sa version ou sa vision des faits, chaque fois qu'il avait considéré la réponse de Laurent insuffisante.

Début 1993, le Président Houphouët-Boigny invita à nouveau Laurent Gbagbo et le reçut seul dans son petit bureau. Il l'informa de son intention d'entreprendre des réformes institutionnelles et de créer un poste de Vice-Président.

Était-ce une tentative de récupération ? Laurent en retint surtout que Houphouët-Boigny serait encore candidat en 1995.

Peu après cette entrevue, le 14 mai 1993, le chef de l'État s'envolait à bord du supersonique franco-anglais, Concorde, à destination de Paris.

Le dernier voyage

En quittant ce jour-là « sa Côte d'Ivoire bien-aimée », le Président ne se doutait apparemment pas, qu'il le faisait pour la dernière fois.

Il promettait de revenir de son voyage avec de bonnes nouvelles pour son pays.

Lesquelles… ? Les réponses sont avec lui, enterrées à jamais !

Officiellement, il se rendait en France pour assister à la cérémonie de remise du prix Houphouët-Boigny pour la Recherche de la Paix au siège de l'UNESCO…

En fait, il se rendait aussi en Europe pour de sérieux problèmes de santé. Il allait être opéré d'un cancer de la prostate à l'hôpital Cochin à Paris. Dès lors, les rumeurs les plus alarmantes se mirent à circuler, inquiétantes et les appréhensions pour le pire, à s'accroître.

Le 7 décembre 1993, la nouvelle du décès du Père Fondateur de la Côte d'Ivoire moderne tomba comme un couperet.

Un pan de notre Histoire se refermait.

QUATRIÈME PARTIE

LES ANNÉES TROUBLES

LA GUERRE DE SUCCESSION

L'article 11

Le président Houphouët-Boigny est à peine décédé que déjà la bataille pour sa succession fait rage dans les rangs des héritiers. Les rôles avaient pourtant été distribués par le « Vieux » lui-même : Henri Konan Bédié, président de l'Assemblée nationale, est présenté comme l'héritier naturel ; Laurent Dona Fologo a hérité du Parti PDCI. Du côté militaire, le chef d'état-major, Robert Gueï n'est pas moins ambitieux ; le colonel Émile Constant Bombet est le puissant ministre de l'Intérieur ; le général Tanny reste le fidèle gardien du temple. Alassane Ouattara, l'homme venu d'ailleurs, n'avait pas été prévu, mais il s'impose. En tout donc trois civils et trois militaires.

La course peut commencer et elle va être âpre. Elle soulève une tempête redoutable dont nous ressentons encore aujourd'hui les effets.

Dans les principes, l'article 11 de la Constitution votée le 6 novembre 1990 organise clairement la succession : « *En cas de vacance de la Présidence de la*

République par décès, démission ou empêchement absolu, constaté par la Cour suprême saisie par le gouvernement, les fonctions du président de la République sont dévolues de plein droit au président de l'Assemblée nationale. Les fonctions du nouveau président de la République cessent à l'expiration du mandat présidentiel en cours ». Si le chef de l'État décède en cours de mandat, le président de l'Assemblée nationale accède au pouvoir et achève le mandat du Président défunt.

Cette disposition de la Constitution a donné lieu à des débats passionnés et passionnants sur la question de la succession du président de la République en Côte d'Ivoire.

Nous, au FPI, jugions inacceptable ce type de succession. En effet, au moment où nous nous battions pour un enracinement de la démocratie dans notre pays, nous ne pouvions pas accepter que la Constitution organise une succession de type monarchique à la tête de l'État. Nous estimions plus juste qu'en cas de vacance de pouvoir, une période d'intérim limitée soit ouverte, au cours de laquelle le peuple serait convoqué pour choisir librement son nouveau chef d'État. Nous avons donc demandé la révision de l'article 11 avant même que le Président Houphouët-Boigny ne décède. Nous avions tenu une Convention nationale, de façon à inscrire ce débat au niveau de toute la Nation ivoirienne.

Le « Vieux » est décédé sans que l'article 11 ait été modifié. Konan Bédié exigea l'application de la Constitution.

Une succession déplorable

À compter du jour où le président Houphouët-Boigny quitte la Côte d'Ivoire pour la dernière fois pour la France, la lutte des héritiers devient acharnée. Des clans se constituent, des regroupements s'opèrent. Houphouët-Boigny avait anticipé sur un éventuel coup d'État à la « Bourguiba » et avait décapité la Cour suprême. Exit donc Lanzeni Coulibaly, son président ! Il ne se trouvera plus personne pour proclamer la vacance du pouvoir. Mais Houphouët-Boigny n'avait pas prévu sa propre disparition !

Quand la nouvelle de son décès tombe, les clans se déchaînent. Alassane Ouattara prend des contacts et propose son modèle de succession. En lieu et place de l'article 11, il propose de former un trio dirigeant : Philippe Yacé, Gbagbo et lui-même. Cette équipe mènerait une transition de deux ou trois ans, le temps que la Constitution soit révisée et que des élections soient organisées sur la base de cette nouvelle Constitution.

Il n'y a rien de nouveau sous le soleil… Le secrétaire général du FPI, Laurent, décline son offre. Cette proposition n'était pas recevable pour le démocrate et le républicain qu'il est. Il opte pour le respect de la Constitution.

Henri Konan Bédié, quant à lui, s'accroche de toutes ses forces à la Constitution et il a des appuis et des alliés puissants. Le fidèle général Tanny et… la fidèle France, qui déplace même, pour la circonstance, Jean-Marc de la Sablière[1], Directeur du département Afrique

1. L'auteur de la résolution 1721 sur la Côte d'Ivoire votée à l'ONU le 1er novembre 2006.

au Quai d'Orsay (Ministère français des Affaires Étrangères). Il était accompagné d'Antoine Pouilleute, directeur de cabinet de M. Michel Roussin, ministre français de la Coopération. Ils arrivent à Yamoussoukro le 26 novembre 1993 et confirment au président Bédié que le gouvernement français réaffirme son ferme attachement au respect de la Constitution de la République de Côte d'Ivoire au cas où le président Houphouët-Boigny décéderait et que l'on procéderait à son remplacement à la tête de l'État.

La France à l'époque, je le rappelle, était présidée par François Mitterrand, chef d'État et ami intime de longue date d'Houphouët-Boigny. Le Premier ministre dirigeant ce gouvernement de cohabitation était Édouard Balladur. Il est bon également de savoir que le ministre Michel Roussin avait été précédemment directeur de cabinet de M. Jacques Chirac, alors Maire de la ville de Paris. On voit donc que chacun des acteurs français dans la crise ivoirienne aujourd'hui était d'une manière ou d'une autre impliqué ou tout au moins informé du choix français en faveur de la Constitution ivoirienne en 1993.

Bédié approche lui aussi Laurent et négocie pour qu'il entre dans son gouvernement. Mais, pour Laurent, la question doit être posée en termes différents : quel programme appliquera ce gouvernement ? Quel sort sera réservé aux réformes de la Constitution et du Code électoral ? Les discussions achoppent sur ces deux interrogations et s'arrêtent là. Entre-temps le président Houphouët-Boigny est mort et il faut gérer la vacance.

Le combat des coqs

Le bras de fer s'engage entre Ouattara et Bédié. Le premier refusait la succession au second, mais le dauphin constitutionnel s'imposa et acheva, malgré tout, le mandat du Président défunt.

Alassane Ouattara, contre toute attente, voulait s'asseoir dans le fauteuil présidentiel.

Après le décès du « Vieux », arguant de ce qu'il n'existait plus d'autorités compétentes, constitutionnellement établies pour proclamer la vacance du pouvoir, Ouattara ira annoncer à la télévision le décès du Président. À la suite d'un Conseil de gouvernement qu'il convoque le même jour, il proclame que, désormais, il gère les affaires courantes de l'État. Henri Konan Bédié réagit immédiatement. Le général Tanny et l'ambassadeur de France en place, Michel Dupuch, l'accompagnent sur le plateau de la télévision pour faire sa déclaration de prise de pouvoir.

Je garde en mémoire partie du discours qu'il prononça au journal télévisé de 20 heures le 7 décembre 1993 : « La Constitution, notre loi suprême, me confère dans cette dramatique situation, des responsabilités dont je mesure le poids, des responsabilités de chef de l'État. Je les assume dès maintenant. Je les assumerai dans le droit fil de celui qui en fut l'inspirateur, et le pays sera gouverné. Le pays sera gouverné pour tous, Ivoiriens et étrangers vivant sur notre sol. À cette fin, je demande à tous de se mettre à ma disposition… »

Ces propos de Konan Bédié s'adressaient plus

particulièrement à Ouattara, Philippe Yacé, Robert Gueï et à tous ceux qui s'opposaient à l'application de l'article 11 de la Constitution.

Que la mémoire des hommes est… périssable !

Un gendarme, témoin des faits ce jour-là, les a longuement rapportés et je ne résiste pas à citer quelques extraits de ses observations : « Nous étions arrivés à la RTI avec des militaires de la force d'intervention rapide para commando (FIRPAC) et de l'unité d'intervention de la gendarmerie nationale (UIGN). Nous escortions le président Bédié. Les CRS qui occupaient les locaux de la RTI avaient reçu l'ordre du Premier ministre Ouattara, d'empêcher l'accès de la RTI à Bédié. Nous avions haussé le ton face à nos frères d'armes policiers pour faire passer le président Bédié. Ce jour-là, j'avoue que nous avons frôlé l'affrontement armé entre les policiers et nous-mêmes. Nous aurions pu les massacrer parce que nous étions mieux équipés ».

Le premier « hold-up constitutionnel » d'Alassane Ouattara venait d'échouer. L'application ferme de la Constitution ivoirienne permit à Henri Konan Bédié d'accéder au pouvoir d'État et de devenir ainsi le deuxième président de la République de Côte d'Ivoire. Les braises lui brûlant la plante des pieds, Ouattara quitta précipitamment le pays pour ne revenir que trois mois plus tard à la faveur des obsèques d'Houphouët-Boigny.

Un « Burkinabé »

Ce conflit entre les deux hommes ira en s'accentuant. En 1994, le président Bédié entreprend d'écarter son concurrent Ouattara de la course à la présidentielle. Le principal argument qu'il utilise pour lui barrer la route est son origine burkinabé.

Cela avait déjà été relevé par le journaliste Raphaël Lakpé, alors rédacteur en chef du journal *La Voie* et d'autres journaux, lorsque Ouattara était président du Comité interministériel et Premier ministre. Mais, ce n'est qu'en 1994 qu'Henri Konan Bédié en fera un argument politique. Alassane Dramane Ouattara, lui, s'entête pour revenir sur la scène politique.

Bien plus tard, il affirmera avoir été et être combattu parce qu'il est « musulman et originaire du Nord ». Deux mensonges de plus ! Alassane Ouattara n'est tout simplement pas ivoirien d'origine, même s'il est né en Côte d'Ivoire. Son père, de nationalité burkinabé, était un commerçant qui vivait là lorsque Alassane est né, avant d'être rappelé dans son village à Sindou au Burkina Faso où il fut d'ailleurs nommé chef traditionnel et le demeura jusqu'à sa mort. Ce n'est que des années plus tard, qu'Alassane Ouattara reviendra en Côte d'Ivoire sur recommandation du FMI. Le président Houphouët-Boigny le nommera Premier ministre, pour des raisons qui lui sont propres.

Les cadres du PDCI ont du mal à accepter l'intrusion de cet homme sur la scène politique ivoirienne. Ils manifestent leur mauvaise humeur et organisent même une fronde à l'Assemblée nationale contre les lois de privatisation des sociétés d'État introduites par le gouvernement. Le président Houphouët-Boigny sera obligé de négocier avec son parti pour que son « protégé » puisse travailler. De ces négociations résultera une augmentation substantielle des émoluments des députés.

Nouveau Code électoral

Le 8 décembre de cette année 1994, Henri Konan Bédié introduit à l'Assemblée nationale un projet de réforme du Code électoral. « *Le candidat à la présidence de la République doit être ivoirien de naissance, né de père et de mère eux-mêmes Ivoiriens de naissance…* » (Article 9 nouveau de la Constitution de 1998). Sa volonté d'élargir cette condition aux députés sera rejetée par l'Assemblée nationale après un plaidoyer du député Laurent Gbagbo. Le débat sur la nationalité des candidats à la présidentielle n'a pas été créé par Laurent, encore moins par le général Robert Guéï, mais bien par le président Bédié lui-même, en 1994 en considération de ses positions sur « l'ivoirité ».

Finalement, le texte réécrit stipulait que, pour être parlementaire, il fallait avoir un seul parent ivoirien de naissance, mais pour être chef d'État, les deux parents doivent être obligatoirement ivoiriens d'origine.

On peut constater par contre qu'aucune des propositions d'amendement réclamées par l'opposition, le FPI, ne fut prise en compte : ni la modification de l'article

11 de la Constitution, ni l'utilisation d'urnes électorales transparentes, ni l'institution du bulletin unique, ni la création d'une commission électorale indépendante, ni le redécoupage plus équitable des circonscriptions électorales, ni l'âge du vote à dix-huit ans. Les nombreuses marches et appels du FPI sont demeurés vains. Sans arrêt, Laurent disait aux dirigeants du PDCI : « Asseyons-nous et discutons ». En vain.

Au bout d'une année, la décision fut prise par mon parti de boycotter l'élection présidentielle d'octobre 1995. Les militants du FPI refusaient de participer à des élections dont les dés étaient pipés d'avance.

RDR et Front Républicain

Les difficultés de dialogue n'existaient pas qu'entre FPI et PDCI. Même à l'intérieur du vieux parti, les méthodes n'avaient pas évolué et des voix s'élevaient de plus en plus pour exiger une gestion plus démocratique des hommes et des idées.

Très rapidement des factions s'organisent, des courants naissent. Certains se regroupent et se dénomment les « rénovateurs ». Djeny Kobina est un de leurs porte-parole. Il essaie de faire reconnaître officiellement l'existence de son courant. Il réclame la parole au cours des assemblées, se la voit rudement refuser. Choqué, humilié, il claque la porte du parti et crée en 1994 le Rassemblement des Républicains, le RDR.

Le vieux parti est brisé en deux. C'est la première fracture.

Tout nouveau secrétaire général, Djeny Kobina se rapproche du FPI et propose une alliance. Entre opposants à une vieille « bête » comme le PDCI, c'est tellement important de se soutenir mutuellement. Djeny et Laurent se connaissaient déjà depuis longtemps ; depuis le SYNESCI et la prison de Séguela et Bouaké. Ils avaient eu le temps de s'apprécier.

Culture de gauche, initiation au communisme, militantisme syndical, ils avaient presque tous les deux le même itinéraire de base, sauf qu'au sortir de Bouaké, Laurent avait continué dans l'opposition au régime PDCI, Djény, lui de son côté, avait préféré intégrer le pouvoir et s'était retrouvé membre de cabinets ministériels et militant du PDCI. Il sortait déçu, meurtri, plein de révolte mais toujours accroché à son rêve d'édification d'une Côte d'Ivoire moderne et démocratique. Très vite, il va agréger autour de lui de nombreux mécontents du PDCI et arrive ainsi dans ce nouveau cercle, Alassane Ouattara, rejeté par Bédié.

Le combat pour la modification de la Constitution et l'amélioration des règles électorales se mène désormais ensemble : FPI et RDR sillonnent le pays, Abidjan, Bouaké, Korhogo, Bondoukou... Le dernier-né apprend auprès de son aîné à parler au peuple, à convaincre le peuple. Le RDR, à cette époque-là, n'est pas encore marqué par cette présence massive des populations du Nord. C'est un parti composé de gens de toutes ethnies ivoiriennes. Il se positionne idéologiquement comme un parti centriste.

Mais les élections de 1995 s'annoncent. Il faut absolument obtenir des changements au Code électoral : « Asseyons-nous et discutons », FPI et RDR s'appliquent à eux-mêmes ce slogan revendicatif.

À l'issue de ces concertations, en mai 1995, ils créent ensemble le Front Républicain avec deux objectifs précis : faire pression sur le pouvoir pour obtenir des conditions d'élections transparentes et enraciner encore mieux la démocratie dans la société ivoirienne.

Octobre 1995 : le scrutin présidentiel

Les élections s'annoncent dans un climat surchauffé. Au-delà des difficultés sociales et économiques vécues douloureusement par la population, les blocages politiques viennent détériorer le climat. Je rappelle qu'aucune des revendications pour le changement du Code électoral n'a été prise en compte par le pouvoir. Les militants du FPI sont donc mécontents. Alassane Ouattara, l'ancien Premier ministre, a été repoussé en raison de ses origines burkinabé. Les militants du RDR sont donc également mécontents. Ensemble ils décident de boycotter les élections, mais cette décision ne viendra pas plus déclencher un processus de négociation avec le parti au pouvoir. Le PDCI demeure sourd et fermé. Le FPI avait fini de réunir toutes les conditions pour participer à ces élections : vingt millions de francs CFA de caution, cinq mille signatures prises dans différentes régions du pays, investiture du candidat du parti. Mais il subordonnait sa participation effective à une modification des textes. Sinon il aurait juste servi de faire-valoir. Le candidat du FPI, Laurent, refuse de participer à cette mascarade. Henri Konan Bédié se retrouve dès lors face à Francis Wodié du Parti Ivoirien des Travailleurs (PIT), en octobre 1995.

Le boycott actif

Le scrutin présidentiel d'octobre 1995 sera marqué par des violences. Les militants du Front Républicain s'organisent pour empêcher la tenue de ce scrutin. Ils barrent les routes et arrêtent les véhicules. L'État réagit avec une forte brutalité et va jusqu'à tirer à balles réelles sur les manifestants : six morts, tous du FPI. De nombreux prisonniers en divers endroits du pays.

Face à l'incapacité des policiers et gendarmes de contenir les manifestants, le président Bédié donne l'ordre au général Robert Gueï de faire descendre l'armée dans la rue. Mais n'oublions pas que, depuis la mort du « Vieux », ces deux hommes s'affrontent. Par ailleurs, Gueï n'a pas oublié, les suites en 1992, de la descente de la FIRPAC à la cité universitaire de Yopougon. Il exige donc, pour se couvrir, une réquisition écrite du chef de l'État. Henri Konan Bédié le convoque alors, *manu militari*, et le relève de ses fonctions. Il le remplace par le général Timité.

Pour ramener l'apaisement, le président Henri Konan Bédié, une fois réélu, nommera le général, ministre des Sports dans le nouveau gouvernement. Une manière élégante d'éloigner des hommes de troupe un officier supérieur dont il n'avait pas la maîtrise et qui déjà en 1993, au moment de la succession d'Houphouët-Boigny, avait montré clairement son parti pris pour Ouattara.

Au Centre-Ouest le boycott actif prend des proportions beaucoup plus dramatiques. Très vite, on assiste à des affrontements ethniques entre autochtones bétés et allogènes baoulés venus créer des plantations en pays bété et installés dans des campements. La relation entre ces deux communautés était déjà conflictuelle. Souvent des litiges fonciers éclataient, justifiés par la forte pression qui s'exerçait dans cette région sur les terres de cultures appartenant traditionnellement aux autochtones bétés. De nombreuses autres populations (Baoulé, Malinké, Burkinabé, Sénoufo…) avaient immigré dans ces zones de forêt avec la complicité et le soutien des autorités administratives et de certains éléments de cette communauté autochtone.

Un incident mineur mit le feu aux poudres. Un soir, alors que les jeunes Bétés d'un village de Guibéroua rentraient chez eux après avoir manifesté dans le cadre du boycott actif, ils rencontrèrent sur leur chemin un groupe de Baoulés furieux, qui s'en prirent à eux, tirèrent sur eux avec un fusil de chasse et disparurent dans la forêt. Les jeunes Bétés arrivèrent au village, abasourdis, pour entendre les raisons de la colère des Baoulés. Un jeune Baoulé qui était d'ailleurs un familier du village bété était venu voir ses amis et avait bu pas mal de koutoukou (alcool blanc de palme), mais n'avait pas de quoi payer. Il s'était fait molester par le propriétaire car ce client n'en était pas à sa première dette.

Reparti chez lui, il raconta à sa famille que les Bétés l'avaient battu parce qu'il était baoulé. D'où l'expédition punitive. Les villageois bétés, à leur tour apprenant les tirs essuyés par leurs jeunes, se rendirent dans les campements baoulés, dans le but de demander des explications et exiger le paiement de leur dette. Ils furent reçus à coups de fusil, se retrouvèrent avec de nombreux blessés. Une femme Baoulé qui tentait d'empêcher son mari de tirer reçut la décharge sur elle, s'effondra, tuée sur le coup. Les Bétés qui n'étaient pas armés se replièrent au village pour aller s'armer.

Quand ils revinrent dans le campement, les Baoulés avaient pris la fuite, le campement était désert. Les Bétés, en colère, mirent le feu au campement.

Les gendarmes prévenus vont alors produire un rapport qui parviendra au ministre de la Défense, Léon Konan Koffi. Ce soir-là au journal télévisé, tout le pays apprendra, que dans le cadre du boycott actif, les Bétés avaient organisé des représailles contre les Baoulés dans un campement, tuant de nombreuses personnes. Un banal conflit venait d'être transformé en agression politique.

Aussitôt, les forêts du Centre-Ouest s'embrasent. Affrontements entre villages et campements. De Gagnoa à San-Pédro en passant par Soubré et Buyo. Tout bascule. Les incidents se poursuivront jusqu'après l'élection présidentielle. Les Bétés exigent le départ des Baoulés de leur terroir. Les Baoulés sont obligés de se réfugier dans des camps de fortune. Encore des morts et des blessés dans les deux camps. La gendarmerie procède à de nombreuses arrestations... principalement des Bétés militants du FPI, qui seront condamnés à de lourdes peines de prison. Ils seront graciés quelques années plus tard.

Cet incident violent sera hélas, politiquement bien exploité par le PDCI et creusera le fossé entre les deux communautés, qui sont pourtant condamnées à vivre ensemble.

De plus, prenant prétexte de la situation, le pouvoir suspend les élections législatives dans tout le pays bété. En d'autres termes, Laurent ne va pas pouvoir faire renouveler son mandat et retrouver son statut de député. En tant que membre de la direction du parti, j'ai dû, avec d'autres collègues, travailler tous azimuts, visitant les militants dans les villes de l'intérieur, enterrant les morts, soignant les blessés, assistant les prisonniers et leurs familles. Boga Doudou, qui était avocat, suivait de son côté, plus spécialement, les procès ou autres procédures judiciaires.

Des élections plus transparentes

Le boycott actif n'avait pas été organisé dans le but de provoquer des affrontements intercommunautaires, des morts et des blessés. Les militants FPI n'étaient pas armés, une fois de plus. Il nous fallait poser les problèmes dans toute leur nudité. L'adversaire tenterait toujours de dévoyer notre combat. Nous venions de l'apprendre à nos dépens.

Mais nous n'allions pas nous laisser ni intimider ni déstabiliser pour autant. Les leçons du boycott actif s'imposaient à tous.

Le président Bédié accepta enfin d'examiner les revendications du FPI et du Front Républicain. De grandes réformes allaient pouvoir être entreprises pour les élections législatives et municipales. Nous obtenions l'utilisation des urnes semi-transparentes et le principe de délivrance d'attestation de résultats aux représentants des candidats le soir, à la fin du dépouillement, ainsi que la constitution d'une commission de supervision électorale comprenant des représentants de tous les partis ayant des candidats aux élections. Nous obtenions également la mise à la disposition des partis, avant les votes, des listes des électeurs dans les bureaux de vote. Le combat mené n'avait pas été vain. Les élections suivantes furent organisées avec moins d'opacité. Sans ces réformes, je n'aurais jamais pu devenir députée d'Abobo.

Députée !

Les attestations des résultats que nous avons arrachées au pouvoir vont m'assurer la victoire. Ma circonscription électorale, à Abobo, est l'une des plus grandes d'Abidjan, près de six cents bureaux de vote. Il fallut mettre en place tout un appareil pour superviser les élections dans chaque bureau de vote et récupérer les « attestations de résultats », procéder rapidement au QG au calcul des nombres de voix, avant de se rendre au bureau central de dépouillement.

J'ai su donc très vite que j'avais gagné les élections avec un écart de près de cinq mille voix. C'était un ticket Front Républicain avec comme colistière Jacqueline Lohoues Oble. Mais des surprises nous attendaient au QG central. Pendant le dépouillement officiel, j'avais à côté de moi toutes les attestations de résultats de tous les bureaux de vote d'Abobo, me permettant ainsi de vérifier au fur et à mesure la véracité des résultats officiellement proclamés, heureusement ! Quel ne fut pas notre étonnement lorsque nous avons constaté que les résultats de onze bureaux de vote avaient été modifiés. L'administration ne voulait rien savoir. Nous avons bloqué les débats et les débats sont restés bloqués pendant quarante-huit heures. Dans nos recherches, nous avons pu retrouver des morceaux de procès-verbaux originaux qui avaient été déchirés, jetés et remplacés par des faux. À aucun moment, nous n'avons pu nous lever, ni pour aller manger, ni pour aller nous changer. Trois jours d'affrontements avec le ministre de l'Intérieur et ses représentants. Tentatives d'intimidation ! Pendant que je me battais pour la vérité au QG, la gendarmerie avait reçu l'ordre de disperser nos électeurs. Mon QG reçut la visite des gendarmes et des grenades lacrymogènes… Trois longs jours au bout desquels notre victoire fut finalement proclamée. L'administration avait reculé. J'étais enfin députée.

En 1995, nous sommes ainsi passés de neuf à treize

députés, une petite avancée… Je suis devenue vice-présidente du Parlement ivoirien.

Abobo, ma circonscription

Je ne suis pas native de cette circonscription, mais dès 1990 les populations d'Abobo m'ont accueillie à bras ouverts et m'ont fait confiance. Cette grosse commune est la plus pauvre, la moins équipée d'Abidjan. C'est une grande banlieue de plus d'un million d'habitants, plutôt une cité dortoir.

De grands défis attendaient tous les élus. Le chômage des habitants, l'assainissement de toute la commune. Infrastructures scolaires et sanitaires, adductions d'eau potable, électrification de quartiers entiers, bitumage des rues, tout était à faire. Même le lotissement des quartiers était encore inachevé.

Ensemble avec les cadres du FPI d'Abobo, pour lutter contre la pauvreté, nous avons lancé le projet FLEC (Fonds Local d'Épargne et de Crédit), qui consiste en deux choses : organisation et création de coopératives, de commerçants, d'artisans d'une part et création d'une maison de micro-crédits d'autre part. Grâce à cet instrument, nous allions pouvoir aider un grand nombre d'opérateurs économiques à Abobo. Mais d'autres initiatives s'imposaient : nous avons pu obtenir des autorités au pouvoir, l'éclairage de certaines rues et l'aménagement de bassins d'orage afin d'éviter les inondations qui faisaient beaucoup de victimes.

Abobo est peuplée d'une population très hétérogène. On y compte les autochtones ébriés, trois villages ; les Attiés arrivés peu après les Ébriés, trois villages et un village abbey, tous absorbés par la nouvelle ville. On y trouve également un nombre très élevé d'Ivoiriens venus de partout et pour finir des immigrés en aussi grand nombre, venus du Burkina, du Mali, du Ghana, du Niger, du Bénin, du Nigéria… Bref, la CEDEAO en miniature.

Tous les conflits qui traversent la société ivoirienne y trouvent un écho particulier. À Abidjan, cette commune a été surnommée « Abobo la guerre ». Notre objectif était de la sortir de la misère, de l'insécurité, du sous-équipement et d'en faire « Abobo-la-Paix ».

Les activités à caractère social et humanitaire tiennent également une grande place dans mon programme de tous les jours. Assistance aux malades et aux familles en deuil, lutte contre le sida, organisation de clubs sida dans les écoles primaires et secondaires, dons de médicaments, de matériels médicaux dans les centres hospitaliers, dons de broyeuses aux coopératives, etc.

Après les événements de 2000, dès décembre 2000, il a été indispensable et possible de mettre en place une Commission de Réconciliation de la Commune d'Abobo. Elle sera présidée par Touré Ali, magistrat hors hiérarchie. En son sein se sont retrouvées des personnes animées des idéaux de justice, de paix, de fraternité et d'amour pour la Côte d'Ivoire, sans distinction de religions, d'ethnies, et encore moins de tendances politiques. Partout où il y avait des foyers de tension, cette commission a essayé de les résoudre courageusement, avec un langage d'apaisement et d'amour. Et cela a été très utile pour faire baisser la tension dans la commune.

Cette commission de Réconciliation de la Commune d'Abobo a été mise en place bien avant même que ne se tienne le Forum pour la Réconciliation Nationale auquel ont pris part les quatre grands leaders politiques du pays, Laurent Gbagbo, Henri Konan Bédié, Gueï Robert et Alassane Ouattara.

« *L'Éléphant d'Afrique !* »

Le vieil éléphant ne sait pas toujours où trouver de l'eau.
Proverbe africain

Le nouveau mandat présidentiel d'Henri Konan Bédié n'apporta rien de nouveau dans le domaine de la consolidation de la démocratie. Il s'était proposé de faire de la Côte d'Ivoire « *l'Éléphant d'Afrique* », mais cette vision demeura à l'état de projet. La liberté d'opinion ne progressa pas non plus. À plusieurs reprises des procès retentissants contre des journalistes de l'opposition conduisirent nos directeurs de publication et nos journalistes à la MACA, pour plusieurs mois, voire un an d'emprisonnement.

Le général Ouassénan Koné, ministre de la Sécurité, convoqua un jour dans ses bureaux Aboudramane Sangaré, directeur de publication du journal *Notre Voie*, proche du FPI. L'expression *A fa kaya !* – interjection populaire signifiant littéralement « les testicules de son père » – utilisée à son propos par un journaliste, lui avait souverainement déplu.

Il intima à Sangaré l'ordre de baisser le pantalon et de se coucher, puis lui fit donner la bastonnade par quatre policiers armés de matraques. Bien évidemment, Sangaré en sortit humilié, les fesses ensanglantées et écorchées. Pendant quelques semaines, il lui sera impossible de s'asseoir. Nous avons été nombreux à vouloir vérifier par nous-même, ce fait inqualifiable, l'ambassadeur des États-Unis et de nombreux militants du FPI dont moi-même. Quand Sangaré a, une fois de plus, baissé son pantalon pour nous montrer ses fesses, nous sommes restés sans voix, littéralement sidérés.

D'autres faits, tout aussi choquants, montrent le peu d'intérêt que ce régime accordait aux droits de l'Homme. Victime lui aussi, Charles Blé Goudé, secrétaire général de la FESCI, fut arrêté à la suite d'une manifestation d'étudiants. N'étant pas en bonne santé, il fut conduit au CHU mais tel un forçat du Camp pénal il sera enchaîné à son lit.

Dans cette grisaille, de gros scandales financiers secouaient tout l'appareil politique. Dix-huit milliards prêtés par l'Union européenne avaient disparu des caisses de l'État. La Communauté internationale, en réaction, décida de suspendre ses relations économiques avec l'État ivoirien.

De 1995 à 1999, la Côte d'Ivoire ne cessa pas de

s'enfoncer. Tout était bloqué, tant au niveau économique, politique que social. Le PDCI, parti conservateur, garda ses habitudes du temps du parti unique. La bonne gouvernance, la démocratie, le bien-être social, la justice… n'étaient pas au programme.

Un mandat d'arrêt international

La langue qui fourche fait plus de mal
que le pied qui trébuche.
Proverbe africain

Après les élections de 1995, la rumeur d'un deal conclu entre Ouattara et Bédié circulait dans tout le pays. Ouattara se retrouvait au FMI grâce à l'intervention de Bédié. En contrepartie, Ouattara libérait le terrain politique en faveur de Bédié. Une paix relative était revenue entre les deux hommes mais pour très peu de temps. À mesure que les élections de 2000 approchaient le débat sur la nationalité réelle de Ouattara s'amplifiait. Les militants du RDR exigeaient qu'il lui soit reconnu la nationalité ivoirienne. Les tenants du pouvoir continuaient d'affirmer que Ouattara était un imposteur.

Le conflit entre le président Bédié et l'ancien Premier ministre Ouattara, qui avait quitté le PDCI pour diriger le RDR, dégénéra. Dans le cadre de cette lutte, le président Bédié alla jusqu'à lancer un mandat d'arrêt international contre Alassane Ouattara pour fraude sur la nationalité, « preuves à l'appui », affirmait-il.

De son exil parisien, Ouattara déclara qu'il n'attendrait pas la prochaine élection (celle d'Octobre 2000) pour être président de la République. Publiquement, il affirma haut et fort que, lorsqu'il frapperait, le pouvoir Bédié tomberait. Il l'a dit et il l'a fait.

Et c'est dans un tel contexte que, pour la première fois de son histoire, la Côte d'Ivoire connaîtra un coup d'État. C'était le 24 décembre 1999.

PAPA NOËL

Premier coup d'État

Décembre 1999. Les militants du RDR organisent une énième manifestation. Le gouvernement Bédié procède à l'arrestation des leaders et les fait interner à la MACA. S'adressant à la population pour donner son analyse de la situation du pays, le président Bédié intervient le 22 décembre à la tribune de l'Assemblée nationale. Beaucoup de personnes attendaient de lui des mots d'apaisement et même un ordre de libération des leaders du RDR en prison. Mais rien, sinon de la fatuité, de la morgue, de l'intolérance. Il semblait n'avoir aucune conscience du caractère délétère de la situation. Complètement hermétique, il n'ouvrait aucune porte, il n'offrait aucune fenêtre.

Dès le lendemain de son allocution, en fin de matinée du 23 décembre 1999, un groupe de militaires dévalait les rues d'Abidjan, s'emparant au passage de la télévision, de la radio et de l'aéroport.

Dans la journée du 24 décembre, à la suite de

discussions infructueuses, le général Robert Guéï, ancien chef d'état-major des armées, ancien ministre des Sports, chasse Bédié du pouvoir et annonce au pays qu'il en est le nouveau chef d'État.

La Côte d'Ivoire sera désormais dirigée par le Comité National de Salut Public (CNSP) dont il est le Président.

Le président Bédié se réfugie, avec sa famille et quelques proches, à la Résidence de France à Abidjan. Les Français le transporteront au Togo avec un passeport togolais. Avant sa fuite, Bédié appela les Ivoiriens à la résistance, mais en vain. Loin de le soutenir, les Ivoiriens, heureux de la chute de l'ancien régime à parti unique, sont descendus dans les rues pour saluer ce coup d'État. Ils iront même jusqu'à baptiser le général Robert Guéï « Papa Noël ».

Ce matin du 23 décembre 1999, je suis à la maison quand, aux environs de onze heures, j'entends des coups de feu. Toute la Riviera - quartier d'Abidjan - se lève et entre en ébullition.

Que se passe-t-il ? Quelqu'un me téléphone : « Surtout, Simone, ne sors pas de la maison, ne bouge pas de chez toi. Des hommes en armes s'emparent de toutes les rues ».

Je m'inquiète pour les jumelles qui se rendaient à l'instant chez le coiffeur : « Revenez vite, vite, à la maison ! » Elles font demi-tour sur-le-champ.

Comment en savoir plus ? Quoi faire ? Je suis seule, Laurent se trouvait au Gabon. Je passe quelques coups de fil. Impossible de joindre le ministre de l'Intérieur, Émile Bombet. Impossible de joindre Albert Tiapani, ministre de la Construction. Enfin, je réussis à avoir Konan

Lambert, ministre de l'Agriculture : « Que se passe-t-il ? Peux-tu m'informer ? »

Mais lui-même n'en sait guère plus : « Il s'agit de soldats ivoiriens venus de Centrafrique qui manifestent, parce qu'ils n'ont pas encore perçu leurs primes. Ce sera une affaire vite réglée. Ne t'inquiète de rien. On a déjà connu cette situation en 1990. Et on l'a réglée sans grandes difficultés ».

Je lui rétorque que les choses ne me semblent pas aussi simples. « On me dit que les militaires se sont déjà emparés de la radio, de la télévision et qu'ils sont en train de marcher sur l'aéroport. Et j'entends les tirs prolongés de chez moi.

- Tu en es sûre ? Laisse-moi m'informer et je te rappelle ».

Il ne me rappellera pas. Il avait dû aller se mettre à l'abri, quelque part, car déjà les militaires procédaient à l'arrestation des dignitaires du régime. Ils subiront un traitement humiliant et atroce, pour beaucoup d'entre eux.

Ce jour-là, je me souviens notamment que je devais être le témoin de mariage d'un ami. La cérémonie était prévue à la mairie d'Adjamé à quatorze heures. Michel, le futur marié, ignorant des événements, décorait tranquillement la salle de réception au Plateau lorsque je l'ai enfin au téléphone. Tout était déjà prêt pour la fête, le pauvre malheureux s'est effondré dans un fauteuil, anéanti. Le maire non plus ne savait pas ce qui se passait dans Abidjan. Les militaires n'avaient pas encore atteint sa commune d'Adjamé. Il refusait même de me croire. C'était un événement inédit en Côte d'Ivoire que l'avènement d'un coup d'État militaire ! Mais, très vite, il sera ramené à la raison.

Je réussis enfin à joindre Laurent au Gabon pour l'en informer, mais il l'avait déjà appris par le président Bongo.

Plus tard, dans son adresse à la nation, le général Robert Guéï a expliqué comment des soldats, revenus d'une mission en Centrafrique et n'ayant pas perçu leurs primes, aidés de quelques frères d'armes dont le pouvoir ne voulait plus, étaient descendus dans les rues. Un coup d'État, purement et simplement, mais présenté comme une sorte de chahut bon enfant qui aurait tourné au sérieux ! Après l'échec des négociations avec le président Bédié, ces soldats s'étaient tout naturellement crus dans l'obligation de le déposer. C'était eux ou lui.

C'est ainsi que ces jeunes militaires étaient venus le chercher, lui, le général Gueï, à Kabakouma, son village, où il passait une retraite paisible, pour mettre de l'ordre dans le pays. En bref, il prétendait avoir répondu à l'appel des mutins, uniquement pour rendre service à la Nation.

Paix à son âme, mais cela ressemblait fort à une histoire à dormir debout, un joli conte de Noël, justement. Je ne crois pas, cela étant dit, qu'il soit l'auteur direct de ce coup d'État. Les événements qui suivirent montrèrent clairement que le véritable instigateur de ce coup de force était sans conteste Alassane Ouattara !

Dans le schéma conçu au départ, Robert Guéï ne devait pas s'éterniser au pouvoir, il le proclamait lui-même : « Je suis venu balayer la maison », disait-il. Il était l'avant-pont d'Alassane Ouattara.

Ce « papa Noël » était d'ailleurs soigneusement entouré des deux généraux « amis » d'Alassane Ouattara :

Palenfo et Coulibaly. Ils ne le lâchaient pas d'un pouce. À toutes ses audiences, ils étaient présents comme des garde-chiourmes.

Joyeux Noël

Drôle de Noël ! Le président Bédié s'était donc réfugié au Togo, puis en France. « Le père Noël, en treillis » cachait dans sa hotte, Alassane Ouattara, mais peu de gens avaient vu clair dans ce coup d'État.

Le général Gueï a commencé par libérer tous les prisonniers politiques RDR. Il a annulé, immédiatement, la procédure judiciaire engagée contre Alassane Ouattara par Bédié.

Cela allait permettre à Ouattara de revenir en Côte d'Ivoire... dès le lendemain du coup d'État.

Il se produisit, m'a-t-on dit, une chose bien curieuse à bord du vol d'Air France, de Paris en direction d'Abidjan. Le couple Ouattara, revenant « par hasard » dans notre pays à ce moment précis, se trouvait à bord. Le commandant annonça avec beaucoup d'assurance, semble-t-il, la présence à bord de son appareil du futur président de la République de Côte d'Ivoire. Certains Ivoiriens présents étaient médusés. Qui lui avait soufflé une telle information ?

C'était, paraît-il, inscrit sur le télex de bord.

Pas question !

Une palabre est un feu de saison sèche,
il arrive qu'il brûle aussi les chasseurs et les villages.
Proverbe camerounais

Ce coup d'État donnait au FPI l'occasion de relancer le débat sur la démocratisation de la Côte d'Ivoire. Il n'était évidemment pas question, pour nous, de laisser le pouvoir aux mains d'une junte militaire. Cela aurait été Scylla après Charybde. La Constitution, l'Assemblée nationale et la Cour suprême avaient bien sûr été dissoutes.

Le général voulant se constituer une assise populaire commença des consultations afin de former son gouvernement. Le FPI pesa de tout son poids pour que ce gouvernement compte en son sein des civils.

Le nouvel homme fort de la Côte d'Ivoire fit appel aux partis politiques les plus actifs et à certains militaires. Nous avons immédiatement exigé que soit réinstallée la Cour suprême. Ce qui fut fait. Pour nous, FPI, il fallait absolument que les élections se tiennent au plus tôt et que rapidement la Côte d'Ivoire revienne à un régime civil. Le général lui-même prétendait n'être venu que pour « balayer ». Il n'était donc pas intéressé par l'exercice du pouvoir. Dans la foulée il décida de convoquer une véritable assemblée populaire nationale pour rédiger une nouvelle Constitution, un nouveau Code électoral et une

Charte nationale. Par la suite cette Charte adoptée servira de base au préambule et aux premiers articles de la nouvelle Constitution.

Très vite les relations entre les anciens amis, Alassane Ouattara et Robert Gueï, vont se détériorer. Ouattara apprendra à ses dépens une leçon devenue une constante dans la politique africaine : lorsque des civils poussent des militaires à réaliser pour eux et avec eux un renversement du pouvoir, un coup d'État, ils se font toujours coiffer au poteau par ces derniers, en dépit des accords passés, car ce sont les militaires qui ont les armes.

Malheureusement pour lui et pour nous, Ouattara n'en tirera aucune leçon !

Pour tout homme politique, il est toujours préférable de marcher dans la voie de la patience et de la sagesse et d'accéder au pouvoir d'État uniquement par la voie des urnes. C'est ce que, au FPI nous appelons « la transition pacifique à la démocratie » : c'est toute une école.

Les anciens nous disent au village, qu' « On ne peut pas attacher des fagots avec un sorcier ».

Le « Balayeur-Président »

Très tôt l'équipe gouvernementale se met en place et se met au travail.

Le CNSP (Conseil National de Salut Public), uniquement composé de militaires, avait déjà été créé. Il comprenait, entre autres, le lieutenant colonel Mathias

Doué, qui deviendra plus tard chef d'état-major des Armées sous la présidence de Laurent Gbagbo. Doué dirigera la guerre et quittera l'armée comme félon. Dans ce temps de règne du général Gueï, beaucoup de militaires vont s'illustrer de façon négative. Des groupes se constituent : La Cosa Nostra, les Brigades Rouges, la Camorra, etc. Sur le terrain, au sein de la population, ils s'adonnent de plus en plus à des abus de droit. Le général lui-même troque son uniforme contre un costume trois pièces, jusqu'à décider de s'imposer à la tête de l'État.

Les groupes s'affrontent dans l'arène du pouvoir.

Dans le camp des civils, les choses ne sont pas plus simples. Le général est vigoureusement interpellé par les partis politiques sur les auteurs réels du coup d'État. Gueï prétend n'en être pas l'auteur. Ouattara prétend ne pas en être l'auteur non plus. Et, pourtant, le premier gouvernement que propose Gueï donne au RDR la majorité des postes.

Alors qui est l'auteur de ce coup d'État ? Une nébuleuse !

Sous la pression du FPI, le général Gueï recule et rééquilibre la distribution des postes entre les différents partis FPI, RDR, PIT, PPS et la société civile. Le PDCI a refusé d'entrer dans ce gouvernement.

Mais je disais plus haut que l'alliance Ouattara/Gueï avait été de courte durée. En effet, très vite, Gueï renvoie de son gouvernement « pour incompétence » tous les ministres RDR. C'est la rupture, la fracture ouverte !

En réaction, les groupes militaires pro Ouattara

tentent à deux reprises d'éliminer physiquement le général. Les généraux Palenfo et Coulibaly, soupçonnés d'être les instigateurs de ces coups de force, se réfugieront à l'ambassade du Nigéria.

En septembre 2000, la dernière tentative restera dans les esprits celle du « Cheval Blanc ». Des hommes, bien décidés à le tuer, abattront le cheval du général Gueï dans la cour de sa résidence. Tel un fétiche, ce cheval incarnait son pouvoir. Le général n'aura la vie sauve qu'en sautant un mur pour se réfugier chez son voisin.

Les gendarmes interviennent vigoureusement et neutralisent les assaillants.

Certains soldats caporaux prennent la fuite et sont accueillis au Burkina Faso et hébergés dans des villas de la présidence de la République. Ce sont eux qu'on retrouvera dans les tentatives de coups d'État, de janvier 2001 à septembre 2002. Ibrahim Coulibaly qui prend le pseudonyme IB, acronyme de Ibrahima Balde, un chef de guerre sierra léonais qu'il considérait comme son modèle; Oumar Diarassouba alias Zaga Zaga tué dans les combats dès les premières attaques en septembre 2002 ; Koné Messamba, frigoriste, Tuo Fozié, cuisinier dans l'armée, qui seront tous deux promus ministres après la signature des accords de Marcoussis !

Ces noms-là sont mêlés au sang versé des Ivoiriens et nous remettent en mémoire les massacres, les viols, les pillages, toutes les laideurs et les atrocités de la guerre si souvent occultés par la communauté et les médias internationaux.

N'étant plus sûr de maîtriser totalement les troupes militaires, le général Guéï recrute quelque huit cents personnes en vue de se constituer une garde prétorienne. Tout d'abord, les *Zinzins (les fous)* et les *Bayéfouès (les sorciers)*. Au nombre d'environ trois cents, ils sont choisis parmi d'anciens soldats démobilisés et sélectionnés directement par le redoutable sergent Boka Yapi lui-même, le chef de toute cette garde. Ils se regroupent dans différentes structures aux noms révélateurs de « Brigades rouges, Kamadjo… ». Ils s'attribuent des grades militaires à volonté. Boka Yapi, dit Hercule, passe du grade de sergent à celui de lieutenant en l'espace de dix mois.

Pour combler ses effectifs le général Gueï récupère également tout le contingent 1998/2A, fort d'environ cinq cents personnes. Ce sont des appelés qui avaient achevé leur service militaire depuis dix-huit mois mais qui refusaient de quitter l'armée. Il les intègre aux *Zinzins* et aux *Bayéfoués* mais n'aura pas le temps de les faire recruter par l'armée nationale.

La constitution de juillet 2000

Par certains côtés, le général Gueï se montrait très original. Pétri de la culture de son peuple, il avait un langage imagé, haut en couleur. Ses proverbes issus du terroir Dan (région de l'ouest de Côte d'Ivoire) étaient commentés dans tous les foyers. L'histoire de la Côte d'Ivoire retiendra qu'il a permis, malgré lui sans doute, à la démocratie ivoirienne de faire un grand pas en avant.

C'est grâce à lui qu'un débat véritablement démocratique a pu s'organiser sur les textes fondamentaux de la République ivoirienne.

Pendant trois mois, à la convocation du CNSP, la CCCE (Commission Consultative Constitutionnelle et Électorale), organise des échanges et rédige un nouveau projet de Constitution, un nouveau projet de Code électoral et une Charte nationale.

Toutes les organisations qui le veulent sont accueillies. Elles arrivent en grand nombre. Partis politiques, associations confessionnelles, ONG, syndicats d'ouvriers, de paysans, coopératives d'artisans, de planteurs, de commerçants ou autres structures professionnelles s'impliquent dans ces débats. Toutes sortes d'organisations de la société civile, mouvements de jeunes, de femmes, de retraités, d'intellectuels, même les individualités y sont acceptées, des anciennes personnalités politiques, anciens maires, anciens ministres, anciens dignitaires du PDCI retraités depuis de nombreuses années, hommes de plumes, hommes de lettres, bref toute la société dans toute sa composante.

Ce n'était pas une assemblée constituante classique. C'était une véritable assemblée populaire réunie pour refonder la Nation ivoirienne. Les débats se déroulent à l'intérieur de six commissions : les commissions Constitution, Code électoral, Charte nationale, Nationalité, Statut des anciens chefs d'État, Découpage électoral.

Toutes les questions sont abordées sans fard et sans hypocrisie. Le régime politique : présidentiel ? Parlementaire ?

Le FPI propose le régime parlementaire, il est battu à plate couture.

La grande majorité des Ivoiriens choisit le régime présidentiel.

Le régime matrimonial : monogamie ? Polygamie ?

Des imams présents plaident pour l'institution du mariage polygamique. Ils sont battus à plate couture à leur tour. La grande majorité des personnes présentes, principalement les femmes, confirme le choix du mariage monogamique.

Le mode de scrutin aux législatives : proportionnel ? Uninominal ?

Le FPI propose le scrutin proportionnel aux législatives. Proposition rejetée ! Les Ivoiriens préfèrent le modèle utilisé jusque-là. Le scrutin uninominal majoritaire à un tour.

Les conditions d'éligibilité à l'élection présidentielle ? Nombreuses sont les propositions qui sont faites, mais celles qui sont retenues sont claires. Pour être président de la République en Côte d'Ivoire, il faut être ivoirien de longue date et avoir les deux parents, eux-mêmes, ivoiriens. Le RDR préconise l'acceptation d'un candidat n'ayant qu'un parent ivoirien d'origine. Il est lui aussi battu à plate couture. Les Ivoiriens exigent que les deux parents du candidat soient ivoiriens d'origine. Ils maintiennent donc la réforme introduite par le président Bédié en 1994.

Le candidat à la Présidentielle doit-il avoir fait son service militaire ?

La proposition, après avoir été chaudement discutée, est finalement rejetée, parce que, en l'état actuel des choses, un tel critère rendrait irrecevables les candidatures féminines.

Des représentants du département des impôts plaident pour l'insertion d'une clause exigeant que le candidat soit en règle vis-à-vis du fisc. Ce point est retenu comme critère justifié.

L'âge du candidat : les commissionnaires retiennent 40 ans, âge minimum et 75 ans, âge maximum. Avant 40 ans, on est trop jeune et donc pas assez mûr, pas assez expérimenté. Après 75 ans, les risques de sénilité sont trop grands.

Une autre question fait l'objet de discussions longues et âpres : un candidat qui est ivoirien d'origine, mais qui entre-temps, pour une raison ou une autre, a adopté la nationalité d'un autre pays, peut-il, abandonnant cette seconde nationalité, être retenu comme candidat à la présidentielle ? La réponse qui tombe est non !

La question de la nationalité de l'épouse du candidat est également soulevée. Elle passionne autant les hommes que les femmes, mais pourquoi un homme de valeur serait-il éliminé juste parce qu'il a épousé une femme d'ailleurs ? Avec quelques autres personnes, je réussis à convaincre les commissaires de ne pas retenir ce critère.

Quel type de Parlement doit-on avoir en Côte d'Ivoire ?

Bicaméral, monocaméral ? L'option retenue est l'Assemblée nationale monocamérale. Donc exit le Sénat. Par contre le Conseil Économique et Social est maintenu. Pour organiser toutes les élections la Commission Électorale Indépendante est instituée. L'âge du vote est fixé à 18 ans et le bulletin unique est également accepté. Sur ces trois points c'est une grande victoire pour le FPI qui depuis si longtemps appelait à la discussion : « Asseyons-nous et discutons ». La fin de non-recevoir opposée par le PDCI avait conduit le FPI à boycotter les élections de 1995, je le rappelle.

Aucune question n'est occultée. Tout se décide par consensus. Les échanges furent passionnés et passionnants. La voix du peuple s'est exprimée. Les réformes retenues ont un impact réel sur la qualité de la démocratie en Côte d'Ivoire.

Les documents produits sont remis au CNSP au cours d'une grande cérémonie. Le général président décide de réinterroger le pays entier sur la question des critères d'éligibilité à la demande du RDR. S'engage alors le grand débat du « *et* » et du « *ou* ». Faut-il être de père « *et* » de mère ivoiriens d'origine ou faut-il être de père « *ou* » de mère ivoirien d'origine ?

Un mois durant, Gueï se déplace de département en département, de région en région, de l'Est à l'Ouest, du Sud au Nord en passant par le Centre du Pays. Partout, de façon quasi unanime, la population lui impose le « *et* ».

Le 23 juillet 2000, la nouvelle Constitution et le nouveau Code électoral sont soumis au référendum et adoptés.

La nouvelle Constitution stipule que seuls les Ivoiriens nés de parents ivoiriens peuvent se présenter à une élection présidentielle. Tous les partis politiques appellent à voter les deux textes, même le RDR, parti d'Alassane Ouattara, appelle à voter pour le « *oui* ». La nouvelle Constitution est donc adoptée à plus de 86 % par tous les Ivoiriens.

Notons en passant que les critères d'éligibilité au poste de président de la République sont sensiblement les mêmes dans toutes les anciennes colonies françaises d'Afrique. Au Burkina Faso, il faut avoir un père et une mère nationaux pour prétendre à la Magistrature suprême, au Gabon, on remonte jusqu'à la 4e génération des ascendants.

Les militaires venaient d'installer la deuxième République. Elle est née avec une possibilité accrue, pour les Ivoiriens, de participer aux débats politiques fondamentaux, d'exprimer leurs opinions et d'être effectivement associés aux prises de décisions. Ce sont paradoxalement les militaires, qui, « balayant » les quarante années de pratiques de parti unique, instaurent cette nouvelle ère de démocratie. Le FPI, au cours des dix mois de transition militaire, a joué son rôle idéologique, intellectuel et politique, menant la réflexion d'avant-garde, pesant de tout son poids pour que les valeurs républicaines démocratiques s'inscrivent en bonne place dans l'édification de cette société nouvelle.

Le pays fit un bond prodigieux en avant !

Autoproclamé

Les élections, pour la première fois en Côte d'Ivoire, sont organisées par une structure autre que le gouvernement, la Commission Nationale Électorale (CNE). De nombreuses négociations avaient eu lieu entre les quatre leaders politiques, Robert Gueï, Fologo pour le PDCI, Ouattara pour le RDR et Laurent pour le FPI, afin que les élections se déroulent dans la paix et que chacun accepte le verdict des urnes. Je pense en particulier à celle de Yamoussoukro, placée sous l'égide de Eyadéma, président de la République du Togo, où Laurent avait même proposé que le vainqueur associe tous les autres à la gestion du pouvoir. Au moment où les élections s'organisent, de nombreuses candidatures sont enregistrées. Le général souhaitait le parrainage du PDCI pour sa candidature. Il ne l'obtient pas. Il se déclare alors « candidat du peuple ». Tous les candidats, du Parti Démocratique de Côte d'Ivoire (PDCI), dont Bédié et Bombet, sont éliminés par la Cour suprême. Le dossier du candidat du RDR, Alassane Ouattara, est déclaré irrecevable pour « nationalité douteuse ». Restent en lice Laurent Gbagbo du FPI, Robert Gueï, Francis Wodié du PIT (Parti Ivoirien des Travailleurs), Nicolas Dioulo de la NACI (Nouvelle Alliance de Côte d'Ivoire) et Mel Théodore de l'UDCY (l'Union Démocratique et Citoyenne).

La campagne fut une des plus *soft* en Côte d'Ivoire depuis que nous avons des élections. Il n'y eut presque aucun incident. Les élections elles-mêmes se déroulèrent le jour du vote dans une ambiance de fête.

Je me souviens du bonheur de la nuit des résultats. J'étais chargée de la région du sud Comoé. Je l'avais parcourue de part en part, durant le temps de la campagne. Et cette nuit-là, nous étions en joie, au QG de campagne d'Aboisso. Laurent venait largement en tête. Avant minuit, les résultats de toute la région tombèrent. Nous les communiquions au QG central d'Abidjan en temps réel, grâce aux téléphones mobiles. 60 % des voix pour Laurent, 30 % pour Gueï et 10 % pour les 3 autres. Dans cette région, antérieurement difficile pour nous, c'était inespéré.

Malheureusement notre joie nationale sera brutalement interrompue. Le général président n'accepta pas la défaite qui se dessinait. Le 23 octobre 2000 les militaires envahirent les locaux du Conseil Économique et Social où siège la CNE, brutalisèrent tout le monde et firent interrompre le décompte des voix. Ils accusèrent Laurent de tricherie et de manipulation, refusèrent les résultats des bureaux de vote de nombreuses régions et villes où Laurent était largement majoritaire (Abobo, Gagnoa, Yopougon...).

Le 24 octobre, le général s'autoproclama vainqueur et président de la République. « *Le varan reste toujours égal à lui-même, comme le souligne un proverbe abouré, il fraye le chemin avec sa tête et à mesure qu'il progresse, il efface le chemin avec sa queue* ».

L'HOMME DE TOUTES LES OMBRES

Quand un mouton a trouvé du sel,
il n'arrête plus d'en manger.
Proverbe Ashanti (Ghana)

Vie et mort du Front Républicain

Petit matin d'octobre 1998, nous sommes réveillés par le médecin personnel de Djeni Kobina. Djeni Kobina, secrétaire général du RDR, est mort pendant la nuit. Son épouse, pénétrant dans sa chambre, l'a trouvé étendu sur son lit sans vie. Nouvelle terrible pour l'homme, le bon vivant, le militant, l'homme de convictions. Nouvelle catastrophique pour le Front Républicain !

En réalité, Alassane Ouattara était déjà en train d'étendre son hégémonie sur le RDR et Djeni Kobina se sentait de plus en plus à l'étroit dans ce parti qu'il avait pourtant créé mais qu'il avait cédé dans un élan idéal au directeur général adjoint du FMI.

Dieu ferme et ouvre à temps les portes qui conviennent !

Rapidement le RDR va devenir un club de soutien, mobilisé principalement pour la cause d'un seul homme, Alassane Ouattara. Ce dernier en use en virtuose, il organise les actions, meetings, marches, campagnes publicitaires à grands frais, et tribalise le débat politique à outrance.

Dans des journaux, on voit apparaître une nouvelle notion : la « Charte du Nord ». La carte ivoirienne est rayée par un trait terrifiant qui la coupe en deux. L'objet de ce combat est unique : imposer un homme à l'élection présidentielle en Côte d'Ivoire.

Ce combat n'est pas celui du FPI avec qui le RDR est en alliance au sein du Front Républicain. Beaucoup d'entre nous étaient même étonnés de ce débat sur la nationalité de Ouattara qui se déroulait dans la haute sphère de la République.

Alassane n'était-il donc pas ivoirien ? N'était-il pas originaire de Kong comme le président Houphouët-Boigny le prétendait ?

Comment le pouvoir PDCI avait-il pu nommer un étranger, un non Ivoirien, au poste de Premier ministre ?

Pourquoi les dignitaires du PDCI qui savaient forcément de quoi il retourne n'élevaient-ils pas franchement la voix pour trancher le débat et démentir la rumeur ?

Un malaise de plus en plus grand s'installait dans l'ensemble du pays ainsi qu'à l'intérieur du Front Républicain. Il ira grandissant jusqu'à l'explosion de cette alliance.

Le fléau

Il n'y a que le ciel qui voit le dos de l'épervier
Proverbe africain

Décidément la duplicité de cet homme était grande. C'était lui, Alassane Dramane Ouattara, qui, en tant que Premier ministre d'Houphouët-Boigny, avait institué, pour la première fois, la carte de séjour pour les étrangers en 1991. Ses équipes avaient pourchassé les étrangers jusque dans les mosquées, pour leur demander de s'acquitter du prix de leurs cartes de séjour.

Je me souviens, notamment, de la descente musclée de la police dans une mosquée de la commune d'Abobo à cette époque. Certains aujourd'hui ont la mémoire courte ! Moi, je me souviens de beaucoup de choses.

C'est à ce moment-là que Ouattara a créé le premier schisme entre résidents de Côte d'Ivoire. Des millions de Burkinabés, de Maliens, de Nigériens, de Guinéens n'avaient pas les moyens de payer cette carte de séjour. Et cela engendra, qui plus est, une immense corruption, un grand trafic de papiers ivoiriens. On fermait les yeux sur de faux papiers, moyennant finance. Et les étrangers commençaient à se sentir harcelés…

Peu de pays dans le monde comptent plus de 10 % d'étrangers et au-delà de ce seuil, on évoque, partout, des difficultés d'intégration, on parle du « seuil de tolérance ».

En Côte d'Ivoire, nous hébergeons plus de 30 % d'étrangers venus du monde entier, principalement des pays environnants, des pays d'Afrique qui ont connu la guerre et des pays du Sahel qui ont connu la famine. Pays ouvert, peuple tolérant, jusque-là en Côte d'Ivoire, l'étranger était accueilli en frère.

Alassane Ouattara s'est avéré un véritable fléau pour notre pays. Je pense à ce fétiche découvert en brousse, que le patriarche imprudemment ramène à la maison et qui décime tout le clan.

Il est à l'origine de beaucoup de conflits et des nombreux problèmes que la Côte d'Ivoire rencontre depuis des années.

Il est le souci majeur de notre pays. Il est celui qui l'a précipité, il y a des années, dans le tunnel de la crise.

Nous lui devons ce qu'il peut y avoir de pire, à commencer par cette montée de la xénophobie et du désordre. Dès les années 90, des « loubards » casseurs, pilleurs, voire tueurs sont introduits dans la politique ivoirienne.

La buse qui plane ne se doute pas que ceux
qui sont en bas devinent ses intentions.
Proverbe africain

Manipulation et démagogie

Dans sa bataille pour le pouvoir, Alassane Ouattara n'hésite pas à brandir l'argument de la religion, dans le seul but d'enraciner son audience dans le milieu musulman.

Or la Côte d'Ivoire compte des chrétiens, des musulmans, des animistes et même des libres penseurs en grand nombre et dans l'ensemble du pays. Ces communautés vivent entremêlées et il s'y produit un véritable brassage d'hommes et de femmes de religions et d'horizons divers. On trouve chez nous une soixantaine d'ethnies dont aucune n'est suffisamment importante pour porter, à elle toute seule, un homme politique au pouvoir d'État. Aucun candidat ne peut accéder au pouvoir s'il ne compose pas avec les autres ethnies et avec toutes les religions à la fois.

Du fait des mariages et des activités économiques et commerciales, un véritable brassage ethnique et religieux s'est opéré au fil des années. Les Ivoiriens se sont mis à voyager dans le pays. Toutes les familles comprennent des chrétiens, des musulmans et des animistes. Les populations du Nord sont fortement présentes dans le Sud où elles prospèrent dans le transport, le commerce et l'agriculture. L'ethnie ou la religion n'a jamais constitué un critère de sélection dans la fonction publique ivoirienne.

Alassane Ouattara se réclame dorénavant du nord de la Côte d'Ivoire et de la religion musulmane. Dans sa quête inlassable du pouvoir, il a choisi de se constituer comme base le nord du pays majoritairement musulman. Et il ne recule devant aucune manipulation, n'hésite pas à jouer sur la fibre tribale et religieuse, déployant sans cesse démagogie et mensonge politique.

Souvenons-nous de ses propos tenus à Paris lors d'une conférence de presse : « Je suis rejeté parce que je suis du Nord et parce que je suis musulman ».

CINQUIÈME PARTIE

LES ANNÉES LUMIÈRE

LA VICTOIRE

Marée humaine aux mains nues

Au cours de la soirée électorale nationale, les résultats étaient annoncés en direct à la télévision à mesure qu'ils parvenaient à la CNE (Commission Nationale Électorale) depuis les QG locaux. Tout le pays suivait attentivement et chaque état-major contrôlait les résultats. Ceux d'Aboisso avaient été modifiés au détriment du FPI. J'ai vigoureusement protesté, preuves à l'appui, et obtenu que les vrais résultats soient proclamés.

Le FPI s'était bien équipé pour avoir rapidement en sa possession les résultats de tous les bureaux de vote sur toute l'étendue du territoire. Nous en avons collecté la majorité très rapidement de sorte que, très vite, nous avons su que Laurent gagnait ces élections sans ambages avec près de 60 % des voix.

Les incidents commencèrent la nuit même.

Une crise, ouverte et violente, éclata les 23 et 24 octobre 2000 entre les deux principaux candidats.

Des autorités religieuses chrétiennes, décidant de s'impliquer dans la résolution de cette crise convoquèrent Robert Guéï et Laurent Gbagbo, à la cathédrale Saint-Paul d'Abidjan, afin de connaître la vérité et faire en sorte que celle des urnes soit proclamée.

Ils n'obtinrent pas gain de cause et le général Gueï s'autoproclama vainqueur.

Laurent alors en appela à l'arbitrage direct de la population.

Le mardi 24 octobre, le général Guéï aurait volé sa victoire au candidat Laurent Gbagbo en se proclamant vainqueur de l'élection si des milliers de personnes, répondant à l'appel de ce dernier, n'avaient envahi les rues pour se diriger vers le palais présidentiel, au Plateau et vers les locaux de la télévision à Cocody. Ces jours furent des jours de braise.

Des militaires acquis à la cause du général Gueï, aidés de mercenaires sierra léonais et libériens qui ne parlaient qu'anglais et qui avaient des difficultés à se déplacer dans cette ville qu'ils ne connaissaient pas, tirèrent sur les marcheurs aux mains nues. Je garde en mémoire cette scène atroce des hommes, des femmes, des jeunes, des enfants assis par terre devant la RTI (Radio Télévision Ivoirienne) pour faire de leurs corps un bouclier humain et empêcher que les militaires ne s'emparent de cet unique outil médiatique d'État. Soudain une horde de 4 x 4 conduite par le redoutable Boka Yapi fonce sans pitié dans le tas, broyant des vies humaines sans état d'âme. Les militaires qui jaillissaient des véhicules se défoulaient à coups de matraque et de crosses de fusil sur ces pauvres gens.

Les morts et les blessés étaient innombrables.

Dans les rues, la foule déferlait quand même. Nous étions ébahis et stupéfiés par cette mobilisation populaire extraordinaire. Des hommes et des femmes, de tous les âges, de tous les partis, tous unis dans un puissant refus du pouvoir militaire. Ce n'était plus important que Laurent soit le candidat du FPI : la seule chose qui comptait c'était que cet homme-là était le fils du pays qui depuis toujours avait osé, avec détermination, combattre pour le droit, pour la justice, pour la dignité, pour la démocratie de l'Ivoirien. Et tous se reconnaissaient en lui. Même des étrangers français, libanais, africains, même des dignitaires de l'ancien parti unique étaient dans la rue. Nos parents disent que même les revenants étaient dans la rue ce jour-là. D'autres disent que des anges sont descendus pour combattre aux côtés des humains ce jour-là. Ce qui est certain, c'est que « l'Homme était tout feu tout flamme ».

Les canons tonnaient. Et ils avançaient quand même.

Le matin du 25 octobre, très tôt, nous avions vu arriver devant notre quartier général un véhicule avant blindé - un char - je m'en souviens encore. Nous avons eu un instant de frayeur infini, pensant qu'on venait nous éradiquer définitivement, mais pas du tout. Un gendarme en est sorti et a salué Laurent en lui faisant savoir qu'il se rangeait à nos côtés, suivi très vite par beaucoup d'autres. Une foule immense a déferlé dans les rues sur des dizaines et des dizaines de kilomètres, une véritable marée humaine encouragée et fortifiée par des soldats ivoiriens.

La population, malgré les tirs des hommes du général Gueï, descendait plus nombreuse encore dans la rue. Les manifestations et les fusillades durèrent jusqu'à midi. Les militaires et les gendarmes républicains se rangeaient à leur tour aux côtés du peuple.

Il y eut un véritable combat devant les locaux de la télévision, brutal, violent mais bref. Au bout d'une heure, les hommes du général furent mis en déroute. Robert Gueï et sa troupe acceptèrent leur défaite. Ils quittèrent précipitamment le palais présidentiel et se réfugièrent à Toukouzou-Hozalem à environ une centaine de kilomètres d'Abidjan, chez l'homme de Dieu Papa Nouveau.

Le mensonge donne des fleurs mais pas de fruits.
Proverbe africain

Morts pour la Démocratie

Le 25 octobre après-midi, les Ivoiriens, heureux mais épuisés, quittaient la rue pour rentrer chez eux, attendant que la CNE reprenne les décomptes des voix et publie officiellement les résultats de l'élection. Sur le chemin de la maison, ils se retrouvèrent, à la surprise générale, confrontés aux partisans d'Alassane Ouattara qui, répondant à leur tour à son appel, descendaient dans la rue. En effet, ce dernier venait de décider que le pouvoir était dans la rue et qu'il pouvait tenter de le récupérer.

À la différence des précédents marcheurs qui allaient les mains nues, ceux-là étaient armés de gourdins et de machettes, de chaînes à vélo, de couteaux, certains même de tronçonneuses pour découper des troncs d'arbre et barrer les rues. Heureusement ces manifestants d'un type particulier ont pu être dispersés et désarmés. Il y eut malheureusement encore des morts et des blessés.

La CNE put enfin reprendre le décompte des voix, là où elle l'avait laissé et remis les résultats de ses délibérations à la Cour suprême. Cette Cour proclama les résultats : le candidat Laurent Gbagbo était le vainqueur.

Alassane Ouattara fera sortir à nouveau ses partisans, au moment de la cérémonie d'investiture du tout nouveau président élu, Laurent Gbagbo. Il essuiera une nouvelle défaite.

Mais un certain vrai-faux charnier se préparait…

Et voilà, nous étions au 26 octobre, j'allais assister à la cérémonie d'investiture de mon mari.

Toute la maison était envahie de militaires venus organiser la sécurité. Laurent était président de la République. Le protocole d'État était également là. J'étais brutalement emportée dans une nouvelle vie. On revenait de si loin. Nous avions obtenu une victoire, mais à quel prix !

Laurent parlera plus tard de ces affrontements, en disant qu'il a été élu dans « des conditions calamiteuses ». En l'espace de soixante-douze heures, on aura vu défiler sous nos yeux une révolution populaire, une contre-attaque contre-révolutionnaire, la réaction pleine de morgue de militaires se confiant à leurs armes, comme d'autres à « leurs chars et à leurs chevaux ».

Mais le peuple, bien que les mains nues, a imposé à tous son verdict, son choix : Vox populi, Vox Dei !

Cela s'est passé en Côte d'Ivoire du 22 au 26 octobre 2000 comme ce fut le cas en Serbie Monténégro. Mais en Serbie Monténégro le monde entier a acclamé la victoire de ce peuple. En Côte d'Ivoire, les détracteurs de Laurent lui sont tombés dessus, prétendant qu'il avait été « mal élu ».

Il n'empêche, la victoire a l'élection présidentielle de Laurent Gbagbo allait donner un immense espoir aux Ivoiriens. Enfin, nous allions sortir des années de crise, nous en étions certains !

La toute première chose qui s'impose donc c'est l'organisation des élections législatives. Remettre debout l'Assemblée nationale dissoute par les militaires. Rétablir le Conseil Économique et Social également dissout par les militaires. Créer les différentes Cours du système judiciaire comme le demande la nouvelle Constitution.

Des élections législatives boycottées par le RDR

Les élections législatives se déroulent en décembre 2000. La candidature de Ouattara est déclarée irrecevable pour les mêmes raisons que pour la présidentielle. Le

RDR décide alors de boycotter ces élections. Il le fait une fois encore dans la violence. Attaques de commissariats de police en pleine nuit où ils tuent et blessent des policiers, brûlent des structures. Attaques des locaux du Trésor public de Treichville où le receveur est égorgé à la machette. La machette, qui semble être l'arme privilégiée de certains éléments du RDR, avant qu'on ne leur donne les moyens d'acquérir des kalachnikovs.

À Kong, supposé village de Ouattara, les jeunes brûlent la sous-préfecture, le commissariat, saccagent la maternité, les centres de santé. Ils descendent le drapeau ivoirien, le brûlent et suspendent en lieu et place le drapeau du Burkina Faso. Les fonctionnaires de l'État sont obligés de fuir la ville pour se mettre en sécurité ailleurs. Les élections se déroulent malgré tout et 223 députés sont élus. Kong ne pourra pas participer à ces élections. Le FPI allié à des indépendants, qui plus tard s'organiseront en groupe parlementaire UDPCI (Union Pour la Démocratie et la Paix en Côte d'Ivoire), parti du général Gueï, obtient la majorité absolue. Politiquement, nous venons de faire un bond prodigieux, de 13 députés en 1995 nous sommes passés à 98 députés, nous situant ainsi, devant le PDCI, sur l'échiquier national. J'ai été réélue à Abobo avec 56 % des voix et désignée présidente du groupe parlementaire du FPI. Quelques députés RDR se présentent malgré le mot d'ordre de boycott et se font même élire. Ils iront grossir les rangs du groupe « Solidarité », 4e groupe parlementaire de l'Assemblée nationale. Aussitôt après, l'Assemblée nationale est reconstituée et commence à travailler. Le rythme de travail est acharné. Sans discontinuer on passera de sessions extraordinaires en sessions ordinaires, de sessions ordinaires en sessions extraordinaires jusqu'en 2005.

EN AVANT TOUTE

L'homme de culture doit être un inventeur d'âmes.
Proverbe africain

Une vision politique

Laurent marque sa gouvernance par un style différent. Dès le lendemain de son élection, il refuse de voir sa photo affichée partout en public : « En arrivant dans un pays, quand je vois la photo du président à l'aéroport, je me dis qu'on est en dictature », a-t-il déclaré.

Il s'imposera également un nouveau style vestimentaire vite adopté par l'ensemble du pays. Exit le costume trois pièces ! On peut désormais, si on veut, se rendre au bureau en chemise pagne. Et les femmes peuvent entrer au palais présidentiel en pantalon. L'enthousiasme manifesté à son égard est devenu passion, mais l'essentiel reste encore à faire. Tout d'abord reconstituer l'État. Prendre ensuite des mesures immédiates en matière économique et puis gérer le social pour soulager toutes ces masses en peine.

Laurent a un programme, le FPI y a travaillé plusieurs années de suite et c'est sur ce programme qu'il a été élu !

Il y a tant à faire !

L'école gratuite

Apprendre nous paraissait la clef essentielle de tous les devenirs. Si on veut pouvoir lutter contre la pauvreté, il faut former les hommes. Si on veut réduire la misère en Afrique, il faut non seulement apporter la connaissance aux hommes, leur faire acquérir un savoir-faire, mais aussi faire évoluer leur mentalité. Le vieux proverbe chinois reste plus que jamais valable : « Si tu donnes un poisson à un homme, tu le nourris un jour, si tu lui apprends à pêcher, tu le nourris toute sa vie ».

Ce n'est pas pour rien que, lorsque Laurent est arrivé au pouvoir, la première chose qu'il a mise en place a été la gratuité de l'école afin de donner leur chance à tous les enfants. Il a tout de suite supprimé l'uniforme et fait distribuer les manuels scolaires gratuitement dans les classes du cycle primaire.

La suppression de l'uniforme peut paraître dérisoire et même choquante pour certains, mais l'uniforme représentait un vrai frein pour beaucoup de familles pauvres. En effet, quelquefois, des parents réussissaient d'une manière ou d'une autre à se procurer des livres, mais ne trouvaient pas toujours l'argent pour payer le kaki des garçons ou la petite robe à carreaux des filles.

Grâce à cette réforme, tous les enfants ont soudain pu aller à l'école même avec un pagne au cou, pourvu qu'ils soient en classe, pour recevoir une formation. Ainsi les écoles se sont remplies. Dans certains villages, les effectifs sont passés du simple au double, voire plus par classe. Cela montrait bien que la majorité des parents avaient le désir de scolariser leurs enfants mais qu'ils se trouvaient dans l'incapacité de le faire par manque de moyens.

L'Assurance Maladie Universelle (AMU)

Montaigne disait : « Une âme saine dans un corps sain » et en Côte d'Ivoire comme dans tous nos pays africains sous-développés, sous-équipés, sous-financés, il est besoin d'une grande ingéniosité et d'une grande solidarité pour faire face aux immenses besoins de santé des populations : besoins en infrastructures médicales, besoins en équipements des structures de santé, besoins en personnel, moyens d'accès aux soins et aux médicaments, etc. Au FPI, nous avons pensé à la mise en place d'un système de sécurité sociale fondé sur la solidarité des populations et l'appui financier de l'État. Dès 2001, le gouvernement mettait en discussion les textes sur l'AMU. Beaucoup de discussions, beaucoup d'échanges avec la population. Les députés PDCI n'en voulaient pas.

Ils quittèrent même momentanément l'hémicycle. Que de négociations, de chaudes négociations ! À la fin, le texte fut quand même adopté et l'expérimentation commença en 2002, avec l'ensemble des agriculteurs, des paysans. Brutalement interrompue par la guerre, elle aussi !

L'enfant hurle dans le ventre, il est prêt, il veut sortir. Et des êtres sorciers décidés à faire échouer les efforts de développement empêchent l'accouchement, ils sont déterminés à en faire un mort-né. Pourquoi ? Pourquoi ?

Voilà un des principaux drames de l'Afrique ! Les pays sont petits, les marchés faibles et étroits, presque inexistants. Les outils technologiques sont dérisoires. L'argent, où trouver l'argent ?

Le savoir, la connaissance pour transformer, pour optimiser, pour moderniser se met peu à peu en place ! Mais malgré tout, le peu qui est fait est impitoyablement réduit à néant et l'on se retrouve à recommencer et à recommencer sans arrêt, parce qu' « ils » ont décidé que nous n'avons droit qu'à l'assistance, à « l'aide » et à rien d'autre. Ils… les Nantis de la Planète ! Les tenants de l'argent et par conséquent dans ce monde matérialiste, du pouvoir !

Construire une société de liberté et d'égalité

La construction d'une société de liberté, d'égalité, de solidarité et de prospérité passait par un régime politique ayant la démocratie pour fondement. Dans une telle société, l'homme et la femme pourraient vivre heureux, s'épanouir et assurer sans entraves toutes les responsabilités.

Pour fonder un État moderne et démocratique, Laurent s'engagea à mener une action autour d'objectifs primordiaux : consolider le processus démocratique, moderniser la justice, renforcer son indépendance et garantir les droits de la personne humaine, moderniser l'Administration publique, approfondir et mettre en œuvre la décentralisation.

Il voulait que le Parlement joue pleinement son rôle afin de contribuer vraiment à l'équilibre des pouvoirs. Il voulait promouvoir les conditions de la pleine participation des partis politiques à l'animation de la vie publique.

Un État de droit

Profondément attaché à la reconnaissance des droits de l'homme et des libertés publiques, Laurent voulait mettre en place un État de droit. Le programme du FPI prévoyait de réformer la justice et de renforcer son indépendance. Il faudrait par exemple instituer un tribunal collégial de mise en liberté provisoire ; rattacher la police judiciaire au parquet ; sur le plan fonctionnel, assurer la conformité des prisons aux normes internationales.

Il s'avérait également judicieux de développer les espaces d'interpellation démocratique dans les médias publics, dans les administrations et les conseils des collectivités territoriales pour promouvoir le dialogue social et le respect des libertés publiques.

Laurent songeait aussi à faire créer un observatoire des Droits de l'homme.

À l'Assemblée nationale, nous arrivent rapidement les projets de textes créant les différentes juridictions. Puis s'engage le débat sur la CEI (commission électorale indépendante).

Débat épique, affrontement des deux visions FPI et PDCI. Que faut-il entendre par « indépendance » ?

Comment organiser cette indépendance ? Quelle place donner aux partis politiques ?

Quels pouvoirs les partis doivent-ils exercer sur leurs mandataires ?

Le PDCI mis en minorité en commissions quitte la salle pendant les débats en plénière. Le texte est quand même adopté à la majorité absolue des voix. Le débat reviendra plus tard sous la pression des accords de Linas Marcoussis.

Décentralisation

Avec le FPI, Laurent proposait dans son programme de réaliser une véritable décentralisation. Il s'avérait donc nécessaire de créer de nouvelles structures décentralisées : les régions dirigées par les Conseils régionaux, les départements par les Conseils généraux. La politique de communalisation devait s'appliquer au pays tout entier. Il ne devait plus exister en Côte d'Ivoire de villages non intégrés à une commune comme c'était le cas jusqu'à son arrivée au pouvoir. Les projets de lois arrivent donc sur la table des députés : statuts des structures décentralisées, transfert des compétences, financement de ces structures. Il s'agit d'opérer un transfert réel des compétences et des moyens de l'État central aux collectivités décentralisées. Le débat est virulent. Les chefs des départements ministériels avaient et ont encore du mal à accepter la réduction de leurs pouvoirs. Mais nous devons inculquer à notre pays une nouvelle philosophie d'organisation du développement dont la liberté, la responsabilité et la démocratie seraient les fondements.

Un encadrement excessif et injustifié des communes, à travers des procédures d'approbation ou d'autorisation de la plupart de leurs actes, contrariait et paralysait l'action des élus locaux. Il fallait donc réformer le système de contrôle de l'État sur la gestion des collectivités décentralisées.

Efficacité, intégrité, civisme

L'efficacité, l'intégrité, le civisme, la compétence et la conscience professionnelle sont les valeurs qui doivent fonder la nouvelle Administration publique.

Plus de trafic d'influence, en finir avec les abus de pouvoir, les pratiques autoritaires et arbitraires, les entraves à la circulation libre et correcte de l'information, à la trop forte réglementation et à la lenteur des procédures qui les épuisent et les étouffent. Plus de racket sur les routes, dans les bureaux et dans les services.

L'Administration publique devait être complètement

réformée et rénovée, elle devrait se mettre au service du peuple.

Le nouveau gouvernement en donne un grand signal au moment où il choisit les nouveaux maîtres des trois régies financières de l'État : le Trésor, la Douane et les Impôts. Le ministère de l'Économie lance un appel à candidatures. Le seul critère retenu est la compétence réelle. Tout cadre, quelle que soit sa couleur politique, pouvait entrer en compétition et gagner, pourvu qu'il soit effectivement performant. La sélection fut confiée à un cabinet privé. Le président de la République choisit de nommer le premier des trois candidats retenus dans chacune des disciplines concernées. En contrepartie, il est exigé une loyauté sans faille à la République. Après tout, c'est cela qu'on attend d'un vrai grand fonctionnaire de l'État, le sens absolu du service public !

Des réformes, des actes s'imposent et l'on ouvre ces nouveaux chantiers.

Une police au service de la liberté

Réforme des statuts de la police. En termes d'ordre public, la prévention devait désormais prendre le pas sur la répression. Laurent voulait développer une police de proximité, accessible, efficace et en contact direct et permanent avec la population. Il souhaitait relever la qualification professionnelle des agents, notamment par rapport aux nouvelles formes de délinquance, à travers le renforcement des infrastructures et des moyens matériels ; à travers également un réajustement de leur salaire. Le corps de la police va bénéficier désormais des mêmes avantages que celui des militaires. L'ambition affichée, c'est qu'un budget important soit accordé chaque année à l'équipement et au fonctionnement des services de police. Ces ressources devraient servir prioritairement à la construction de nouveaux commissariats, à la modernisation et au développement du réseau informatique et des systèmes de communication, à l'amélioration des conditions sociales des policiers.

Avec des moyens accrus et une formation de qualité, la police nationale devra amplifier la lutte contre le grand banditisme, en particulier le vol à main armée, le braquage des véhicules, les agressions… et assurer plus efficacement la sécurité des hommes et des biens dans le pays.

C'est au bout de la vieille corde qu'on tisse la nouvelle
Proverbe africain

Autres réformes corporatistes

Beaucoup d'autres corps de métier étaient en attente de réformes : la douane, l'enseignement, la Fonction publique en général. Les unes après les autres, les mesures tombent. Tous les enseignants recrutés depuis 1991 par le gouvernement du Premier ministre Ouattara ont subi une réduction de moitié de leur salaire de base, sous le prétexte que le pays connaissait une crise économique importante. On se retrouvait donc avec deux types d'enseignants à la fonction publique, dont certains pour la même masse de travail et les mêmes diplômes percevaient la moitié des salaires des premiers. L'anomalie durait depuis dix ans. Bédié ne l'avait pas corrigée malgré les « pluies de milliards » annoncées par lui lors de la dévaluation du franc CFA en janvier 1994.

Dès juin 2001, le gouvernement de Laurent Gbagbo réussit le « redécrochage » des enseignants en rétablissant la justice. Dans la foulée, Laurent donna des ordres pour que le dossier du déblocage des salaires des fonctionnaires commence à être traité.

En effet, en Côte d'Ivoire, depuis 1980 soit depuis vingt-six ans aujourd'hui, les fonctionnaires et agents de l'État n'ont connu aucune augmentation de salaires. À cause de la « conjoncture » mauvaise, le président Houphouët-Boigny avait imposé aux fonctionnaires le sacrifice du blocage de leurs salaires. Les avancements indiciaires se faisaient bien sûr mais, désormais, ils n'étaient plus suivis d'effet financier. Or, entre-temps, sur le marché, les prix grimpaient et le pouvoir d'achat des agents de l'État était plus qu'érodé. Sans arrêt, les fonctionnaires réclamaient des mesures positives.

Après la réévaluation des salaires des policiers, le réaménagement des primes des douaniers, la correction des salaires des enseignants, la décision fut arrêtée de mettre fin au gel du salaire des fonctionnaires dès janvier 2003.

Les préfets ne sont pas en reste. Tout le corps préfectoral va bénéficier d'un aménagement majeur de son fonctionnement. Pour la première fois, le Parlement adopte les statuts du corps préfectoral. La carrière de ces fonctionnaires y est organisée sur des bases objectives de sorte que, désormais, les uns et les autres vont pouvoir échapper à l'arbitraire du politique et la valorisation des salaires est importante.

Le coup de force de septembre 2002 viendra arrêter brutalement le cours de cette politique de refondation.

Même si le Léopard dort,
le bout de sa queue ne dort pas
Proverbe africain

Le rôle de l'armée

En arrivant au pouvoir, Laurent Gbagbo a trouvé une armée dans un état plutôt lamentable. Elle était traversée par des divisions internes, factions gueïstes, factions bédiéistes, factions allassanistes. La majorité cependant, aussi bien dans l'armée que dans la gendarmerie, demeurait républicaine. Mais cette armée-là était surtout marquée par un manque criard d'équipements, d'infrastructures adaptées et de moyens de travail. Peu d'armes, peu de munitions, quasiment aucun moyen de transmission, très peu de moyens de mobilité. Même les uniformes et les chaussures manquaient. Lorsque je me suis rendue sur les fronts, au début de la guerre, en novembre 2002, j'ai trouvé à Touba, dans le nord-ouest du pays, des troupes vaillantes mais terriblement démunies. Un soldat me présentant son vieux fusil qui avait dû servir du temps de mon père, m'a dit : « Madame la Première Dame, vous voyez mon fusil, vous voyez sa bandoulière, c'est la bandoulière du sac de mon épouse que j'ai dû utiliser pour le porter à l'épaule ». D'autres me disaient : « Vous vous rendez compte, Madame, en plein cœur du combat, pour parler à notre supérieur resté à la base, nous n'avons pas d'autres moyens que nos propres cellulaires. Est-ce que vous pouvez nous procurer des cartes de recharge ? » Ces hommes étaient touchants, ils étaient vaillants, ils étaient volontaires, mais ils combattaient presque les mains nues.

Plusieurs choses peuvent expliquer cet état de dénuement. Tout d'abord le fait que les régimes antérieurs ne considéraient pas ce corps comme une priorité. Bien sûr il est indispensable que le pays en soit pourvu, mais n'oublions pas qu'un accord avait été passé avec la France, l'ancienne puissance coloniale, pour que celle-ci, en cas d'agression extérieure, vienne au secours de l'État de Côte d'Ivoire et l'aide à assurer sa défense. Félix Houphouët-Boigny estimait même qu'il valait mieux ne pas trop développer ce corps, il aimait à répéter : « Pas d'armée, pas de coup d'État ! »

Ensuite le FPI lui-même avait adopté vis-à-vis des objectifs à assigner à l'armée une position théorique qui n'en faisait pas non plus une priorité de l'heure. Dans notre programme de gouvernement, nous considérions que, la Côte d'Ivoire étant un pays sous-développé, les Forces armées devaient être principalement impliquées dans le processus de développement national. Nous concevions l'armée plus comme un instrument de développement que de défense nationale au sens strict du terme, prête à être utilisée dans les grands chantiers communautaires et les travaux d'équipements publics. Les bataillons du génie militaire allaient donc être beaucoup plus sollicités par le pouvoir FPI que les bataillons blindés.

Nous attendions également de l'armée que, d'une certaine manière, elle aide à assurer l'intégration et la cohésion nationale par l'éducation civique et morale des citoyens, principalement des jeunes scolarisés ou déscolarisés.

Cette option impliquait un retour à l'armée de conscription.

En troisième lieu, le pays était financièrement exsangue et la guerre ne figurait pas au programme du gouvernement Gbagbo. Dans les arbitrages sur le budget, il se devine donc aisément que les dépenses militaires ne se sont pas retrouvées en très bonne place les deux premières années de gouvernance.

Dès les premiers temps de crise, il deviendra évident que notre vision sur l'armée était limitée. Tout pays qui a une place économique importante et qui ambitionne de devenir leader se doit de se doter d'un instrument de sécurité conséquent.

L'expérience est douloureuse, mais la leçon est bien enregistrée ! Heureusement que le projet de loi de programmation militaire, que le gouvernement avait déjà déposé sur le bureau de l'Assemblée nationale en 2002, n'avait pas eu le temps d'être adopté. Avec l'expérience de la guerre, il va sans dire que la réforme de l'armée sera plus conforme aux exigences de la dure réalité.

Refondation de l'économie

Le PDCI affirmait, lorsqu'il était au pouvoir : « Le développement de ce pays repose sur l'agriculture ».

Et, en Côte d'Ivoire, l'agriculture a été intelligemment développée. Nous sommes le premier producteur mondial de cacao, cinquième producteur mondial de café robusta. Nous avons diversifié notre production pour éviter les tentatives d'étouffement et les chantages possibles de la part des bourses étrangères, des grosses multinationales que nous ne maîtrisons pas. Coton, hévéa, palmier à huile, ananas, anacarde, etc. Mais toute la production est commercialisée à l'état brut. De ce fait, nous demeurons assujettis au diktat des opérateurs internationaux. Laurent et le FPI décident d'aborder une nouvelle étape, le stade de la transformation et donc de l'industrialisation. Mais, en même temps, il faut faire de l'opérateur ivoirien un agent plus actif, plus impliqué, un véritable partenaire, non seulement dans la production mais également dans la commercialisation et l'exportation.

Le PDCI, à la demande de la Banque mondiale, avait déjà liquidé la Caisse de Stabilisation et de Soutien des Prix qui procédait chaque année à la commercialisation du cacao et du café ivoiriens sur les différentes places boursières du monde. Il fallait donc créer les nouveaux instruments de commercialisation, gérer tous les risques, financer les coopératives et les sociétés nationales et les rendre capables de sortir efficacement les produits de la brousse. C'est un grand défi. Entre les prédateurs et les inexpérimentés, il faut savoir naviguer.

Au-delà de l'agriculture, il faut vite ouvrir de nouveaux chantiers, diversifier non plus seulement l'agriculture mais également les autres secteurs économiques. Créer d'autres piliers du développement. L'option du secteur minier se présente avec force et espoir. Laurent et toute la Côte d'Ivoire la saisissent vigoureusement avec assurance : pétrole, manganèse, fer, etc. De quoi créer de nouveaux emplois, de quoi générer de nouvelles richesses, un grand bond en avant.

Tous les rêves sont permis. Toutes les chances sont ouvertes. Le maître mot, c'est l'industrialisation et les Ivoiriens ne doivent pas être en reste. Le ministre de l'Économie et des Finances, en liaison avec l'Agence de Formation Professionnelle (AGEFOP), met en place un mécanisme de formation et de financement de jeunes initiateurs de projets intitulé : « Le Fonds National de Solidarité pour la Promotion d'Emploi Jeune ». Les jeunes, sortis des écoles et désireux de s'installer à leur propre compte, sont donc encouragés à monter et à présenter leurs projets.

Le galop assuré de la politique économique

Dans l'enthousiasme de l'arrivée au pouvoir, le nouvel État décide de montrer l'exemple de la bonne gestion. L'économie est en lambeaux. Dans les caisses, il n'y a rien. Eh bien, retroussons nos manches et opérons des miracles ! La Banque mondiale, le FMI, l'Union européenne, la BAD ont fermé les robinets. Eh bien, comme la tortue, consommons nos entrailles !

Et vive le **budget sécurisé** !

Un concept de motivation qui, en même temps, correspond à un objectif à atteindre. Compter uniquement sur ses propres moyens. L'exercice est brillamment réussi. Pendant un an, en 2001, grâce à une gestion stricte et rigoureuse, la Côte d'Ivoire démontre ses capacités de financer ses activités uniquement avec ses fonds propres. C'est une première dans toute l'Afrique noire francophone !

Deuxième année de gouvernance, nous sommes en 2002, il faut consolider les nouveaux acquis. Le concept incitateur devient le **budget d'assainissement**. C'est cette année-là que le personnel des Finances de l'État commence le perfectionnement, l'optimisation et l'assainissement de toutes les procédures et méthodes utilisées par les régies financières. Les résultats ne se font pas attendre. Le taux de croissance devient positif. Les bailleurs de fonds et les Institutions de Bretton Woods, étonnés par nos résultats, redeviennent attentifs et présentent leurs félicitations à la nouvelle équipe gouvernementale. Les relations qui avaient été rompues, depuis l'époque de Bédié, sont de nouveau rétablies.

D'année en année, la même philosophie est utilisée : un concept incitateur définit un objectif et le pays tout entier se mobilise pour atteindre cet objectif.

En 2003, nous sommes un pays en pleine guerre, le budget est baptisé **budget de sauvetage**.

En 2004, nous devons surmonter l'épreuve de la guerre. L'économie qui s'était réaffaissée à cause de la guerre est en train de ressortir du rouge. Ce mouvement doit être consolidé, fortifié. Ce budget est donc baptisé **budget de normalisation**.

En 2005, grâce à Dieu, nous avons réalisé l'exploit de demeurer debout, envers et contre tous, malgré les attaques et bien que le pays soit coupé en deux. Debout, malgré les effets pervers et prévisibles des accords de Linas Marcoussis. Le budget est baptisé **budget de relance**.

Tous les défis sont relevés et les objectifs atteints dans leur globalité.

Malgré la crise, le Port Autonome d'Abidjan demeure le deuxième grand port d'Afrique après Durban. Marcel Gossio, son directeur général, en améliorera les performances et l'équipement.

Le président Gbagbo ne s'arrêtera pas à ces chantiers.

En matière d'équipement du pays, il mobilise les troupes du ministère des Mines et de l'Énergie. Il faut électrifier le maximum de villages.

En cinq ans, sept cent soixante-cinq villages sont

connectés au réseau national de l'électricité là où le PDCI, en quarante ans, n'en avait électrifié que mille sept cent quatre-vingt-quatorze.

Il mobilise également les équipes du ministère des Infrastructures économiques. Car il faut construire de nouvelles routes et réparer les anciennes. Laurent décide que chaque chef-lieu de département doit être connecté au réseau national par une route bitumée. Toulepleu à l'ouest du pays, Boundiali et Tengrela au nord, sont bientôt retenues, les études achevées, la recherche de financement également. La voie express, la portion de l'autoroute Singrobo-Yamoussoukro, la capitale politique et administrative du pays, fait l'objet d'attentions toutes particulières. À l'est, la route Abidjan-Abengourou en passant par Adzopé demande à être entièrement refaite. Les problèmes de routes, de qualité du réseau routier, demeurent un des problèmes importants de la Côte d'Ivoire.

À Abidjan même les populations seraient soulagées avec l'édification d'un troisième pont. Les études avaient déjà été engagées par le gouvernement Bédié avant le coup d'État militaire. Elles seront achevées par l'équipe de Laurent.

Après de si bons résultats, on mériterait un ban, un tableau d'honneur. Que nenni !

Très vite, bien au contraire, les éclairs, le tonnerre, la tempête se déchaînent, la France proteste. Et elle proteste d'autant plus fort que Laurent s'est autorisé à faire un voyage en Chine pour intéresser ce grand géant au développement de son pays. Et puis l'Inde aussi arrive et fait ses propositions. Elle s'intéresse à tout un tas de choses : à l'anacarde, aux nouvelles technologies, etc. Crimes de lèse-majesté ! Le « pré carré » de la France est en danger.

Les grandes théories de la mondialisation ne sont pas valables pour nos pays ! ! ! Nous, nous devons demeurer sous tutelle des ex-puissances coloniales.

Avec le FPI, Laurent et nous tous avions décidé de refonder la Côte d'Ivoire, son économie, ses écoles, son système de santé, sa justice, son armée, sa culture, son âme, son esprit et ses hommes. Mais nous apprendrons, dans l'éclatement de nos chairs et le cri de nos sangs, que pour refonder une Nation, il faut en payer le prix. Nous paierons le prix et nous refonderons la Nation ivoirienne.

Culture et développement

Un homme sans culture ressemble
à un zèbre sans rayures.
Proverbe africain

Laurent est un grand homme de culture. Persuadé que la culture ouvre l'accès à la conscience des hommes et donne un sens à la vie, il insistait dans ses discours sur la nécessité de son développement : « Là où il y a l'homme, il y a la culture ; mais elle ne va pas de soi, au gré du hasard ou de la nature. Elle est un enjeu capital, car elle ne libère l'homme qu'à la condition qu'elle-même soit libérée et activement prise en charge. Mais la culture n'est pas seulement un enjeu identitaire; elle est créatrice d'emplois et contribue à l'enrichissement individuel national ».

Pendant la période coloniale, la culture de notre pays avait été victime de multiples tentatives d'étouffement. Je me souviens encore, comme d'hier, de ces colliers que le maître ou la maîtresse nous mettait autour du cou à l'école, parce que nous avions osé parler notre langue maternelle dans l'enceinte de l'école. En signe de punition, l'élève en faute devait garder ce collier plusieurs jours de suite : c'était le collier de la honte, on l'appelait le « symbole ». Fait de corde et d'objets dérisoires, il signalait à toute l'assemblée que vous étiez objet d'opprobre et frappé d'interdit. L'objectif était de faire disparaître l'usage des langues locales au profit du français, la langue du colonisateur.

La culture n'a pas connu un positionnement meilleur du temps d'Houphouët-Boigny. Le secrétariat d'État à la Culture, créé en 1971 à la faveur de la visite du président Senghor en Côte d'Ivoire, deviendra dans les autres gouvernements un ministère plein, mais il était un des parents pauvres de ses différents gouvernements. Mais les Ivoiriens sont restés largement enracinés dans leur culture traditionnelle et la vie des Lettres et des Arts ivoiriens a résisté et a même connu un dynamisme et une productivité tout à fait remarquables. Les arts modernes occidentaux, peinture, sculpture, lettres, musique se sont aussi bien enracinés dans la société ivoirienne. Avec Laurent, il fallait redynamiser la production culturelle, démocratiser l'information et la diffusion des œuvres de l'esprit. Il fallait réorganiser les cadres de production, assainir la commercialisation et mettre en place les instruments de gestion des produits artistiques au profit des auteurs et des artistes eux-mêmes.

Le gouvernement a inauguré le Palais de la Culture construit avec l'aide de la Chine et en a confié la gestion à un couple d'artistes de réputation internationale, Ayala et Sidjiri Bakaba. Laurent crée également l'Académie des Sciences, des Cultures, des Arts d'Afrique et des Diasporas Africaines (ASCAD), institution qui va exister pour la première fois dans notre pays. Pour encourager les créateurs, en 2001, à la célébration de la fête nationale, Laurent choisit de décorer des artistes. Une forte sensibilisation serait menée, en vue de développer l'esprit de conservation et de préservation des biens culturels, de manière à susciter un vaste mouvement en faveur des musées. Pour la première fois dans l'histoire de la Côte d'Ivoire, les murs de la résidence du chef de l'État et de certains bureaux du palais présidentiel sont habillés par des tableaux de peintres ivoiriens.

Laurent voulait aussi bâtir un grand Conservatoire National des Arts et de la Musique (CNAM), un groupe national pluridisciplinaire (danse, théâtre, musique, etc.), en témoignage de notre richesse culturelle et comme instrument de promotion de la culture ivoirienne en Côte d'Ivoire comme à l'étranger. « Le rythme du tam-tam commande la danse » et tout bouge à l'unisson !

« Ô NUAN KAN, Ô SA KLOA »
« Ta bouche le dit, ta main le fait »

Laurent est un homme cultivé, déterminé et courageux. En 1990, des anciens, des doyens dans le pays ont commencé à prendre en considération notre parti, le FPI, qui leur apparaissait, auparavant, comme une plaisanterie de gamins, comme un jeu d'enfants. Réussir à imposer un deuxième parti en Côte d'Ivoire ne pouvait être qu'une utopie, qu'une chimère. Beaucoup se sont mis à écouter Laurent, à le regarder agir, à examiner ses propositions, à comparer ses idées, ses actions à d'autres, afin de pouvoir l'apprécier à sa juste mesure. Ce que nous vivons tous aujourd'hui, comme un engagement du peuple derrière Laurent, est le résultat de tout cela. Laurent n'a pas distribué d'argent pour que les Ivoiriens se mettent à l'aimer. Il a simplement raconté sa vision, sa volonté d'action et ce qu'il a dit, il l'a réalisé. Il s'est évertué à demeurer constant, persévérant dans cette vision.

Dans le langage tambouriné de chez moi, il se trouve une phrase qui traduit la philosophie du FPI sur la relation qui doit exister entre la parole et l'action. Cette phrase dit :

« ô nuan kan, ô sa kloa » : Ta bouche le dit, ta main le fait !

Ce principe fondamental dirige nos actions à la tête du pays.

En 2000, pendant la campagne, Laurent a dit : « *Je vais faire ceci, je vais faire cela. C'est dans mon programme et c'est pour cela que je vous demande de voter pour moi* ».

Il a dit : « *Si vous me donnez le pouvoir, je le prendrais pour vous le redonner* ».

Il a dit : « *Si vous me donnez le pouvoir, votre café, votre cacao, je vous le redonnerais en gestion* ».

Il a dit : « *Si vous me donnez le pouvoir, j'organiserais en Côte d'Ivoire la gratuité de l'école, du primaire jusqu'à la fin de la troisième* ».

Il a dit : « *Si vous me donnez le pouvoir, je mettrais en place une organisation qui se chargera de vous permettre de vous soigner sans que vous sentiez trop lourdement le poids des frais médicaux dans votre vie et dans votre poche* ».

Il a dit : « *Si vous me donnez le pouvoir, je gérerais l'argent de l'État de telle façon que l'on puisse créer des industries, qui vont générer des emplois pour les jeunes qui sont dans la rue, alors qu'ils ont été à l'école et qu'ils ont des diplômes* ».

Laurent a dit aux Ivoiriens : « *Si vous m'aidez à devenir Président, le pouvoir de développement que vous me donnez en votant pour moi, je vais vous le redonner pour que vous fassiez vous-même le développement de vos villages et de vos régions* ».

Au moment de prendre le pouvoir il a fait un serment, et, dans ce serment, il a dit : « *Devant le peuple souverain de Côte d'Ivoire, je jure solennellement et sur l'honneur de respecter et de défendre fidèlement la Constitution, de protéger les droits et libertés des citoyens, de remplir consciencieusement les devoirs de ma charge dans l'intérêt supérieur de la Nation. Que le peuple me retire sa confiance et que je subisse la rigueur des lois, si je trahis mon serment ».*

Retrousser ses manches

Tout était dit et, dès son arrivée au pouvoir, il s'est mis au travail pour que ses mots ne soient pas de vaines paroles, pour qu'il ne s'agisse pas de simples promesses électorales !

« *I nuan kani* » et sa main a réalisé ce que sa bouche avait dit. La pensée, la parole ne sont rien sans la main qui les fait vivre. Lorsque Laurent a accédé au pouvoir dans ce pays, un grand nombre d'institutions n'existait plus, la junte militaire avait presque tout dissous.

En 2001, nous avons voté toutes les lois pour reconstituer l'État de Côte d'Ivoire. Nous avons voté les lois qui ont permis de mettre en place l'Assemblée nationale, parce qu'elle avait été dissoute, de mettre en place le Conseil Économique et Social et de créer la Haute Cour de Justice.

« *Ô nuan kan, ô sa kloa* ». Tous les villages de Côte d'Ivoire ont été regroupés en communes. De sorte qu'aujourd'hui, la Côte d'Ivoire, qui ne comptait que 198 communes en totalise plus de 700, soit 520 créations nouvelles. Les élections communales étaient prévues pour être organisées en 2004 afin d'installer toutes les nouvelles communes ainsi créées. La guerre est venue retarder le processus de décentralisation, mais elle ne l'a pas empêché.

En juillet 2002, les conseils généraux ont pu être élus et installés. Les deux districts également : Abidjan et Yamoussoukro. Même les députés PDCI, qui s'étaient farouchement opposés à l'adoption de ces textes au point de quitter l'hémicycle, se sont massivement portés candidats. Certains parmi eux sont aujourd'hui élus président de conseil général et très fiers de l'être.

« *Ô nuan kan, ô sa kloa* ». Le secteur du cacao a été libéré. De nouvelles structures et des fonds voient le jour, permettant aux coopératives et aux producteurs d'intervenir eux-mêmes dans la fixation du prix des matières premières, d'octroyer des subventions aux producteurs et d'entreprendre des investissements dans le domaine social.

« *Ô nuan kan, ô sa kloa* ». Laurent avait promis l'école gratuite et ça aussi, il l'a réalisé. Les ouvrages du primaire sont distribués gratuitement et sans la guerre, les collèges et les lycées auraient déjà les leurs.

« *Ô nuan kan, ô sa kloa* ». La santé de l'Ivoirien placé au carrefour de toute l'Afrique de l'Ouest exige des actions hardies. Laurent fait voter les lois, organise en Côte d'Ivoire la sécurité sociale pour la prise en charge des frais de santé et crée l'AMU. À ce stade, la phase pilote expérimentale est en cours…

« *Ô nuan kan, ô sa kloa* ». La jeunesse ivoirienne depuis 1990 se bat pour la refondation du pays. Laurent veut ouvrir les jeunes Ivoiriens au monde, par leur initiation à l'utilisation de nouvelles technologies de l'information et de la communication. Il attribue de nombreuses bourses pour la formation et pour les voyages d'études et favorise la coopération internationale afin de réaliser de grands projets dans le secteur des nouvelles technologies (Création d'une zone franche des NTIC et de la biotechnologie à Grand Bassam).

« *Ô nuan kan, ô sa kloa* ». Il engage une politique intense d'électrification des villes et villages de l'intérieur parce qu'il faut non seulement améliorer le confort des populations mais également rendre la totalité du pays capable d'accueillir les infrastructures économiques, les industries, les usines, etc. C'est la seule façon de résorber le chômage des jeunes.

« *Ô nuan kan, ô sa kloa* », Laurent est un homme de parole, de foi et de justice, l'homme dont notre pays a, en toute objectivité, le plus besoin, à un moment de notre histoire où nous sommes plus fragilisés que jamais.

Depuis que la crise ivoirienne est ouverte, Laurent se bat pour que notre pays ne soit pas englouti, happé par les prédateurs. Il se dresse au péril de sa vie et de celle des siens, contre tous les envahisseurs, tous les assaillants, tous les agresseurs mus par un orgueil malsain et des ambitions d'hégémonies insensées.

Il défend de toutes ses forces notre Constitution, pendant que d'autres s'acharnent à prêter main-forte aux forces extérieures, pour l'enchaînement total de notre pays. Laurent s'est inscrit résolument dans la bataille de la sauvegarde de la souveraineté de la Côte d'Ivoire.

La politique n'est pas l'art du faux, du démagogique, de l'hypocrisie. Pour être un bon dirigeant politique il faut être profondément habité par la crainte de Dieu et par le respect de la parole donnée.

C'est du destin des hommes dont il s'agit. C'est du bonheur des êtres dont il s'agit. C'est du devenir et de l'espérance de milliers de jeunes dont il s'agit. On n'a pas le droit de l'assujettir à la réalisation de ses ambitions personnelles.

C'est pour cela que ce que la bouche dit la main doit être capable de le faire, sinon que la bouche se taise !

« LA FEMME EST L'AVENIR DE L'HOMME »

« *Vous êtes le sel de la terre…* »

Les femmes ne sont pas oubliées, elles représentent près de la moitié de la population ivoirienne (49,1 %). Les nombreux problèmes auxquels elles sont confrontées au plan politique, économique et social, constituent de sérieux handicaps pour leur promotion et leur épanouissement, pour leur pleine participation au développement du pays. Pour atteindre l'égalité effective des chances entre hommes et femmes, il faut une réelle volonté politique.

En 1990, lorsque nous avons eu avec le multipartisme la possibilité légale de déployer toute la structure du parti sur l'ensemble du territoire, nous avons créé les coordinations, puis les sections, puis un peu plus tard, les fédérations. Les premiers résultats qui nous sont parvenus des bases m'ont profondément choquée. Une seule femme avait pu se faire élire secrétaire générale de section.

Aucune présidente de coordination, aucune femme fédérale… Il y avait réellement un problème !

Handicapées par le manque d'instruction, l'insuffisance de pratiques et de connaissances politiques, plombées par les complexes socio-culturels, les tabous, les femmes se trouvaient confinées dans des rôles de militantes actives mais sans responsabilité. Pis encore, on ne les attendait que dans leur rôle de cuisinières lorsqu'il y avait des cérémonies, ou encore de manifestantes lors des combats ou des marches revendicatives.

À aucun moment elles n'ont ménagé leur sueur et même leur sang pour faire avancer la dure et âpre cause de la démocratie. Et pourtant, les hommes gardaient pour eux la direction des choses. Avec quelques femmes, nous avons engagé rapidement un combat interne pour qu'une grande place soit faite aux femmes.

Premièrement, leur donner la capacité par la pratique et l'action, d'acquérir la culture politique et les ficelles en matière de gestion des hommes. Nous avons obtenu la création de l'Organisation des Femmes du Front Populaire Ivoirien (OFFPI) contre l'avis même de certaines de nos femmes.

Deuxièmement, il fallait rendre obligatoire la présence de la femme dans les structures de direction du parti. Le principe du quota fut alors institué en faveur des femmes. Désormais, dans la direction de chaque section, ou toute autre structure de base du parti, on doit s'évertuer à trouver au moins 30 % de femmes. Dans la composition des Conseils, des structures décentralisées ou du gouvernement, lorsque ceux-ci sont dirigés par les militants FPI, on doit également compter au moins 30 % de femmes.

Je le sais bien, l'institution des quotas est une solution controversée. Certaines femmes disent même qu'elle est humiliante parce que favorisant la nomination d'un personnel féminin au rabais. Mais je maintiens que c'est une discrimination positive pour les femmes dans nos sociétés comme dans le reste du monde. Il faut créer le réflexe de la nomination des femmes et provoquer le déclic chez la femme ; dans tous les cas, l'aider à mettre le pied à l'étrier. Le reste de sa carrière dépendra de son génie personnel, de ses qualités intrinsèques et de son aptitude à se cultiver.

J'ai toujours plaidé pour le respect du droit du peuple de Côte d'Ivoire et de l'Afrique tout entière à disposer d'eux-mêmes, mais j'ai surtout plaidé pour les femmes. Je n'ai pas voulu, à l'instar de tant d'autres femmes qui n'ont pas eu le choix, demeurer en coulisse et laisser le destin des femmes se jouer par les dés des hommes. Je n'ai pas voulu me contenter d'un rôle d'observateur docile des différentes mutations de la société ivoirienne.

Ce qui m'importait, c'était d'agir. Je n'ai pas compris qu'en 1992, des militaires m'aient tabassée en me criant : « Tu n'es qu'une femme, retourne aux chaudrons, retourne à tes marmites. La place d'une femme est dans la cuisine ! » Je maintiens que la femme doit s'impliquer dans la politique pour elle-même d'abord, pour que personne n'ait sans son avis, le droit de prendre des décisions à sa place.

Pour la société ensuite, parce que la femme détient en elle un trésor de sagesse et d'abnégation, dont la société tout entière peut tirer profit chaque fois qu'elle a des décisions importantes à prendre. Les hommes de chez nous, qui le reconnaissent bien d'ailleurs, disent : « Il nous faut aller consulter l'oreiller ! »

Pourquoi se contenter de consulter l'oreiller, pourquoi ne pas lui permettre d'intervenir directement dans les débats sociaux et politiques ?

J'ai toujours trouvé inacceptable que les femmes, dans la société ivoirienne, soient moins nanties que les hommes.

Il faut, une fois pour toutes, arrêter d'accepter le droit à la différence de mœurs et des coutumes quand ces mœurs représentent une atteinte aux droits de la femme, des enfants, de l'homme ; quand ces mœurs et coutumes vont à l'encontre du respect et de la liberté.

Le dispositif juridique de protection de la femme au travail, pour favoriser l'égalité des chances à l'embauche et la promotion interne des cadres féminins, a été renforcé.

De tous les combats qui ont abouti, on pourrait en retenir deux. Tout d'abord, l'adoption de la loi sur la suppression de l'excision. Toutes les organisations de femmes en Côte d'Ivoire ont fédéré leurs énergies pour faire aboutir cette lutte : associations féminines, ONG, églises, confessions musulmanes, le ministère chargé des droits de la Femme, l'organisation des Femmes parlementaires et ministres… Une belle plaidoirie collective en direction des hommes parlementaires, – nos maris et nos frères –, pour qu'ils acceptent que soit mis fin à cette pratique barbare et d'une autre époque. Les hommes étaient choqués, sincèrement choqués, de découvrir les souffrances, l'humiliation, la mutilation, le handicap fonctionnel des femmes, leurs compagnes, leurs sœurs, leurs filles, qui vivaient en silence ce drame intime et secret.

Certains parlementaires, révoltés et prêts à nous accuser d'imposture et de mensonge, ont demandé une suspension de séance pour aller réfléchir. Ils sont allés interroger leurs épouses. Et certaines ont eu le courage d'avouer. Elles n'avaient jamais rien dit, parce que de ces choses-là, on ne doit pas parler. Tout doit être enterré sous le profond manteau du silence. Lorsque les députés ont été appelés à voter, nous avons obtenu l'unanimité sauf une voix. La voix d'un homme qui confessa ne pas avoir la force d'aller affronter sa communauté au village.

La deuxième joie nous est venue de l'adoption d'un texte sur la pension de réversion des femmes du secteur privé. En Côte d'Ivoire, les femmes salariées cotisent pour la retraite, mais lorsqu'elles décèdent, les conditions pour que leurs conjoints et leurs enfants accèdent à la pension sont tellement compliquées, que, généralement l'État récupère ces cotisations au détriment des ayants droit.

Plusieurs fois, les organisations de femmes avaient revendiqué une modification de ces dispositions. Depuis 2004, réparation et justice sont faites pour les femmes du secteur privé et l'action de lobbying continue pour le secteur public.

En tant que femme africaine, je supporte très mal l'étendard des fantasmes de l'obscurantisme. Je supporte très mal de faire les frais des us et coutumes lorsqu'ils sont inadaptés à notre réalité d'aujourd'hui.

J'ai choisi une fois pour toutes l'étendard de la démocratie, de la liberté, de la générosité et de tous les possibles.

Si, comme l'écrivait le poète Aragon, « La femme est l'avenir de l'homme », je demande à toutes les femmes d'adhérer aux valeurs de la liberté et de sortir des visions négatives de leur avenir et d'élever leurs enfants dans le culte de l'égalité des êtres, des Lumières de l'humanisme et de la démocratie.

« Femmes ivoiriennes, merci… »

L'action des femmes dans la reconstruction de notre pays est fondamentale. Les femmes disposent d'atouts indéniables parce qu'elles se sont depuis toujours consacrées au bonheur des leurs, parce qu'elles savent de toute éternité ce qu'est l'humilité et même ce qu'est l'humiliation. Les femmes connaissent, j'allais dire, presque viscéralement, ces valeurs qu'on appelle l'équité, le respect de la vie, l'amour du travail, l'honnêteté. Elles ont été forgées dans l'âme, par nos modes de vie anciens. Chez nous, traditionnellement la division du travail était fondée sur le genre.

Dans presque tous nos peuples, c'est à la femme qu'il revenait et qu'il revient encore de pourvoir aux besoins alimentaires et de « faire bouillir la marmite ». Elles cultivent donc les produits vivriers, elles élèvent les animaux domestiques, elles traitent les produits de la pêche et les conservent selon différentes recettes, elles garantissent la survie du foyer.

En Côte d'Ivoire, dans le domaine économique, les femmes sont plus dynamiques que les hommes. Plus entreprenantes, elles sont souvent plus sérieuses, plus opiniâtres que les hommes. Elles se découragent moins vite. Malheureusement elles ont le plus souvent moins de moyens et se retrouvent par conséquent dans de petits projets. C'est une situation qu'il faut arriver à corriger.

La Côte d'Ivoire est un pays convoité et ce sont toujours les femmes qui souffrent en premier lieu sous le joug de l'envahisseur, elles le savent ! Et elles tiennent tête ! Elles savent qu'elles n'ont pas le droit de bégayer, qu'il faut qu'elles soient à la hauteur, qu'elles éduquent leurs enfants, qu'elles leur demandent d'étudier, qu'elles leur racontent un pays. Au-delà des tribus, des ethnies, des langues, des religions et des classes sociales, un pays qui a la force des éléphants et du lion réunis.

Les hommes sont, certes, pleins de bravoure et pleins de courage, mais ils restent des hommes, c'est-à-dire des êtres qui ont souvent besoin de la femme pour avoir l'énergie, l'audace d'aller au-devant de la difficulté, la force de braver le danger.

Lorsque la guerre est arrivée, une de mes inquiétudes était qu'au bout de quelque temps on ne trouve plus suffisamment de vivres sur nos marchés et qu'on soit obligé d'aller quémander la nourriture auprès du PAM, de la FAO ou bien du PNUD pour pouvoir manger ici, en Côte d'Ivoire. Alors, j'ai organisé des rencontres avec les femmes à Abidjan, particulièrement les commerçantes du vivrier ;

je leur ai dit : « Vraiment, débrouillez-vous, mais malgré notre guerre, je ne veux pas que la Côte d'Ivoire soit obligée de ramasser des sacs de vivres qui vont tomber des avions, comme on le voit à la télévision pour certains pays ».

Les femmes ont produit et ont ravitaillé nos marchés : nous n'avons pas eu de problèmes ! Nous n'avons pas connu la honte dont les pays dits développés se plaisent à accabler les pays africains. Aujourd'hui, malgré notre guerre, nous avons même pu apporter une contribution alimentaire au Libéria après avoir soutenu l'Angola. Avec la crise alimentaire au Niger, la Côte d'Ivoire a pu se montrer solidaire des Nigériens.

Jusqu'à il y a quelques années, lorsque les parents mettaient leurs enfants à l'école, c'était les garçons qu'ils scolarisaient parce que, selon eux, ils avaient beaucoup plus de chance de réussir à l'école que les filles. Le temps a combattu une telle ineptie, il a conforté le rôle de la femme ivoirienne qui réussit dans tous les domaines. Cela a encouragé les parents à envoyer davantage leurs jeunes filles à l'école.

Aujourd'hui, à travers le monde, il y a de plus en plus de femmes qui réussissent et montrent aux hommes où se trouve le chemin de l'honneur.

Le chancelier Angela Merkel en Allemagne. Brillante victoire, au parti socialiste, de Ségolène Royal en France, portée par un extraordinaire mouvement sociologique adepte des valeurs féminines et nourri d'un désir profond de rupture et de renouveau. Depuis Hugues Capet, c'est bien la première fois que les Français envisagent d'asseoir une femme sur le trône de France.

Les femmes méritent d'occuper de plus hautes fonctions au niveau des États, en Afrique aussi. Je me réjouis de l'entrée d'Ellen Johnson Sirleaf au sein de l'Union africaine. Élue au suffrage universel au Libéria, Ellen est pour nous un grand espoir, une réelle fierté pour les femmes d'Afrique et d'ailleurs. Une grande première sur le continent africain.

Je voudrais partager avec vous ce très beau texte de Bernard Dadié, écrivain ivoirien, ancien ministre de la Culture, à propos des femmes de notre pays :

Femmes ivoiriennes, merci !

Même si nous savons d'expérience que l'innocence est le plus fragile des boucliers humains, il est, des témoignages que retient l'histoire, le plus précieux.

Femmes ivoiriennes, merci !

Vous, notre innocence et notre honneur, vous qui ne jouez pas un rôle, mais qui êtes-vous mêmes, en toute vérité et qui sans vous lasser, vous vous dressez et marchez inlassablement contre le mensonge.

Nombre d'entre nous ont subi les pires affronts sans que s'affligent les âmes sensibles de l'humanitaire.

Partout où leur pays a été menacé, les femmes ivoiriennes ont été à l'avant du juste combat.

Femmes ivoiriennes, Merci… et que Dieu nous sauve d'une mort savamment programmée.

REFONDATION DES MENTALITÉS

Une petite colline te fait arriver à une grande
Proverbe africain

Rêves de modernité

Nous avons des potentialités, nous devons créer, inventer, pour relever les défis du futur ! Je me prends à rêver d'un pays rural où, dans les champs, des parcelles sont bien découpées, bien alignées comme un damier. Où les activités sont menées avec des instruments modernes, irrigation perfectionnée, utilisation des tracteurs, récoltes mécanisées, paysans cultivés, modernes se servant des nouvelles technologies, silos dégorgeant de grains. Et je reviens à la maison.

Chez nous, en milieu rural, les femmes dominent le secteur de l'agriculture vivrière. Ce sont elles qui produisent et elles constituent 70 % des personnes qui s'investissent dans la commercialisation du vivrier. Une grande majorité est analphabète, elles sont *équipées* uniquement de leur courage, de leur vaillance, de leur volonté et de leur savoir-faire acquis sur le tas. Elles savent, pour la plupart d'entre elles par tradition coutumière, à quel moment il faut faire la récolte pour mieux la valoriser, comment conserver les produits pour qu'ils ne se détériorent pas. Mais elles n'ont pas les moyens de stocker les produits ni d'acquérir des véhicules. Que font-elles alors ?

Les produits sont transportés en vrac, vendus rapidement sur le marché afin d'en perdre le moins possible. Des études mentionnent une perte de 20 à 30 % des denrées. Il faut, par conséquent, non seulement moderniser les techniques culturales mais prévoir aussi des infrastructures afin de recueillir, conditionner et stocker les produits. En aval, des usines doivent de plus en plus transformer ces produits.

Il faut encadrer les femmes et promouvoir leurs activités, lever les entraves qui limitent leur accès au crédit, à la propriété foncière, aux technologies appropriées. Bref, il faut leur apporter une formation, un encadrement technique et financier.

Je rêve d'une société d'abondance où la sécurité alimentaire est assurée.

Or chaque année, pour fêter Noël, on aime acheter des poulets pour le repas de fête. Ces poulets-là jadis étaient élevés en Côte d'Ivoire. On les appelle *des poulets bicyclettes* parce que élevés en plein air, ils ont une chair maigre et dure comparée aux *poulets de chair* élevés dans les fermes de type occidental. Le *poulet bicyclette* est plus adapté pour une cuisson en sauce et donc plus apprécié par le plus grand nombre de ménages, que le poulet de chair qui convient mieux aux grillades. Aujourd'hui au moins une bonne moitié de ces volailles nous vient du Burkina Faso. Or, il est incontestable qu'au Burkina Faso, pour disposer d'autant de poulets à vendre en Côte d'Ivoire, les paysans n'ont pas construit des élevages modernes, à plusieurs millions de francs chacun, Non !

Là-bas, ce qu'on trouve essentiellement ce sont des élevages de type traditionnel. Ils ont une technique de reproduction qu'ils ont bien maîtrisée et qui leur permet d'optimiser leur rendement. De plus là-bas ils n'ont pas la guerre pour déstructurer leurs activités. Nous pourrions réussir ces mêmes activités chez nous. Mais, dans ce dessein, il suffirait de changer nos mentalités, notre conception de la vie.

Aujourd'hui ce que beaucoup de nos enfants attendent, c'est un bureau à Abidjan alors qu'il suffirait de changer d'ambitions. Le chômage augmente, le travail est là, à notre portée, et les étrangers s'enrichissent dans notre pays, et nous, nous restons pauvres chez nous.

À Bonoua, une ville du Sud, des jeunes déscolarisés ont découvert que le travail de pousse-pousse dans les marchés pouvait procurer autant d'argent que le travail de bureau. Si nous voulons valoriser nos ressources, si nous voulons transformer notre culture, alors il faut que nous modernisions nos mentalités. Il faut que nous changions nos échelles de valeur.

Il faut que nous dressions les priorités avec le souci de maximaliser les compétences, les expertises, toutes les ressources.

Les bases de la décentralisation ont été jetées. Au plan formel, les communes sont créées, les conseils généraux sont créés, les conseils régionaux seront créés. Mon souhait tout simple, difficile je pense à comprendre pour un ressortissant de pays riches, c'est que lorsque je passe dans un village, j'y sois accueillie par des poules, des coqs, des poussins. Cela voudrait dire que les poulets de notre consommation viennent des villages de Côte d'Ivoire. Mon souhait, c'est que nous puissions manger à notre faim et vendre des vivres à Bamako, Sikasso, Dakar, Niamey, Paris, Pékin, etc. La famine frappe à toutes les portes, il faut tout faire pour qu'elle ne pénètre jamais chez nous !

Si tu aimes le miel, ne crains pas les abeilles
Proverbe sénoufo

Haut les cœurs !

Ce n'est pas au moment où les vagues sont les plus hautes que les piroguiers doivent cesser de ramer
Proverbe africain

Une patrie, c'est une histoire commune et un avenir commun. L'histoire, on n'y peut pas grand-chose. L'avenir, c'est une question de volonté.

Ce fameux 26 octobre 2000, en évoquant nos combats et notre histoire, en regardant fièrement Laurent, je ne cessais de me répéter : comment faire en sorte que chacun se sente citoyen dans notre pays et se sente concerné par la vie publique ?

Comment satisfaire cet immense espoir, cette immense attente que nous sentons lever dans les cœurs de ces milliers d'êtres qui nous ont portés à la magistrature suprême ? Comment effacer les détresses des chômeurs et des « compressés » ? Où trouver les tables bancs pour ensemencer les rêves des tout-petits ? Où trouver la fée qui, d'une baguette efficace, va faire surgir en un temps record les maternités, les hôpitaux et les rubans de routes asphaltées ?

L'école, le logement, le droit à la santé, le développement économique et culturel sont des portes essentielles. Le temps était venu de retrousser nos manches à notre tour pour créer, pour faire exister !

La société ivoirienne était arrivée à une croisée des chemins, un nouveau monde sur le pas de notre porte. Il fallait faire nôtre ce nouveau décor, retrousser nos manches, faire fi des anciennes querelles et se battre tous ensemble pour que ce nouveau monde se bâtisse avec un ciment, mêlé des cœurs de tous et de l'intelligence de tous. Je sentais cependant qu'il fallait faire vite !

C'est un seul homme qui tue l'éléphant,
mais c'est tout le village qui le mange.
Proverbe bété

Ouvrir les consciences vers l'extérieur, apprendre des valeurs de solidarité, favoriser le dialogue social. Nos actions devaient avoir pour but immédiat de rétablir le lien entre les ethnies et de faire comprendre un peu mieux aux uns et aux autres qu'ils étaient des citoyens à part entière et qu'ensemble, ils étaient responsables de cette démocratie.

La tâche était gigantesque mais l'enthousiasme et la foi demeuraient inébranlables. Nous étions tous dans la main de Dieu et c'est à Lui que je confiais mes espoirs.

Je savais que nous étions sur le bon chemin. J'étais plus que jamais sûre et certaine d'une chose : « Là où il existe le courage et la volonté, il existe un chemin ! »

Réconcilier pour mieux refonder

Nous étions également confrontés à un défi majeur : celui de l'unité nationale et de la réconciliation.

Nous devons guérir les rancœurs qui ont jalonné trente ans de parti unique et dix ans d'un processus démocratique chaotique. Nous devons panser les blessures des dix mois de la transition militaire. « *Il n'y a point de salut pour notre pays et pour notre peuple en dehors de la voie de la paix et de la concorde nationale* », disait Laurent dans son manifeste.

Un pacte de stabilité sociale était nécessaire à la croissance économique.

Les défis auxquels est confronté notre pays et les enjeux de ce nouveau millénaire exigeaient une démarche politique appropriée, fondée sur l'ouverture, la tolérance et le dialogue.

Premier acte : la formation d'un gouvernement de large ouverture. À la réunion de Yamoussoukro qui s'était tenue en 2000, tous les leaders convinrent, à la demande de Laurent, que le gagnant des prochaines élections présidentielles associerait les autres candidats au pouvoir, de façon que le pays se stabilise et organise sa relance dans un mouvement d'ensemble homogène.

Ne dit-on pas que l'union fait la force ?

Le Roi David dans le psaume 133 nous enseigne :
Voici, ô ! qu'il est agréable, qu'il est doux
Pour des frères de demeurer ensemble ! (...)
Car c'est là que l'Éternel envoie la bénédiction,
La vie, pour l'Éternité .

Laurent a cru ferme à cette Parole.

Dès qu'il a été élu, il a demandé à chaque leader de parti de lui donner des noms, afin de former un gouvernement de « large ouverture ». Le PDCI, le PIT, Robert Gueï, tous ont répondu à son appel, sauf le RDR. Laurent a commencé alors à travailler tout en continuant les efforts de réconciliation interne de la société.

Deuxième acte : la trêve sociale. Négociée de main de maître par le ministre de l'Intérieur Boga Doudou et le ministre du Travail et de la Fonction publique Hubert Oulaye, le gouvernement obtient la suspension de tous les mots d'ordre de grève, de toutes les revendications corporatistes, le temps que le pays reprenne son souffle et s'engage fermement dans les réformes qui s'imposent.

Troisième acte : l'organisation d'un « Forum de réconciliation nationale ».

Le forum de réconciliation nationale

Le 9 octobre 2001 et pendant trois mois, un grand forum de réconciliation nationale se tient à Abidjan. Il est convoqué par Laurent Gbagbo, lui-même.

Il l'avait déjà promis en 2000, bien avant les élections. Il avait promis que s'il remportait les élections, il organiserait ce forum de réconciliation, tout simplement, parce qu'il considérait que le bien-être du peuple ivoirien passait par la réconciliation de ses membres.

La politique ne devait pas être un moyen de division des populations.

Or, la gestion monolithique du pouvoir par le PDCI, les actions de pression contre l'ancien parti unique pour obtenir le multipartisme, l'implosion du vieux parti unique, le conflit entre Konan Bédié et Ouattara, les imprécations et harangues de Ouattara lui-même, les meurtrissures et exactions de la junte militaire avaient creusé des sillons dans le tissu social et semé déjà les graines du déchirement interne.

Il paraissait impérieux à Laurent de créer les conditions d'un exorcisme collectif incluant et les populations et leurs leaders politiques, les autorités confessionnelles, les hommes de loi, les hommes de presse et de communication, les ONG et autres associations. Même les ressortissants de pays étrangers en Côte d'Ivoire ont pu s'exprimer en toute liberté.

Tout nouvellement élu, Laurent n'était comptable d'aucun des griefs exprimés dans la société. Il se trouvait en position privilégiée pour convoquer ce Forum.

Laurent invita donc, Henri Konan Bedié, ancien président renversé par les militaires, en exil en France, à revenir en Côte d'Ivoire, pour dire sa parole de vérité, « la parole de sa bouche », et pour accepter de tirer un trait sur le passé. Il invita Robert Gueï, le général putschiste, réfugié dans son village, à venir prendre la parole, en retournant dans la République. Alassane Ouattara n'arrêtait pas d'affirmer que sa candidature avait été refusée parce qu'il était musulman et du Nord. Laurent l'invita donc à venir parler, de façon que s'ouvre une voie républicaine de traitement de ses problèmes et qu'ainsi le pays ne soit plus inutilement « mélangé ». Ils vinrent tous, après quelques mois de tractations.

Le forum se tint, dirigé par un fils musulman du Nord, un de ceux-là même qui affirmaient avoir tellement de reproches à adresser à la République, M. Seydou Diarra. Aucune censure. Les discours étaient retransmis en direct à la radio et à la télévision, toute la population, pendant trois mois, vécut au rythme des débats du forum de la réconciliation. L'objectif poursuivi ici, n'était en aucun cas la reconnaissance de la nationalité d'Alassane Ouattara. Lorsque la question a été abordée, il a été invité à se présenter devant les tribunaux afin de suivre la procédure normale y afférente.

Tout le monde s'est exprimé. Toutes les questions ont été soulevées, toutes les rancœurs, anciennes et nouvelles, formulées.

Mais le Forum a-t-il apporté l'apaisement et la

réconciliation ? Chacun a pu parler, c'est vrai. Les leaders en exil étaient revenus. C'était la première fois que Konan Bédié foulait à nouveau le sol ivoirien depuis son départ précipité pour le Togo et la France, en décembre 1999. Mais tout le monde n'a pas trouvé l'apaisement. Et je crois, pour ma part, que cela a été en grande partie de la faute de Seydou Diarra et de son équipe. Ils ont eu peur que les accusations ne dégénèrent en procès. Ils n'ont pas su trouver les chemins pour conduire, les uns et les autres, à la repentance.

Cependant ces échanges nationaux apportèrent une véritable chute de tension dans la société.

Il avait été bon de parler ensemble.

Huit mois après le forum de réconciliation nationale le 5 août 2002, Laurent formait, avec son Premier ministre Pascal Affi N'Guessan, un nouveau gouvernement d'union, le deuxième, qui réunissait cette fois, toutes les forces politiques du pays y compris le RDR.

Laurent se laissa gagner par la conviction que chacun des leaders allait désormais faire un effort pour que la Côte d'Ivoire s'engage durablement dans l'unité et la paix.

C'était compter sans Ouattara. Lors d'une rencontre avec les maires RDR, Alassane Ouattara déclara qu'il n'attendrait pas 2005 pour devenir président de ce pays. Ses partisans, annonça-t-il, devaient se préparer à se battre : il allait « mélanger » le pays !

Son quotidien *Le Patriote* publia une carte qui divisait en deux la Côte d'Ivoire. La carte même que réalisera la rébellion un an plus tard…

Nos résultats les effraient

Plus j'y pense, plus je crois qu'on a dû leur faire très peur. Nous voulions réellement sortir le pays de l'ornière. Nous avions un vrai programme, nous voulions la liberté et la justice pour le peuple de Côte d'Ivoire. Nous n'étions pas achetables !

Et voilà pourquoi nous leur avons fait peur. Nous n'étions pas avides de pouvoir ni d'argent. Ce qui nous intéressait, c'était de remplir notre mission au service de notre pays.

Rien n'est plus redoutable pour les marchands d'illusions et de spectacle que de véritables convictions.

Rien n'est plus redoutable pour des corrupteurs déguisés en hommes d'État que des hommes et des femmes de bonne volonté. Rien n'est plus dérangeant pour des hommes avides de pouvoir et d'argent que des hommes et des femmes épris d'idéal qui n'en sont pas moins pragmatiques et savent en quoi consiste l'intérêt de leur pays. Ces gens nous croyaient manipulables à souhait. Ils découvraient que ce n'était pas le cas.

Tous ces grands marionnettistes se sont réveillés au lendemain de ce jour merveilleux que fut pour moi, pour nous, le 26 octobre 2000, avec un goût d'amertume dans la gorge.

Laurent Gbagbo ne serait pas leur chose, leur objet, il ne serait jamais à leur solde ! Voilà qui dérangeait leur jeu et risquait de semer la panique dans toute l'Afrique de l'Ouest !

Le tout nouveau président de la République semblait vouloir ouvrir une nouvelle page de l'histoire de la Côte d'Ivoire. Il voulait un État libre et responsable.

Il engagea ses chantiers avec courage, détermination et opiniâtreté.

Horreur pour tous les crocodiles qui s'agitaient depuis des siècles dans le marigot de la Côte d'Ivoire ! Les élections législatives de décembre 2000 ne sont pas truquées et donnent des résultats évocateurs : 96 députés pour le FPI, 77 pour le PDCI de Konan Bédié, 16 pour les indépendants, 4 pour le PIT de Francis Wodié, 1 pour le MFA d'Anaky Kobenan, 1 pour l'UDCY de Mel Théodore, 1 pour le RDR d'Alassane Ouattara.

Soit un total de 196 députés et 29 postes à pourvoir au Nord, où les élections n'avaient pas pu se tenir. Elles le seront très peu de temps après.

Effectivement le 10 décembre, à la fin de ce processus électoral, le FPI conservera ses 96 sièges sur 223, le PDCI de son côté en comptera 98. Le RDR, malgré sa décision de boycotter ces élections, comptabilisera cinq représentants élus sous sa bannière. Afin de travailler avec aisance au Parlement, le FPI constitue avec les députés UDPCI une alliance majoritaire.

Laurent Gbagbo était vraiment dérangeant, malgré les bâtons dans les roues, malgré l'horreur de la calomnie, il appliquait son programme et il avançait !

Le transfert de la capitale d'Abidjan à Yamoussoukro est devenu une réalité.

Voilà qu'après le président malgache, Marc

Ravalomanana, Laurent Gbagbo contribue à faire émerger une nouvelle race de dirigeants en Afrique, une race d'hommes libres qui, comble des combles, veulent avant tout le bonheur de leur peuple !

En très peu de temps les résultats sont là et très positifs.

Le 30 janvier 2002 la Côte d'Ivoire conclut avec la Banque Mondiale un crédit relais dit *Bridge Financing* d'un montant de 445 millions de dollars, soit 310 milliards de francs CFA, levant du coup la suspension des décaissements sur les opérations en cours. 200 milliards sont affectés à 11 projets qui concernent les secteurs de l'éducation, la santé, l'agriculture, les finances et les infrastructures. L'ouverture d'un crédit de relance économique (CRE) d'un montant de 150 milliards de francs CFA va permettre au gouvernement d'aider à soutenir la croissance économique. 30 milliards de francs CFA vont également être affectés au programme sectoriel de lutte contre le VIH-SIDA.

Le 18 février 2002 le conseil de l'Union européenne décide de la reprise totale et sans conditions de sa coopération avec la Côte d'Ivoire. Cette décision permettra la mise en œuvre normale des instruments de la coopération communautaire y compris le 9e Fonds Européen de Développement (FED) qui sera d'un montant de 264 milliards de francs CFA sur la période 2001-2004. La Côte d'Ivoire bénéficiera des ressources spéciales réservées à la coopération régionale et une facilité d'investissement gérée par la Banque Européenne d'Investissement (BEI) et des ressources de cette banque.

Le 27 mars 2002, le FMI, satisfait des autorités ivoiriennes, décide d'octroyer une rallonge financière à la Côte d'Ivoire. Le montant du prêt qui est de 300 milliards de francs CFA sur trois ans s' inscrit dans le cadre de la facilité pour la réduction de la pauvreté et la croissance (FRPC).

C'est fabuleux, on n'en espérait pas tant !

La Côte d'Ivoire obtient également l'instruction très favorable de son dossier à l'initiative des pays pauvres très endettés (PPTE) qui permet une réduction très sensible de la dette extérieure publique des pays éligibles.

Le 3 avril 2002 la Banque Africaine de Développement (BAD) décide de reprendre sa coopération avec la Côte d'Ivoire en lui allouant une enveloppe financière de 172 milliards de Francs CFA.

La BAD ne tarira pas d'éloges à l'endroit de la Côte-d'Ivoire : « La Banque salue les efforts de la Côte d'Ivoire qui, en dépit de la situation difficile, a pu régler les arriérés vis-à-vis des institutions internationales, y compris la BAD. Elle félicite le gouvernement de la Côte d'Ivoire pour le succès du programme intérimaire et la conclusion d'un programme triennal avec les institutions de Brettons Wood dont la mise en œuvre permettra au pays de renouer avec la croissance et réduire la pauvreté. La Banque lui apportera tout son soutien ».

Le Club de Paris a également réagi ; il décida de rééchelonner la dette ivoirienne afin de la rendre beaucoup plus supportable. Le produit intérieur brut (PIB) qui avait reculé en 2000 à – 2,3 % s'était légèrement amélioré pour s'établir à – 0,9 % en 2001. Et la barre de 3 % était prévue pour 2002 par tous les partenaires de la Côte d'Ivoire.

La Côte d'Ivoire allait être admise à l'AGOA (African Growth Opportunity Act).

Le Fonds Africain de Développement (FAD) octroya 3,5 milliards de francs CFA à la Côte d'Ivoire au titre des fonds d'assistance technique pour financer le projet d'appui au Programme National de Bonne Gouvernance et de Renforcement des Capacités (PNBGRC).

Tout le monde nous soutenait, tout le monde y croyait.

Nous leur avons fait peur, j'en suis sûre !

Tout allait très vite et nous suivions à la lettre notre programme. Il n'était pas question de fausses promesses électorales mais d'un vrai désir de réussite. La Côte d'Ivoire était en train de se donner les moyens de s'assumer. Elle allait pouvoir échapper aux réseaux d'influence, patiemment tissés depuis des décennies par les « araignées de l'ombre ». Elles ont pris terriblement peur, elles n'ont pas pu le supporter ! Nos adversaires ont vu s'éloigner irrémédiablement la « chaise du pouvoir » ; cela a semé en eux une panique irrépressible et ils ont rué dans les brancards.

« Et voici la guerre » comme on dit chez nous !

SIXIÈME PARTIE

LES ANNÉES DE BRAISE

UN MACHIAVÉLISME HALLUCINANT

Sang, ô sang noir de mes frères, vous tachez l'innocence de mes draps, vous êtes la sueur où baigne mon angoisse, vous êtes la souffrance qui enroue ma voix.
Léopold Sédar Senghor

Le navire Ivoire sortait tranquillement des eaux tumultueuses des années troubles. L'assurance, la confiance et l'espoir s'étaient réinstallés à demeure. Et puis, brusquement dans la nuit du 7 au 8 janvier 2001, coup de semonce, des troupes armées ont attaqué la radio et la télévision. Nos forces de défense et de sécurité les en débusquent rapidement. Morts, arrestations, interrogatoires, procès, emprisonnements ! Une fois encore, entremêlés, on retrouve des nationaux proches de Ouattara, des militants du RDR et des mercenaires étrangers venus pour la plupart du Burkina Faso. Ils sont facilement identifiables par leur accent. Ils sont obligés de demander leur chemin aux passants. Ce jour-là, il se produisit un saut de vent, mais la tempête s'éloigna.

Et la vie reprit son cours normal. Les négociations diplomatiques souterraines et officielles s'engagèrent principalement avec l'État du Burkina Faso. Dans ce pays se créaient déjà des camps d'entraînement des futurs combattants qui viendront à nouveau attaquer mon pays dans la nuit du 18 au 19 septembre 2002.

Le 1er août 2002, Balla Keita, partisan de Robert Gueï, logé par le président Compaoré dans le quartier VIP Ouaga 2000 à Ouagadougou, était lâchement assassiné. Il semblerait qu'au cours d'une réunion entre comploteurs pour décider des dispositions du coup d'État à venir, il avait eu le malheur de vouloir imposer Robert Gueï contre Ouattara, en cas de réussite de leur putsch.

C'était un signe annonciateur du caractère violent et sordide des évènements que nous allions connaître bientôt. Sans aucune vergogne, le pouvoir burkinabé et certains parents de Balla Keïta accusèrent Laurent d'être le commanditaire de ce meurtre. Pauvre Laurent !

Aujourd'hui, la tentative de coup d'État de septembre 2002 a eu lieu. Elle a échoué, mais le pays est à moitié occupé par des rebelles en armes, adulés, soutenus par des membres éminents de la communauté internationale. Lorsque froidement, avec du recul, on examine la succession des événements, on découvre un machiavélisme hallucinant, indicible. Arrêt sur images !

IDENTIQUE CHEMINEMENT POUR DIFFÉRENTS COUPS D'ÉTAT

On ne craint pas la nuit, mais les rôdeurs
Proverbe rwandais

C'est fou les similitudes que l'on découvre lorsqu'on met côte à côte les différentes tentatives de coups d'État que nous connaissons en Côte d'Ivoire depuis 1990. Je veux parler des mutineries de 1990, du coup d'État du 24 décembre 1999 et de la tentative de coup d'État du 19 septembre 2002.

Les mêmes démarches. Les mêmes techniques communicationnelles.

Essayons ensemble de mettre à la lumière les méthodes utilisées.

On peut distinguer globalement trois grands moments dans le scénario utilisé.

Le leurre

Dans le premier temps du scénario les instigateurs brandissent un leurre.

Ils mettent en avant un groupe social précis, des militaires, avec des revendications qui sont également d'ordre social, professionnel et financier. Ces revendications soulèvent des problèmes qui existent effectivement.

En 1990, il s'agissait des appelés, qui refusaient d'être démobilisés. Ils sont descendus dans la rue avec leurs fusils, ils ont tiré en l'air. Ils se sont emparés de la télévision et de la radio. En 1999 c'est le contingent d'Ivoiriens affectés en Centrafrique qui revendiqua les primes non payées par les supérieurs. Même topo, ils sont descendus dans les rues, ils ont tiré en l'air, ils se sont emparés de la télévision, de la radio et de l'aéroport. En 2002, ce sont les *Zinzins* et les *Bayéfoués* qui refusent la décision de démobilisation prise par le gouvernement Gbagbo. Ils descendent dans les rues, attaquent en pleine nuit, tuent un ancien chef d'État, des officiers et un ministre et s'emparent de plusieurs camps militaires à Bouaké.

Ces arguments corporatistes ont l'avantage de camoufler les objectifs réels poursuivis par les instigateurs ou commanditaires. L'affaire n'est pas criminelle, en apparence. Elle n'est pas politique. On pourra donc facilement tromper la vigilance des tenants du pouvoir. Et pour la population, comme pour l'observateur étranger, il s'agit d'une affaire banale, d'un simple fait divers.

Il peut se trouver que le litige ne connaisse pas d'autres

développements, alors le commanditaire restera camouflé.

En 1990, il restera camouflé. Le président Houphouët-Boigny, en accédant rapidement aux revendications politiques et professionnelles de toute la société, par la proclamation du multipartisme, l'intégration des jeunes militaires à l'armée de métier, coupe, visiblement, l'herbe sous les pieds de ces hommes de l'ombre.

Bas les masques : bonjour les revendications politiques !

Dans le second temps du scénario, la première partie étant gagnée, le pouvoir est déstabilisé, les instigateurs décident alors de jeter le masque et annoncent leurs véritables objectifs qui sont, essentiellement d'ordre politique et qui concernent la prise du pouvoir par la force.

Lors du coup d'État de 1999, Robert Gueï caché derrière les « jeunes gens », apparaissait brusquement sur l'écran de télévision pour annoncer qu'il était désormais chef d'État et que Bédié était chassé du pouvoir.

En 2002, le mouvement rebelle MPCI (Mouvement Patriotique de Côte d'Ivoire), depuis Bouaké, revendiqua, par la bouche de Soro Guillaume, la paternité du coup de force et exigea le pouvoir d'État.

En 1999, les putschistes avaient réussi leur coup et pris le pouvoir. L'action ne connut donc pas d'autres développements. Aucun autre masque ne tomba. Bien sûr, par moments, on entrevoyait de façon fugace, les silhouettes d'autres acteurs, mais il n'y aura pas de révélation véritable.

En 2002, par contre, même à cette seconde étape, les instigateurs échouent. Le pays s'installe alors dans la guerre, il est coupé en deux. Et l'on s'engage alors dans le troisième temps du scénario.

L'entrée en scène des vrais commanditaires…

Moment précieux, moment instructif, il révèle que l'instigateur qui avait jeté le masque à la deuxième étape n'était lui-même qu'un leurre. Le général Gueï tout comme Soro Guillaume ne sont que des leurres. Il faut chercher plus profond les vrais commanditaires. Tout d'abord, on découvre que cette dernière tentative de putsch n'est rien d'autre que la continuation du coup d'État de 1999. Les vrais commanditaires d'hier n'ont pas pu atteindre leurs objectifs. Ils sont demeurés tapis dans l'ombre. Silhouettes fugaces et peureuses, le courage leur fait défaut pour porter publiquement le manteau de putschiste et d'assassin. Il se dessine alors une grosse nébuleuse avec, derrière, une véritable coalition, des alliés à l'intérieur du pays et des alliés à l'extérieur ; avec des soutiens matériels, financiers, logistiques plus nombreux à l'extérieur du pays qu'à l'intérieur, avec des troupes levées en plus grand nombre à l'extérieur qu'à l'intérieur du pays.

Au cours de cette troisième phase, le pouvoir attaqué, c'est-à-dire la victime, est transformé en agresseur, et l'agresseur, c'est-à-dire la rébellion, en victime. Tout un arsenal médiatique pré-positionné de longue date est mis à la disposition des agresseurs. Une campagne de diabolisation du pouvoir, de manipulation de l'opinion, est engagée avec l'aide d'ONG, parfois créées ou financées pour les besoins de la cause, de médias internationaux et d'organisations humanitaires. Alors « les révélations » se succèdent : l'utilisation d'enfants esclaves dans les plantations de cacao, le charnier de Yopougon, « poudrière identitaire », l'ivoirité, la xénophobie, les escadrons de la mort, l'affaire Kieffer, les déchets toxiques... Et là commencent les pressions, les intimidations de toute nature allant jusqu'aux sanctions de l'ONU.

En Côte d'Ivoire, l'État ivoirien agressé militairement est interdit d'acheter des armes pour sa défense ! ! ! Il est frappé d'embargo et c'est la France, l'alliée des rebelles, qui est chargée de contrôler l'application de cet embargo. C'est également elle qui introduit les projets de résolution de la crise au Conseil de sécurité de l'ONU.

En quoi est-ce choquant que la France soit juge et partie ? Qui cela dérange-t-il ?

En est-on à une incongruité, à une aberration près, dans cette crise ivoirienne ?

LE REVERS DE LA MÉDAILLE

Le mensonge prend l'ascenseur
quand la vérité prend l'escalier.
Proverbe africain

Dès l'arrivée de Laurent au pouvoir, au moment même où il s'installait à l'avant poste de direction de ses chantiers, « les araignées de l'ombre » ont commencé à tisser leur toile. Tant de calomnies ! Tant de haine ! Tant d'acharnement ! Tant de crimes !

Ils ont commencé par des actions médiatiques. Ils ont diffusé leur prosélytisme, utilisé les médias internationaux, principalement français. Ils instillent les mensonges depuis fort longtemps.

Prenons à titre d'illustration le charnier de Yopougon.

Vrai faux charnier de Yopougon

Souvenons-nous qu'après l'achèvement du décompte des voix, avant même que Laurent ne soit proclamé président, les partisans du Rassemblement des Républicains (RDR) organisèrent des manifestations violentes dans les rues.

À la fin des trois journées d'affrontements qui suivent les élections du 22 octobre, on dénombre plus de trois cents morts dans les rues.

Dès le vendredi 27 octobre, le lendemain de la prestation de serment de Laurent, j'entreprends une tournée des hôpitaux pour saluer tous les blessés. Des centaines de personnes ! Horrible spectacle ! Révolte et humilité.

Cela fait trente ans que je fais de la politique, c'est la première fois que je vois ça. Le diable en personne s'est incarné dans notre pays. Des jambes arrachées par des obus, des abdomens troués par les balles des fusils, des crânes fracassés par des chaînes à vélo ou des barres de fer.

Ciel ! le Seigneur Dieu m'a protégée, il m'a mise au large. Lui dire merci et continuer le combat sans désemparer. Toute la journée avec quelques amis et quelques dames, nous parcourons les six hôpitaux et cliniques qui ont reçu les blessés.

En fin d'après-midi, au CHU de Yopougon, je me souviens d'avoir été approchée par un jeune homme qui veillait un des blessés. Il me dit : « Madame la Présidente, je voudrais vous dire quelque chose de très grave. Dans la forêt du Banco, j'ai découvert une trentaine de corps, déjà en début de putréfaction ». Je l'ai d'abord pris pour un affabulateur, mais il semblait très sérieux. « Es-tu capable de retrouver ce coin et de l'indiquer à quelqu'un que je te désignerais ?

- Oui, Madame ».

Alors, m'adressant au directeur du CHU qui m'accompagnait dans ma visite : « Docteur, étant donné que nous arrivons à la fin de notre visite, est-ce que vous pourriez, toute affaire cessante, accompagner ce jeune dans la forêt du Banco, pour constater vous-même l'existence de ces cadavres ? »

Une heure après, le directeur me rappelle et me rend compte de son constat. Il a bel et bien trouvé plus d'une quarantaine de corps en début de putréfaction à l'endroit indiqué.

J'informe aussitôt Laurent, tout nouveau président de la République, qui était en train de tenir sa première réunion avec son Premier ministre. Il venait lui-même d'être informé, curieusement, par une dépêche de la presse française et non par la gendarmerie ni par la police.

En effet, l'AFP dans une dépêche venait d'attribuer ces morts à Laurent Gbagbo et à son équipe. La nouvelle, un mensonge éhonté, a fait le tour du monde !

Qui a fait passer ce communiqué ?

Qui est susceptible d'être aussi machiavélique et d'utiliser toutes les ressources de l'information pour déstabiliser un pays ?

Laurent qui venait à peine d'être élu n'avait la

mainmise sur rien et encore moins sur l'armée. Il était en train de constituer son gouvernement.

Comment aurait-il pu dans le même temps envoyer l'armée tuer des gens ? Soyons raisonnables !

Mais l'évidence ne dérange personne.

Qui donc a informé l'AFP ? Et pourquoi ce monsieur X a-t-il choisi d'informer la presse étrangère plus tôt que la police nationale ?

Vous-même, devant une telle découverte, quel aurait été votre réflexe ? Téléphoner aux journalistes étrangers ou appeler la police ?

Laurent, lui, donnera immédiatement des ordres à la police et à la gendarmerie. Ils vont dresser les constats et enlever les corps pour les faire conduire à la morgue.

Il s'agit de cinquante-neuf cadavres. Tous torses nus. À terre sur place, les gendarmes ramassèrent beaucoup de douilles. Très vite, l'enquête établira que ces morts n'avaient pas été tués sur place mais transportés en ces lieux. Les traces de pneus de camions l'attestaient clairement.

De plus, les examens médico-légaux qui s'ensuivirent montraient des impacts de balles sur une dizaine de personnes et ces impacts-là avaient saigné, mais sur plus de quarante corps, les impacts de balles n'avaient pas du tout saigné. Ce qui signifie en clair, pour ces derniers, que des balles avaient été tirées sur des personnes déjà mortes. D'où la présence des douilles sur place.

Par ailleurs, certaines de ces personnes étaient sûrement mortes par noyade, étant donné qu'on avait trouvé de l'eau dans leurs poumons.

Tous ces cadavres semblaient visiblement avoir été volontairement placés là, en évidence, afin qu'on les découvre rapidement.

Ils avaient dû être tués lors des différentes bagarres de rues, quelques heures avant que Laurent ne prête serment. Il n'était pas encore président.

Dès le lendemain, le RDR revendiquait ces morts et affirmait que c'étaient des « militants musulmans » issus de ses rangs. Mais, fait étrange, personne n'est jamais venu réclamer les corps de la cinquantaine de morts de Yopougon.

Ils sont restés à la morgue pendant des années, aux fins d'être identifiés. Seule une dizaine parmi eux seront reconnus et enterrés par des parents.

Alors, quand je repense à tout ça, à ce lynchage médiatique, à toute la campagne de dénigrement qui a été orchestrée sur RFI comme sur TV5, aux accusations terribles qui ont été portées contre le président Gbagbo, moi-même, son régime, ses camarades, je me demande comment ces dirigeants du RDR ont pu reconnaître leurs militants dans ces cadavres en décomposition, alors qu'ils n'avaient pas été capables de donner les identités de ces mêmes cadavres.

On apprendra par la suite que ce charnier avait été monté de toutes pièces pour soutenir la campagne de diabolisation faite contre Laurent Gbagbo.

Les morts de Yopougon ont fini par être enterrés plusieurs années après.

Jusqu'à ce jour personne n'a pu dire qui ils sont ni d'où ils viennent.

L'orchestration de la calomnie se mit en marche. On

raconta qu'il s'agissait de musulmans afin d'exacerber davantage les tensions.

Retenons les mots de Laurent dans une intervention improvisée le 1er mars 2003 à propos de ce *vrai faux charnier de Yopougon* : « On dit que Gbagbo est contre les musulmans, mais pourquoi ? Je n'en sais rien. (…) Tous ceux qui sont morts sont-ils musulmans ? Des cadavres, tu connais la religion des cadavres ? Des gens sont allés découvrir la religion des cinquante-neuf corps, des cadavres non identifiés ! »

RFI ira même jusqu'à diffuser l'interview d'un Ivoirien, réfugié en Belgique et qui prétendait avoir été jeté dans le charnier de Yopougon. Cet homme racontera qu'il a fait le mort, tandis qu'on tirait sur les corps qui tombaient sur lui.

Si vite rendu en Belgique !

Comment a-t-il pu obtenir, dans un délai aussi court, un visa pour l'Europe ?

Faux témoignage certes, mais avec l'aide des médias, le monde entier va y croire! C'est ce qu'on appelle un lynchage médiatique.

Les morts inconnus dataient en fait des massacres perpétrés par les militaires de Gueï et des attaques des patriotes par des éléments du RDR du jeudi 26 octobre. À ces moments-là, d'un déplacement à l'autre, Laurent se cachait dans le coffre d'une voiture : il n'avait encore aucun pouvoir et ne commandait personne.

Et pourtant ils lui ont imputé la responsabilité du charnier.

Le coup du charnier est efficace en faveur de toute cause, bonne ou mauvaise. Le premier pays qui est tombé derrière le rideau de fer, c'est la Roumanie, ouvrant la voie à la chute du mur de Berlin. Des cinéastes ont filmé une répression sur la grand-place de Bucarest avec des blessés et quelques morts, mais ils ont aussi reconstitué un charnier par des cadavres apportés dans un champ. Le tout bien monté faisait croire à un carnage énorme. L'opinion publique locale s'est vengée immédiatement sur ses dictateurs avec l'appui de l'opinion internationale.

Peu après, une fois l'objectif atteint, c'est-à-dire faire tomber le rideau de fer, le cinéaste avoua sa simulation en prétextant que c'était pour la bonne cause. Comment peut-on avec un faux document ainsi manipuler l'opinion en toute impunité ?

Les « araignées de l'ombre », elles, utilisant une méthode déjà éprouvée, ont récupéré une cinquantaine des trois cents cadavres qui jonchaient les rues d'Abidjan à l'issue des trois journées de combat et constitué ce fameux charnier. Benoît Scheuer et ses commanditaires organisèrent dès lors une campagne de communication intense avec l'appui de médias et d'ONG mobilisés pour la circonstance.

« Côte d'Ivoire poudrière identitaire »

Le Belge, Benoît Scheuer, fera un film sur le faux charnier de Yopougon : *Côte d'Ivoire poudrière identitaire* .

Ce film de 97 minutes a été tourné en Côte d'Ivoire, entre octobre 2000 et avril 2001. Il a pour objectif de retracer l'origine, la dynamique et les dramatiques conséquences du concept d'ivoirité.

Scheuer déclarera *urbi et orbi* que son film a été réalisé pour empêcher un génocide en Côte d'Ivoire.

« La violence identitaire basée sur un concept fabriqué de toutes pièces *l'ivoirité* et les logiques d'exclusion sont à l'œuvre. Nous les avons mises en évidence dans un film, basé sur une longue enquête sociologique, réalisée à travers des centaines d'entretiens et des analyses des récits médiatiques commencés sur place en octobre 2000… trois millions de Burkinabés vivent dans le pays et risquent d'être désignés à la vindicte populaire sinon aux massacres… « Prévention génocide » affirme que si les appels à la haine ne cessent pas, on risque d'assister à une émigration massive d'une partie des trois millions de Burkinabés vivant en Côte d'Ivoire vers leur pays d'origine, ce qui créerait des problèmes insurmontables dans cet État qui est parmi les plus pauvres au monde… » Cette déclaration a été publiée comme publireportage dans le journal belge *Le Soir* du jeudi 10 octobre 2002.

Des images d'Hitler et du Rwanda et des interviews obtenues en prétendant qu'ils vont servir à un travail scientifique de sociologie sont coupées et montées de façon à mettre en cause Laurent Gbagbo. Le film va être envoyé sous cape aux opposants à Abidjan, mais le Président l'apprend et demande, au contraire, de le rendre public, afin de pouvoir en discuter librement.

La télévision ivoirienne organise alors un long débat autour de ce film.

Les personnes interviewées dans le film sont invitées sur le plateau. Elles voyaient ce document pour la première fois. Choquées, elles crient au scandale, car le cinéaste, manipulant leurs propos, a coupé les réponses pour recréer de faux discours, falsifiant leurs idées avec la plus inouïe des mauvaises fois. Le film avait bizarrement été projeté à Bruxelles suivi d'une grande conférence de presse, comme par hasard, le jour d'une importante réunion communautaire, où il était question de l'Afrique et du cacao de Côte d'Ivoire en particulier.

Qui voulait nuire n'aurait pas fait mieux !

Ce documentaire qui projetait sur la Côte d'Ivoire le génocide du Rwanda était manifestement un documentaire subversif destiné à constituer un « pur outil de propagande politique ».

Faisant le tour des universités en Belgique comme en France, Scheuer présentera son film aux participants comme un « documentaire scientifique pour étudiants universitaires ».

« *D*ans ce film, nous étions calomniés, traités de falsificateurs de l'histoire de la Côte d'Ivoire, de “pousse aux crimes”, de complices des auteurs et co-auteurs de crime contre l'humanité », diront des proches du président Bédié.

Le doyen de l'UFR de droit, le professeur Ouraga Obou, qui intervient dans le documentaire, déclarera en visionnant le film : « Benoît Scheuer a fait une exploitation falsifiée de mes propos ».

Plusieurs de ces « acteurs » ivoiriens expliqueront que leurs propos ont été tronqués. « Cet homme est arrivé dans ce pays avec le but de trouver de quoi illustrer sa thèse de tentation de génocide et justifier, par la suite, les 150 plaintes déposées contre le président Laurent Gbagbo et autres en Belgique. Il a manipulé les uns, poussé les autres à bout, afin d'obtenir ce qu'il était venu chercher en Côte d'Ivoire. »

Qui se cachait derrière ce Benoît Scheuer ?

Qui lui avait donné les moyens de réaliser ce film et d'en faire une telle propagande ?

Ceux-là même qui avaient eu l'idée de nous imputer le massacre en question.

Un vrai-faux charnier, mais constitué par qui ?

Pourquoi ce cinéaste occasionnel a-t-il déployé une telle énergie pour nous salir ?

Alors que l'on s'interrogeait sur l'identité des cadavres du charnier de Yopougon, Benoît Scheuer, lui, affirmait qu'ils étaient musulmans. Comment a-t-il fait pour connaître la religion de cadavres inconnus ?

Question récurrente : À qui profitait donc le crime ?

Ce documentaire, la publicité qui en a été faite dans les médias, entre autres dans le journal belge *Le Soir* du 10 octobre 2002, toute l'exploitation qui a été faite de cette affaire en Belgique, en France, en Côte d'Ivoire et dans la sous région, ont dû coûter plusieurs centaines de millions de francs CFA.

Autre question récurrente : Qui a financé une telle campagne ?

Aucune ligne de crédit d'un pays francophone n'a produit ce film. Aucune télévision, mis à part la RTI, (Radiodiffusion et Télévision Ivoiriennes) et encore à la demande de Laurent, ne l'a accepté.

Quant aux « contributions volontaires et autres crédits bancaires » comme nous le laisse entendre Scheuer, c'est une chose difficile à croire pour financer ce type de projets.

Interpellé par les commentaires contradictoires suscités par l'article du journal belge *Le Soir*, dont il était signataire, Josy Dubié, sénateur belge et administrateur de l'ONG « Prévention génocide », fera le voyage en Côte d'Ivoire, le 20 octobre 2002, pour mener sa propre enquête.

Le sénateur belge décide de vérifier de par lui-même l'exactitude des propos de Scheuer.

Le 21 octobre 2002, Laurent Gbagbo le reçoit très longuement en présence de l'ambassadeur de Belgique.

Au cours de son séjour, il rencontrera également des Ivoiriens, des Belges et des Français résidant en Côte d'Ivoire. Il conclura à l'inexactitude de la thèse de Scheuer véhiculée par le film et repartira en Belgique, rassuré.

Dès lors, bizarrement, on n'entendra plus parler de cette ONG. Son site Internet est… « en restructuration » depuis des années !

Mais le mal était fait.

Il est intéressant de souligner ici que ce documentaire, lors de sa conception et de sa réalisation, prenait à partie, aussi bien Henri Konan Bédié que Laurent Gbagbo.

Ne vous ai-je pas dit que la mémoire était une denrée périssable ?

Que répondre, avec le recul, à ces accusations diffamatoires qui ont perturbé de très nombreuses personnes en Occident, ces jeunes universitaires, notamment, qui ne pouvaient pas imaginer qu'une telle manipulation fût possible ?

Plus grave encore, ce film propagandiste a sciemment fabriqué la haine et la peur de l'autre dans les populations du Nord, lors de sa projection.

Dans une très large mesure, Scheuer, son ONG et ses éventuels commanditaires, ont atteint un de leurs objectifs essentiels : donner de Laurent Gbagbo et du peuple ivoirien l'image d'êtres criminels, à mettre au ban de la société.

Dans la guerre qui a été vécue en Côte d'Ivoire, qui sont les vrais criminels ?

Médias, ONG et politique

Derrière le charnier de Yopougon se cachait un vaste complot international avec de solides ramifications locales ayant un seul objectif : renverser Gbagbo par un coup d'État.

Tout sauf Laurent Gbagbo, un président pourtant démocratiquement élu, à travers une élection qu'il n'a pas organisée. L'alternance n'était pas envisagée, elle n'est pas acceptée. De plus l'homme élu n'est pas corruptible !

Dans la guerre qui est pratiquée contre la Côte d'Ivoire, la communication est une des armes massivement utilisées. Elle est exploitée avec virtuosité. Sur ce terrain-là, la crédibilité affichée compte plus que la vérité des faits. Elle a permis d'affirmer sans preuve des mensonges énormes, mais qui ont été acceptés parce qu'ils émanaient de structures, d'organisations réputées crédibles.

En Occident, une ONG n'est pas perçue comme une structure partisane ni politique. Elle est donc décrétée neutre et donc assurément crédible. À l'heure de la « guerre contre le terrorisme », les conflits se gagnent de plus en plus, auprès de l'opinion, avec de fausses évidences et des montages abjects.

Souvent on trompe les peuples et on les utilise sous couvert de l'humanitaire. On n'hésite pas à porter le discrédit sur toute une corporation. On crée des ONG à des fins politiciennes uniquement et des médias peu scrupuleux – je pèse mes mots – se couvrent courageusement du manteau altruiste de ces ONG pour véhiculer des mensonges criminels.

Dans la crise ivoirienne, les adversaires de Laurent et de son régime ont volontairement martelé pendant longtemps des accusations fausses. C'était l'étape de l'action psychologique : il fallait salir, il fallait diaboliser parce que plus tard il faudra réussir à transformer la victime en coupable.

Un des principes fondamentaux de Gœbbels, journaliste de formation, ministre de la Propagande et de l'Information de Hitler, était qu'il suffisait de répéter un argument, vrai ou faux, pour que les gens y croient et que cette affirmation devienne la nouvelle vérité. C'est ce qu'a fait Benoît Scheuer.

C'est ce qu'a fait l'ONG « Prévention génocide », créée tout exprès, pour cette cause, par les « araignées de l'ombre ».

Et les qualificatifs et les termes accusateurs vont défiler, tous plus avilissants les uns que les autres : xénophobes, exclusionnistes, ivoiritaires, génocidaires, tribalistes, esclavagistes d'enfants, meurtriers – « escadrons de la mort », assassin de Kieffer – anti-Français, pro-Américains, sectaires évangélistes, anti-musulmans… et j'en passe !

Les médias français vont s'en donner à cœur joie ! Ils vont se déchaîner à outrance.

Notons au passage que les principaux organes médiatiques en France sont également la propriété de groupes industriels, (Bouygues, Lagardère, Dassault…) dont certains d'entre eux fabriquent et vendent de l'armement et dépendent tous, en partie, des commandes de l'État français.

Difficile de les imaginer indépendants !

Nul doute que « Les détenteurs de ces forces de frappe industrielles et médiatiques jouent un très grand rôle dans la formation de l'opinion » comme le relèvera le responsable d'un parti français.

Difficile pour les journalistes de respecter leur code de déontologie !

Les médias ont pourtant l'obligation et le devoir de vérifier l'exactitude de leurs informations !

Ce principe a-t-il encore un sens ? Surtout quand il

s'agit de nous autres ?

Les véritables démocraties sont pourtant fondées sur l'importance de la vérité et de la véracité des faits.

La guerre de communication est assurément une guerre terrible. En sous-estimer les conséquences peut conduire à des échecs irrémédiables.

Avec la crise ivoirienne nous avons reçu cette leçon cinq sur cinq. C'est une des raisons qui m'ont amenée, lors des débats sur les projets de lois imposées par les accords de Marcoussis, à veiller à ce que le peuple ivoirien tout entier soit minutieusement informé de tous les détails des débats, sur chaque point.

Nous avons exigé et obtenu que soient retransmises en direct nos séances parlementaires. Pendant trois ans, le peuple a ainsi pu voir et entendre ses représentants à l'Assemblée nationale et se faire une opinion par lui-même. Pendant ces trois années, les populations ont pu s'associer au débat et donner leur point de vue, soit en interpellant leur député dans sa circonscription, soit en écrivant des articles dans la presse, ou encore en animant des conférences et débats dans les *agoras* et *parlements* de quartiers.

Dans les foyers, dans les villages, dans les villes, la retransmission de la session était attendue chaque jour. Les Ivoiriens, directement informés, ont pu ainsi échapper aux tentatives de manipulation des médias.

Résultat, l'État français furieux décida de la dissolution de l'Assemblée nationale par le truchement du GTI (Groupe de Travail International) chargé du suivi de l'application des résolutions de l'ONU sur la crise ivoirienne.

Vous pensez bien qu'ils ne pouvaient pas laisser debout une institution qui les empêche de chanter l'air qu'ils veulent comme ils le veulent !

J'ai rêvé d'un monde de soleil dans la fraternité
de mes frères aux yeux bleus.
Léopold Sédar Senghor

« *Les escadrons de la mort* »

En politique, il en va comme dans les arts ou dans la pensée ; se retrouver au centre d'une polémique est franchement désagréable. En même temps, c'est souvent le signe que ce que l'on dit ou ce que l'on fait, brise une idéologie ambiante, ancrée depuis des lustres et crée un phénomène nouveau, ou alors que l'on commence à occuper une place décidément trop importante aux yeux des autres.

L'accusation d'avoir constitué des escadrons de la mort, reprise et amplifiée par la presse française, n'est qu'une manifestation de plus de la campagne d'intoxication menée contre la Côte d'Ivoire.

Les mots mêmes d' « escadrons de la mort », expression sud-américaine, ont été utilisés le jour même du coup d'État, par Alassane Ouattara, pour la première fois sur notre sol, dans une adresse à Lida Kouassi, alors ministre de la Défense.

Laurent et moi nous étions encore à Rome.

Ouattara, caché dans une ambassade étrangère, demandait du secours pour être évacué à la résidence de l'ambassadeur de France. Lida Kouassi, replié à la résidence présidentielle, ordonna à mon aide de camp, de se rendre sur place afin de le récupérer. Obtempérant à l'ordre donné, il s'y est rendu à bord d'un véhicule avant blindé, ce qui eut pour effet d'effrayer encore plus le chef du RDR et sa femme. C'est alors qu'il rappela le ministre Lida, en lui disant qu'il ne lui avait pas demandé de faire venir les « escadrons de la mort ».

Finalement, pour le remettre en confiance, Lida Kouassi fera intervenir l'ambassadeur de France, M. Renaud Vignal, et tout ce beau monde retournera à la résidence de France, escorté et protégé par le véhicule blindé du capitaine de gendarmerie Seka.

Pourquoi quelqu'un qui a bonne conscience, a-t-il eu si peur de militaires ivoiriens qu'il rencontrait pour la première fois, au point de les baptiser « escadrons de la mort » ?

« Quand certains hommes politiques commencent à utiliser les termes *escadrons de la mort*, je ne sais pas s'ils en mesurent bien la portée, la signification au plan sémantique et même tout simplement au plan historique », s'interrogera Laurent.

Le moins qu'on puisse dire c'est que nos ennemis, ne sachant plus quoi inventer, sont allés jusqu'à m'accuser d'organiser ces « escadrons de la mort » avec ma garde rapprochée, pour tuer les rebelles, les populations du Nord et leurs amis.

Qui a suscité cet article en troisième de couverture de *Paris Match*, « Le Jour où… » sur Mme Ouattara, victime des « escadrons de la mort » et autres propos fallacieux ?

Il me semble d'ailleurs que Caroline Mangez, auteur de l'article, n'a jamais plus écrit dans cette rubrique. C'était sans doute occasionnel…

Qui a décidé de mettre les Rebelles de Côte d'Ivoire à l'honneur sur *Paris Match* ?

Je ne suis pas d'un naturel soupçonneux. La théorie du complot n'est pas ma tasse de thé mais force est de constater que notre pays, depuis des années, est la cible d'une manipulation qui a pour fin une déstabilisation systématique.

Nous avons définitivement gagné le procès sur les « escadrons de la mort » contre le quotidien *Le Monde*, le 5 avril 2006 !

Mais bien sûr, le démenti n'a pas fait l'objet de plusieurs colonnes !

J'aimerais que ce livre serve à mettre en lumière les arcanes, tous les arcanes, de cette manipulation mortifère, qui ne cesse de nous prendre pour cible et qui prend en otage un pays tout entier.

Au plus fort de cette crise, Laurent tiendra, le samedi 1er mars 2003, une conférence de presse consacrée aux « escadrons de la mort ». Je vous propose de parcourir avec moi son argumentaire sur cette question.

Morceaux choisis

« Jamais, malgré trente ans d'opposition, quatre fois la prison, six ans et demi d'exil, je n'ai fait campagne contre la

Côte d'Ivoire. J'ai critiqué la manière de gérer des dirigeants. Mais je vous ferai remarquer que dans toutes les campagnes qui ont été orchestrées contre moi, on ne dit pas que Gbagbo vole, on ne dit pas que Gbagbo a mal géré l'économie (…)

C'est nous qui nous sommes battus pour la suppression de la peine de mort en Côte d'Ivoire (…)

Je voudrais vous dire que les assassinats en Côte d'Ivoire ne datent pas d'aujourd'hui. Je vais vous en citer quelques cas.

Dans les années 1980, Kinda Valentin, un homme d'affaires ivoirien, d'origine burkinabé, a été froidement abattu dans son hôtel Hibiscus *par des gens en armes.*

Les meurtriers n'ont jamais été retrouvés.

Le 2 février 2001, à 4 heures du matin à Ouangolodougou, ville frontalière de Côte d'Ivoire avec le Burkina Faso, le corridor est attaqué. Bilan : un sergent de police est tué, un gendarme blessé et leurs armes de dotation emportées.

Le 20 juin 2001, des gens ont débarqué chez Tapé Koulou (journaliste) et ont tiré sur les membres de sa famille : deux morts. Au moment de l'enterrement de ces deux victimes, des gens ont balancé une grenade dans la foule faisant plusieurs blessés.

Le 18 juillet 2001, à 23 heures, nouvelle attaque du poste de douanes de Ouangolodougou. Trois douaniers tués et trois blessés.

Le 4 avril 2002, Coulibaly Zoumana, responsable du FPI à Khorogo est assailli chez lui et fusillé à bout portant.

Les meurtriers n'ont jamais été retrouvés.

Les cas de meurtres étaient nombreux avant le

19 septembre 2002. Mais après cette date, la situation de guerre a commencé de manière tragique avec 300 blessés et 270 morts, chiffres officiels et dans la seule ville d'Abidjan, dont le ministre d'État Boga Doudou ministre de l'Intérieur, Robert Gueï, ancien chef d'État, les colonels Daly Oblé et Dagrou Loula, Yodé Gnoleba... La situation de guerre aggrave cet état de choses.

Pêle-mêle, on peut retenir Seydou Coulibaly et Lanzeni Coulibaly, membres de la famille Gon Coulibaly ; Samassi Mahmoud, Iman de M'Pouto, Camara Yêrêfê, dit Ash, *artiste comédien... On retient également les tentatives d'enlèvements des ministres Maurice Kakou Guikahué et Émile Constant Bombet du PDCI-RDA (...) des agressions contre Sylvain Miaka, secrétaire général du FPI et Mahan Gahé, syndicaliste, à leurs domiciles (...) Le fédéral du FPI à Sakassou,* Gbagbo Kouassi, *qui a manqué d'être égorgé, (il porte encore les traces des coups de couteau) (...)*

Certains hommes politiques disent avec légèreté : « Oui, c'est le gouvernement ! oui, c'est le chef de l'État ! oui, c'est son épouse ! » « Mais pourquoi son épouse ? »

« Parce qu'on a vu l'aide de camp de son épouse tuer quelqu'un », répond-on !

Mais si un citoyen normal voit un autre tuer quelqu'un, sa première réaction ne devrait pas être de chercher une radio ? Sa première réaction devrait être de chercher la police ou la gendarmerie : J'ai vu un tel tuer un tel. *Et puis alors, on ouvre une enquête. Mais ils ne vont pas à la police, ils ne vont pas à la justice, ils ne vont pas à la gendarmerie, ils cherchent une radio !*

Ils veulent parler. Cette attitude-là, pour moi, répond plus à la propagande qu'à la recherche de la justice et de l'équité (...)

Je vais maintenant, analyser quelques-uns de ces morts, pour vous dire la vacuité de ces accusations. On dit que le régime les a tués. Je ressens cela, personnellement, comme une insulte et une tentative d'occultation de tout ce que j'ai construit dans ma vie. La manière dont j'ai construit ma vie. On essaie de nier ma nature. On m'attaque sur ce que j'ai de plus cher, parce que les deux choses qui me caractérisent, c'est que je ne tue pas, c'est que je ne vole pas (...)

(...) Arrêtons-nous aux cas de Téhé Émile, président du Mouvement Populaire Ivoirien (MPI) et de Benoît Dacoury-Tabley.

Tout d'abord Émile Téhé. Je le connais, il est de Duékué. Il est venu plusieurs fois chez moi à la maison, à Mama. On a fait la prison ensemble en 1992, parce qu'il s'était retrouvé dans la manifestation. Mais Téhé Émile ne représente rien au plan politique. Il n'a jamais été élu nulle part (...) alors pourquoi vais-je tuer Téhé Émile ? Parce que, quand on y réfléchit, un crime doit rapporter quelque chose au criminel ! Il n'est ni riche, ni politiquement important, qu'est-ce que sa mort m'aurait apporté ?

Mais il y a mieux. Quand la guerre a éclaté, ceux qu'on appelle aujourd'hui les jeunes patriotes *ont organisé une grande manifestation le 2 octobre 2002, pour soutenir le gouvernement. Tout le monde a été surpris par son ampleur. (...) Le 2 novembre, ces mêmes jeunes gens décident de rééditer l'exploit. C'est ce matin-là, pendant que les manifestants allaient à pied de leur domicile à la place de la*

République, que ceux qui arrivaient de Yopougon ont trouvé sur le macadam le corps de Téhé Émile, criblé de balles.

Pour moi, ce crime a été perpétré dans l'unique but de jeter le discrédit sur la manifestation pro-gouvernementale. C'est comme cela que je l'ai analysé. Ayant vu le succès de la première manifestation il fallait jeter le discrédit sur la deuxième qui s'annonçait plus grandiose encore. (…) J'ai ordonné une enquête, elle est en cours.(…)

Prenons maintenant le cas de Benoît Dacoury-Tabley. Cet homme était mon médecin personnel de 1982 à 1993. (…) C'est le frère de Louis André Dacoury Tabley, un des chefs rebelles (…) Nous sommes de la même région, nous sommes tous de la sous-préfecture de Ouragahio et du même canton Gbady. Entre nos deux villages, il n'y a pas plus de six kilomètres. Nos familles sont intimement liées (…) Ce sont mes frères. Il a décidé d'aller au RDR comme son frère Louis André. Ils sont libres. La plupart des autres frères sont restés au FPI. Ils sont libres (…) si Benoît vit, quelle en est la nuisance pour moi ? (…) En quoi est ce que la vie de Benoît Dacoury-Tabley est gênante pour le président de la République et son épouse ? En rien du tout ».

Avant d'aller plus loin, dans le discours du Président, je voudrais vous exposer brièvement le contexte sociopolitique dans lequel survient cette mort. La crise est ouverte depuis deux mois déjà. Les combats sont arrêtés et des négociations ont été ouvertes à Lomé, capitale du Togo, entre une délégation des rebelles et des représentants de l'État de Côte d'Ivoire.

La délégation gouvernementale était dirigée par Laurent Dona Fologo, président du Conseil Économique et Social, ancien secrétaire général du PDCI. Au bout de trois jours un premier accord était signé portant sur les problèmes militaires corporatistes. Et puis les débats se sont enlisés. En réalité les rebelles ne voulaient pas arriver à un accord final. Ils étaient actionnés par des puissances invisibles qui n'avaient pas intérêt à ce que la crise s'achève déjà.

Au bout de cinquante jours, le président Fologo, excédé, voulait revenir en Côte d'Ivoire. Laurent a dû l'encourager à poursuivre : « *La responsabilité de la rupture ne viendra jamais de nous. Il faut que le monde les regarde et découvre ce qu'ils sont en réalité : des pions. Reste là-bas* ».

Les discussions continuèrent donc, longues et difficiles. Mais enfin le président Eyadéma jugeant que le moment était venu de faire signer un accord politique, mit au point un texte qu'il distribua aux différents participants. Le jour même, Soro Guillaume se présenta chez Eyadéma pour lui annoncer : « *Nous suspendons toutes négociations* ».

« *Pourquoi ?* ».

« *On vient de tuer un des nôtres à Abidjan. Nous suspendons nos négociations !* »

Laurent Dona Fologo, saisi par Eyadéma, informa sur-le-champ le président Gbagbo qui n'avait pas encore cette information. Il vérifia donc l'exactitude de ce fait… Pour conclure : « *Je croyais que c'était une ruse des rebelles (…) Hélas, la nouvelle est vraie !*

Mais je trouve curieux qu'en dépit des liens parentaux,

amicaux et tribaux que j'entretiens avec la famille Dacoury et en dépit du poste que j'occupe, nous n'ayons été informés de la mort de Benoît Dacoury Tabley que par les rebelles et depuis le Togo. Remarquez bien, tous ceux qui sont morts et qu'on cite, c'est toujours un élément du MPCI ou du RDR qui annonce leur mort ou leur disparition. Cela n'a jamais été, ni quelqu'un du PDCI, ni quelqu'un du FPI, ni un citoyen ordinaire, ni un policier, ni un gendarme. Ce sont toujours les mêmes qui découvrent les victimes des crimes. Je trouve que cela est suspect ».

Cette mort tombait à pic, elle tombait trop bien comme pour donner aux rebelles des arguments pour quitter définitivement la table des négociations.

C'est alors que la France entre en scène et propose Linas Marcoussis…

Ils ont voulu briser Laurent par tous les moyens, ils n'ont pas réussi. Ils se sont alors posé la question du soutien de ce régime et se sont rendu compte que la mobilisation populaire était au rendez-vous, notamment, parce le peuple ivoirien sait que nous n'avons pas une langue de bois.

Chacun ici sait que je dis tout haut ce qui d'habitude se murmure dans les couloirs et les alcôves du monde politique. Je rapporte les choses comme je les pense sans infantiliser qui que ce soit et surtout pas les masses, sans manipuler qui que ce soit et surtout pas le peuple que je représente aussi en tant que députée.

Souiller mon image sur l'échiquier international était une des bonnes façons de déstabiliser Laurent et la démocratie en Côte d'Ivoire. Souiller celle du peuple ivoirien, davantage encore !

Certaines personnes installées hors de la Côte d'Ivoire reprochent aux médias ivoiriens d'accuser la France dans la crise ivoirienne. Mais je soutiens que la France de Jacques Chirac a fait beaucoup de tort à la Côte d'Ivoire et mériterait d'être jugée, à ce titre, sur la scène internationale. La France a tiré, à bout portant, sur mon peuple et c'est mon peuple qui a été accusé de violence. C'est ce peuple-là, qu'on a voué aux gémonies en faisant de lui un bataillon d' « escadrons de la mort » !

En ce début du XXIe siècle, c'est une chose ignominieuse et inacceptable.

Au début, je pensais que les médias internationaux avaient la Côte d'Ivoire dans le collimateur parce qu'eux-mêmes étaient manipulés. Je me suis rendu compte, depuis, que beaucoup de pays africains se trouvent dans la même situation que nous. La désinformation existe aussi en ce qui concerne le Rwanda, la RDC, le Burundi ou encore Djibouti.

Dans la Côte d'Ivoire où je vis et que je connais, je me rends compte combien la presse internationale et même la presse nationale peuvent procéder à de la désinformation. Font-ils cela parce qu'ils sont incompétents, peu renseignés ou complètement manipulés ?

J'ai été à plusieurs reprises scandalisée par les informations de RFI à tel point que je refuse désormais de parler sur cette radio. Il y a eu des enfants, des femmes mutilées, violées, massacrées dans cette guerre injuste contre la Côte d'Ivoire. Personne au monde n'a le droit de transformer ces peines à des fins politiciennes.

Je considérais *le Monde, Paris Match, La Croix* comme des journaux de référence, des journaux informés, il a fallu cette guerre pour que je me rende compte à quel point c'est une chimère.

Comment l'information peut-elle à ce point être trafiquée ? Mais, sans doute, ces journalistes sont-ils eux-mêmes manipulés, persuadés par d'autres des inepties qu'ils colportent.

Je me suis souvent posé la question de savoir quels sont les recours dont les peuples disposent au niveau international pour se prémunir contre les médias lorsque ces derniers se transforment en instruments de déstabilisation et de propagation d'étincelles de guerre dans les pays. On devrait pouvoir trouver une formule pour les sanctionner. L'impact qu'ils ont sur le comportement des hommes et sur les opinions publiques est trop important, pour que l'on n'y réfléchisse pas.

De la même manière qu'à un niveau mondial la communauté humaine s'organise pour se prémunir contre les nuisances environnementales, de la même manière, les nations doivent dégager des règles mondiales de préservation des États et des peuples contre les nuisances et les manipulations des médias internationaux.

L'Affaire Kieffer

Comment après les « escadrons de la mort » ne pas parler de « l'affaire Kieffer » ? Dans ce dernier cas, l'accusation portée est tellement outrancière, tellement pleine de fourberies et d'impostures ! Je crois que Gœbbels a été battu sur son propre terrain. « Calomniez, calomniez, il en restera toujours quelque chose ».

Quelquefois je me demande même s'il ne vaut pas mieux prendre toutes ces médisances, toutes ces calomnies comme un hommage à l'endurance, à la résistance et à la sérénité qui déroutent les « araignées de l'ombre ».

Partageons ensemble, pour mieux comprendre, la démarche qu' « elles » ont suivi dans « l'affaire Kieffer ».

Première station : l'annonce de la disparition de Kieffer, un matin. Kieffer habitait en Côte d'Ivoire. Un monsieur presque inconnu. Le peu que la rumeur en disait n'était pas très honorable. Négociant en cacao ? Journaliste ? Il n'y avait rien de très net. Donc Kieffer est donné pour « disparu ». Comment ? Pourquoi ? Nul ne le sait.

Deuxième station : et cela tombe très bien pour les « araignées de l'ombre » ! Un ami de Kieffer en Côte d'Ivoire se trouve aussi être mon beau-frère, l'époux de ma petite sœur. Ce dernier, Michel Legré – il possède un nom propre – contre toute attente, annonce quelques jours après dans la presse ivoirienne qu'il est le dernier à l'avoir rencontré avant sa disparition. Il ne dit pas que Simone Gbagbo connaît Kieffer. Il ne dit pas non plus que, en tant que beau-frère de Simone Gbagbo, tous ses faits et gestes sont portés à sa connaissance. Il dit simplement qu'il a rencontré Kieffer, quelques instants avant qu'il ne se rende à un rendez-vous d'où il n'est jamais revenu.

Troisième station : la presse française monte au créneau et déroule méthodiquement son scénario et on la voit progresser. Elle passe des expressions « *Monsieur Legré Michel affirme…* », à « *Monsieur Legré Michel, le beau-frère de Simone Gbagbo…* » puis à « *Le beau-frère de Simone Gbagbo…* ». Du coup, l'ami témoin, n'a plus d'identité propre. On a réussi insidieusement à effacer de la conscience des lecteurs la matérialité de son existence. La seule chose qui compte et qui devient importante pour la presse et pour l'opinion publique, c'est Simone Gbagbo. Le seul nom propre qui soit maintenu.

C'est sur ce nom qu'il faut focaliser toute l'attention et tout l'intérêt des lecteurs.

Exit donc Legré Michel !

Quatrième station : elle consistera à bien installer dans l'opinion que ce sont les proches de Simone Gbagbo qui sont coupables. L'amalgame se construit méthodiquement. Legré Michel, le beau-frère, donc le proche. Il dit avoir vu, donc il sait. S'il sait, c'est qu'il est coupable ! Si le proche de Simone est coupable, donc l'entourage de Simone est coupable, donc les proches de

Simone sont coupables.

Cinquième station : on peut passer à l'étape suivante. L'opinion est maintenant prête à recevoir des noms de coupables issus de l'environnement de Simone Gbagbo, car la disparition de Kieffer ne peut être le fait d'une seule personne.

Sixième station : la justice française monte au créneau. Le juge Ramaël arrive en Côte d'Ivoire et demande à mener son enquête sur la disparition de Kieffer. La justice ivoirienne le ramène à la bonne mesure des choses : Les accords avec la France ne l'autorisent pas à engager, directement, de par lui-même, une enquête en Côte d'Ivoire.

Septième station : Remobilisation de Michel Legré. Au bout de plusieurs heures d'un interrogatoire sans pitié et sans assistance judiciaire, le juge Patrick Ramaël obtient de Michel Legré, menacé d'inculpation, huit noms de personnalités proches du président de la République de Côte d'Ivoire. Pour une fois, Simone Gbagbo n'apparaît pas comme actrice. Seuls, ces huit proches sont retenus et aussitôt convoqués par le juge Ramaël, pour audition. Ce que voyant, ils déposent à leur tour plainte contre Legré Michel pour diffamation. Michel Legré est donc arrêté et déféré à la MACA.

Huitième station : Le juge Ramaël a du mal à établir les preuves de ses accusations. Aucune des personnes entendues n'a pu être inculpée, encore moins arrêtée. Et puis surtout, ni Simone, ni Laurent n'ont pu être véritablement mis en cause, d'une manière ou d'une autre. Les choses semblent vouloir demeurer au stade des idées semées dans l'opinion par les médias, sans plus.

Neuvième station : Malgré le piétinement de l'affaire, le juge Ramaël et la presse tentent de passer de la « *disparition* » de Kieffer à « *la mort* » de Kieffer. Ils ont parlé de disparition ce qui est relativement facile à établir puisque Kieffer ne se trouve plus à Abidjan. Mais ils sont passés ensuite de la thèse de la « *disparition* » à celle de « *l'enlèvement* ». Ce qui est déjà plus difficile à établir. Quelqu'un peut disparaître sans avoir été enlevé. Et ils n'ont trouvé à Abidjan personne pour leur donner le premier élément de preuve, même pas Legré Michel qui a affirmé de son propre chef, avoir été la dernière personne à l'avoir rencontré avant sa disparition. De sorte que, lorsqu'ils ont tenté de passer de la thèse de « *l'enlèvement* » à la thèse du « *meurtre* », on s'est retrouvé dans un roman policier à la « *Maigret* », sans cadavre.

Comment établir un meurtre sans cadavre ?

Ramaël est, depuis cette date, bloqué dans son enquête sur une affaire mystérieuse. Un complot de plus, qui n'aura pas abouti.

Dixième station : Vu l'échec, il faut faire quelque chose. L'ONG de service monte au créneau. Kieffer était, dit-on, pigiste à *La Lettre du Continent*, donc assimilable au corps des journalistes. On peut donc mobiliser « *Reporters sans Frontières* ». Robert Ménard, son secrétaire général, endosse une fois encore, le manteau de l'accusateur de service. L'arrogance plaquée au visage et l'insulte à la bouche, il se répand sur les télévisions d'Europe et tient des propos qui pourraient être tenus pour diffamatoires sur le président de la République de Côte d'Ivoire, qu'il ose, entre autres, traiter de « crapule ». Il nous accuse d'être des meurtriers et exige que des sanctions exemplaires soient prises contre nous.

Avec lui nous devenons les auteurs du crime, parce que Legré Michel est marié à ma petite sœur. Il n'apporte pas plus de preuves que le juge Ramaël, il n'en a cure.

Il affirme, il juge et il insulte.

Belle déontologie pour un défenseur du code de déontologie des journalistes !

Il en fait tellement que je finis par me demander si Kieffer a vraiment été enlevé un jour.

Onzième station : Entrée en scène d' Osange Silou ! Sortie d'un tiroir ; une « épouse » de Guy André Kieffer, journaliste, fréquentant les milieux de la presse et du cinéma. Cette dame, dans la réalité, avait vécu avec Kieffer et ils ont un enfant, une fille.

Le couple s'est séparé, il y avait déjà plus de quinze ans, et elle ne l'avait plus revu depuis très longtemps. Mais qu'importe ?

On a besoin de quelqu'un par qui l'on peut activer la corde pathétique des lecteurs et des auditeurs français et internationaux. Qu'importe si, au moment des faits,

Kieffer est déjà en ménage, depuis belle lurette, avec Mme Atta Afoua Kieffer, qui, elle, vit au Ghana. Osange Silou enjambe allègrement cette information gênante et qualifie Affoua de maîtresse.

Douzième station : Le juge Ramaël vient et revient à Abidjan, quatre fois, cinq fois, en vain. Il tente alors de transférer le procès à Paris. Mais ça ne marche pas.

Treizième station : Intervention de Osange Silou sur *TV5 monde* : après mille propos discourtois sur le président Gbagbo et son environnement, elle va jusqu'à accuser Michel Legré et Kadet Bertin de complicité d'assassinat, sans jamais évoquer la moindre preuve. Juste des affirmations, des déclarations péremptoires, pour faire vrai, pour faire crédible. Mais elle finira bien par en arriver au nœud du problème Kieffer : « *Moi-même, j'en viens à me demander si, en fin de compte, les reportages de Guy André Kieffer ne gênaient pas plus la France que la Côte d'Ivoire* ».

Eh oui, Osange Silou, nous en sommes tous à nous poser la même question !

Quatorzième station : J'ai essayé de savoir, de par moi-même, pourquoi Michel Legré avait fait toutes ces déclarations qu'on avait lues dans la presse. J'ai parlé longuement avec lui, sans rien y trouver de satisfaisant. L'enquête non plus, n'aura pas apporté les réponses que j'attends.

Michel Legré a-t-il été manipulé ?

A-t-il fait preuve de mythomanie ?

Quoi dire sinon qu'une fois de plus, mon mari et moi-même, avons été victimes du fiel craché par nos adversaires, par médias interposés. De cette histoire, il ressort un nouveau verbe pour le dictionnaire français : « *kiefferiser* » ! En effet, un journaliste français s'est entendu dire récemment : « Si tu vas en Côte d'Ivoire, tu vas te faire *kiefferiser* ! ».

« On nous accuse de tout, comme s'il fallait que nous soyons forcément coupable de quelque chose », s'exclamera Laurent Gbagbo.

Les déchets toxiques

Dans la nuit du 18 au 19 août 2006 – Ô ! vous, dates des 18 et 19, de quoi donc êtes-vous grosses pour la Côte d'Ivoire ? – nous avons été réveillés par des clameurs, des cris de douleur et d'essoufflement. Nous mourons ! Des déchets toxiques ont été déversés en au moins dix-sept points différents du District d'Abidjan. L'air est devenu mortel, la terre est intoxiquée et les eaux sont polluées. Le démon invisible a frappé dans toute sa laideur.

Comme si son but inavoué était de pousser cette population écorchée depuis quatre ans, hors d'elle-même, dans un mouvement d'exaspération extrême, incontrôlable.

Le déversement des déchets toxiques est l'œuvre de la société Tommy.

Tommy a signé un contrat honteux avec Trafigura,

une société européenne, pour recevoir environ 500 mètres cubes de déchets hautement toxiques. Il les a pompés du bateau *Probo Koala* et les a déversés de façon sauvage et criminelle en divers endroits de la ville d'Abidjan.

Les sites choisis – est-ce un hasard ? – réalisaient un encerclement de toute la population de la ville d'Abidjan, comme pour l'étouffer tout entière.

Ce déversement des déchets toxiques à Abidjan est un acte criminel contre les Ivoiriens et tous ceux qui vivent en Côte d'Ivoire.

Ce n'est pas seulement le nombre de morts ni de personnes hospitalisées qui est frappant, significatif, ni même le nombre de personnes intoxiquées mais c'est surtout le choix des sites, aux abords des lieux habités et même d'entreprises vitales et délicates comme les boulangeries, les camps militaires, les cités d'étudiants, les abattoirs ! Les intentions sont incontestablement criminelles et visent à provoquer des mouvements insurrectionnels dans le pays.

Le gouvernement en a fait les frais : il a été dissous. Et le peuple en a fait les frais : plus de cent mille intoxiqués dans la seule ville d'Abidjan. Et l'État en a fait les frais : plusieurs grandes administrations déstabilisées, un procès inédit. Et le pays en a fait les frais : déjà environ 40 milliards de francs, rien que pour ramasser ces déchets, or ce chiffre n'est pas le dernier, il va continuer de grimper. D'autres centaines de millions de francs pour soigner et soulager toutes les victimes, enterrer les morts.

Il faudra déployer des trésors infinis de patience et

d'arguments pour convaincre cette population en explosion, apaiser les hommes et les femmes en révolte dans les rues. Une Nation choquée, humiliée. Nous sommes devenus la poubelle de Trafigura. Les procédures judiciaires ont été engagées. Mais qui ramènera ces vies brisées ? Qui reconstituera cette nation souillée jusqu'au plus profond d'elle-même, démantelée, disloquée ? Qui restaurera ces viscères, ces poumons érodés ? Qui châtiera Trafigura et tous ses complices nationaux et internationaux ?

On dit que la convention de Bâle interdit aux pays développés de transférer les déchets chimiques et industriels vers les pays sous-équipés qui n'ont aucun moyen technique de traiter ces déchets-là. Qui châtiera Trafigura ? Qui débusquera les alliés internes de Trafigura ? Qui dénoncera les alliés externes de Trafigura ?

Je confirme que le déversement des déchets toxiques à Abidjan est un acte d'agression chimique contre notre pays.

Et personne n'a le droit ni d'en rire, ni de le tourner en dérision. C'est malheureusement ce que fait Christian Bouquet, professeur de géographie politique à Bordeaux-III dans le journal *Libération*. Endossant le manteau de « spécialiste de la Côte d'Ivoire » pour paraître documenté, bien informé et donc crédible, il déclare d'un ton péremptoire : « Gossio est partie prenante avec l'épouse du Président, Simone, dans la société écran -Tommy - ». Aucune preuve pour soutenir de telles affirmations et il lui aurait été difficile d'en trouver, car les propriétaires de la société Tommy sont bien connus, cette société n'est pas clandestine. Elle est bénéficiaire en bonne et due forme d'un agrément signé du ministre des Transports de Côte d'Ivoire. Mais qu'importe !

La vérité, c'est que M. Christian Bouquet joue son rôle de porte-voix du quotidien *Le Jour Plus*, quotidien proche du RDR et de Ouattara. Il n'a fait que reprendre à son compte les accusations de ce quotidien ivoirien afin de leur donner un écho, une dimension internationale. N'oubliez pas que nous sommes dans un jeu de rôle et que les rôles ont été bien répartis par les « araignées de l'ombre » depuis le début. Comme de coutume, au plus fort du scandale, ils prennent leur bouc émissaire favori : Simone Gbagbo, votre servante. Il en font la vraie propriétaire de cette société « *Tommy* » qui est le destinataire final des déchets toxiques à Abidjan.

En d'autres termes, le couple Gbagbo, pour financer son régime et satisfaire sa cupidité, a transformé « le port d'Abidjan en une pompe à finances » (propres termes de Bouquet sur *Libération* du jeudi 14 septembre 2006) et ils ont fait déverser sur la ville des déchets mortels.

Mais ce Christian Bouquet, que sait-il de nous, que connaît-il de la Côte d'Ivoire ? Qu'est-ce qui lui donne le droit de proférer des mensonges aussi graves sur des personnes qu'il n'a même jamais rencontrées ? Il a certes travaillé à l'ambassade de France en Côte d'Ivoire, mais, à aucun moment, il n'a cherché à connaître notre version des faits. Quand on est un véritable chercheur, quand on juge, le minimum est de respecter l'objectivité. Prendre les deux versions d'un même fait, les confronter avant de trancher. Vérifier que ce qu'on affirme correspond bien à la réalité.

On doit malheureusement déplorer que des universitaires occidentaux perdent souvent de vue toute notion d'éthique et de conscience professionnelle quand ils parlent de l'Afrique. Ils en arrivent dès lors à manquer de discernement et d'humilité. Or ce sont ces deux qualités qui font du chercheur un homme de sciences et de référence.

Les journalistes de *Le Jour Plus* ont été convoqués par le procureur pour justifier leurs propos diffamatoires. Aussitôt, « Reporters sans Frontières » est entré en scène. Cette ONG semble réellement vouloir donner du crédit aux propos des diffamateurs. Le 13 septembre 2006, elle déclare : « *Comment comprendre cette situation scandaleuse, sinon en acceptant l'idée qu'il existe des exceptions à la légalité dès lors que l'épouse du Président est mise en cause par la presse ? Le fait qu'un journal brise un tabou ne peut pas servir de prétexte aux manœuvres les plus archaïques, comme celles qui consistent à ruser avec la loi pour incarcérer deux journalistes. Il n'existe aucune autre option que la remise en liberté d'Edouard Gonto et de Coulibaly Seydou* ».

Un discours fallacieux, outrancier, outrageant !

Les déchets toxiques qui empoisonnent mon peuple ne les scandalisent pas. Des journalistes qui se permettent de vilipender l'épouse d'un chef d'État ne les scandalisent pas ! Des individus qui font de la manipulation politicienne dans une situation aussi dramatique ne les scandalisent pas. Mais lorsque, dans le cadre de son enquête, le procureur interpelle ces journalistes et leur demande de produire les preuves de leurs assertions alors là, ces messieurs sont scandalisés. Bonjour, l'éthique !

Mais l'initiative des hommes de l'ombre va aller plus loin encore. Les responsables de Trafigura, présents à Abidjan, pousseront l'injure jusqu'à me proposer un lot de médicaments pour soigner les victimes, puisque j'ai un cœur généreux mais les poches vides ! ! ! Et bien sûr le piège se serait refermé sur moi. Mais il y a un Dieu pour les innocents. « Gardez le silence et l'Éternel combattra pour vous », disent les Saintes Écritures.

Le 14 septembre 2006, en achevant de lire l'article de *Libération,* je me suis dit que, peut-être, les déchets toxiques étaient une nouvelle arme des hommes masqués. Le troisième acte du scénario, celui des attaques mortelles et de la diabolisation, n'a donc pas fini de se déployer.

Aurait-on déversé des déchets toxiques en Côte d'Ivoire juste dans le but inavouable de provoquer une révolte populaire qui emporterait le régime de Laurent Gbagbo ? Et ce n'est pas de la paranoïa. C'est malheureusement la réalité que nous vivons ici depuis de trop nombreuses années.

Les dés sont pipés

« *Toho tchianan, a tchianan sôkôman da la* » : Le plat est avarié, il s'est avarié depuis l'aube, disent mes frères malinké.

Le chemin le meilleur, pour accéder au pouvoir, c'est la voie des urnes, la voie démocratique. C'est le choix que le FPI a fait depuis des années. Mais il est évident que ce chemin est plus long et pas toujours assuré.

Des hommes politiques en Afrique pensent encore qu'un coup d'État légitime davantage un pouvoir que le choix du peuple. Balla Keïta, ancien ministre de l'Éducation nationale d'Houphouët-Boigny, nous disait à l'époque, lorsque nous réclamions les urnes transparentes, les bulletins uniques, une commission électorale indépendante, que le pouvoir d'État était quelque chose de trop sérieux pour être obtenu grâce à « des bouts de papier » qu'on irait mettre dans des boîtes (*sic*) !

Certains hommes politiques occidentaux, qui chez eux n'entrevoient aucun autre moyen d'accès au pouvoir que la voie des urnes, trouvent paradoxalement normal que soit empruntée la voie des coups d'État en Afrique.

Complexe raciste ! J'entends encore le président Chirac nous dire que « l'Afrique n'est pas encore mûre pour la démocratie ». Moyennant quoi, on accepte les résultats d'élections truquées ou l'on aide à les truquer ; on peut laisser faire ou bien encourager ou même accompagner un coup d'État.

Sans états d'âme !

Ce sont les mêmes personnes qui ont fait le coup d'État en 1999, les mêmes qui sont revenus tenter un nouveau coup d'État en septembre 2002. Ce sont toujours les mêmes qui nous font la guerre aujourd'hui.

Car qui est Ouattara et qui est Soro Guillaume ?

Ouattara est le président du RDR, Soro Guillaume, un ancien leader de la FESCI (Fédération Estudiantine et Scolaire de Côte d'Ivoire). Il est remplacé à ce poste par Charles Blé Goudé, actuel leader des « patriotes ». Soro

Guillaume lorsqu'il quitte la FESCI rejoint Ouattara au RDR. En décembre 2000, il est candidat aux élections législatives pour le compte du RDR à Port Bouët et colistier d'Henriette Diabaté, secrétaire générale du RDR. Le RDR ayant décidé de boycotter ces élections, leur liste a été retirée. Aux municipales de mars 2001, il réapparaît sur la liste du RDR toujours aux côtés d'Henriette Diabaté. Cette liste sera battue par celle du PDCI.

Et ces personnes, d'anciens dirigeants qui n'ont pas accepté l'alternance comme Bédié, des chefs de partis politiques qui savent pertinemment qu'ils n'ont aucune chance d'être élus, comme Alassane Ouattara, des chefs rebelles comme Soro Guillaume, sont reçus à bras ouverts par les dirigeants français. Soro Guillaume s'est même exprimé sur des plateaux de télévision de grandes chaînes françaises pour justifier ses crimes de guerre à travers son livre *Pourquoi je suis devenu rebelle*.

Qui se ressemblent s'assemblent. Certains de ceux qui dirigent la France emploient des méthodes peu recommandables pour arriver à maintenir leur suprématie économique, coûte que coûte.

Les dés ont été pipés dès le début. Les idées de Laurent Gbagbo dérangent, son ouverture d'esprit, son désir de mieux-être pour l'ensemble de son peuple, son refus de la corruption dérangent !

Cet homme de cœur a gagné les élections en Côte d'Ivoire après avoir parcouru le pays profond, pendant plus de trente ans.

Il a été sous-estimé. Il a faussé les plans de la France

chiraquienne et de ses complices africains.

Il est devenu « le cauchemar » de Jacques Chirac, tout simplement parce qu'il dit NON à la mise sous tutelle, NON à la recolonisation de son pays.

La Côte d'Ivoire était considérée comme un beau gâteau réservé. L'arrivée au pouvoir du « patriote résistant » Laurent Gbagbo, Président atypique, a déjoué les plans de tout ce beau monde.

Et « *Ils* » ont orchestré des meurtres, réinventé pogroms et charniers, simplement parce que notre foi dans notre pays et notre éthique n'étaient pas monnayables !

Nous avons exprimé partout nos craintes et nos révoltes, face aux massacres et à l'orchestration médiatique qui en était faite.

Nous n'avons pas été écoutés sur la scène internationale. Nous expliquions pourtant, à tous ceux que nous voyions, comment procédaient ces gens-là.

On ne nous a pas souvent crus ! Notre voix est restée sans écho. Les dés étaient pipés !

Beaucoup de personnes et d'instances internationales ont vraiment pensé que nous étions, Laurent et moi, à l'origine de ces massacres.

Nos ennemis avaient réussi ! La calomnie était en marche.

Nous avons gagné tous nos procès contre les médias français. *Paris Match, Le Monde, La Croix, Libération,* etc.

Qui en a parlé ?

On peut vous pardonner beaucoup de choses dans le monde actuel mais pas celles de considérer que les idées de justice et de liberté et le respect de la personne humaine priment sur la quête effrénée du profit !

Vous êtes dès lors traité d'idéalistes et mis dans la catégorie des ingouvernables.

De « Maître en stratégie politique »... vous devenez « Boulanger » !

Ce dont il s'agit en fait, c'est de faire des dirigeants des pays en voie de développement de simples marionnettes dans les mains des grandes puissances, avec, hélas, la complicité de certains de nos frères africains.

L'Afrique évolue. L'Afrique change. De grâce, évoluez avec nous, changez avec nous au lieu de nous combattre. À notre tour de dire en paraphrasant un homme politique français de renom : « L'Afrique, si vous ne l'aimez pas, si vous ne l'acceptez pas telle qu'elle évolue, quittez-la ! »

Une de nos armes les plus puissantes
est et restera le dialogue.
Laurent Gbagbo

Septembre noir ivoirien

À quatre heures du matin, dans la nuit du mardi 18 au mercredi 19 septembre 2002, des hommes, armés d'un matériel neuf et très puissant, vont attaquer, au même moment, une trentaine de lieux dans Abidjan, Bouaké et Korhogo. Ils usent d'armes inconnues de nos Forces de Défense. Ils possèdent des téléphones connectés à des satellites qui leur permettent une coordination et la diffusion de renseignements que n'a pas l'armée régulière. Ils ont visiblement bénéficié d'un très gros budget, des dizaines de millions d'euros. Cette opération ne peut avoir été commanditée que par de puissants soutiens. Les actions avaient dû être bien planifiées et bien réglées dans leurs détails.

Quand le chat n'est pas là,
les rats étalent leur queue.
Proverbe africain

Les putschistes ont profité du fait que Laurent et moi-même étions en visite à Rome. Dans cette même nuit, ils vont essayer en vain de s'emparer des casernes d'Abidjan. Alassane Ouattara, nous l'avons vu, ira se réfugier à l'ambassade de France et emploiera ce jour-là pour la première fois le terme d' « escadrons de la mort » sous prétexte qu'un char a été dépêché pour aller le chercher.

L'ambassadeur Renaud Vignal annonçait quelques jours après que Laurent ne serait plus président à Noël, semblant bel et bien décidé à aller à l'encontre de toute notion de souveraineté, décidé à mettre et démettre les dirigeants de notre pays !

Était-ce un aveu de complicité de la France ?

Moïse Lida Kouassi, ministre d'État, ministre de la Défense et de la Protection civile, a pu échapper à l'attaque de son domicile. Il s'est réfugié à la résidence du chef de l'État et a pris les devants des opérations avec

Désiré Tagro, directeur de cabinet du ministre de l'Intérieur. Le ministre de l'Intérieur était introuvable.

Sur le terrain, nos Forces de Défense et de Sécurité (FDS) résistent et repoussent les assaillants. Les combats se déroulent devant le Camp Commando d'Agban, devant l'École de Gendarmerie de Cocody et sur le grand boulevard Mitterrand. Ils sont intenses et dureront toute la matinée. Les rebelles défaits prennent la fuite et sortent précipitamment d'Abidjan laissant derrière eux des centaines de corps abattus.

Ils seront rattrapés dans leur fuite aux environs de Toumodi et de Yamoussoukro où de nouveaux combats feront rage avec les FDS qui les repousseront jusqu'à Bouaké.

En début d'après-midi les Ivoiriens comptent leurs morts.

Boga Doudou, ministre d'État, ministre de l'Intérieur et de la Décentralisation : sa résidence a été attaquée à l'arme lourde aux environs de quatre heures du matin. Obligé de fuir, il tentera de s'échapper en escaladant le mur de sa résidence. Il sera rattrapé et abattu dans la cour de son voisin.

Robert Gueï, son corps criblé de balles, sera retrouvé sur un trottoir de la corniche. Il était habillé en jogging. Il semble qu'il ait d'abord tenté de se réfugier à la cathédrale Saint Paul, avant d'être abattu par des personnes que les enquêtes n'ont pas encore identifiées. Rose Gueï, son épouse, est retrouvée abattue devant chez elle avec des gens de sa maison.

Laurent décide de mettre fin à sa visite diplomatique

à Rome et rentre en Côte d'Ivoire. À son arrivée, il apprend que les rebelles n'ont pas encore pu être délogés de Bouaké et réalise que l'armée, très peu nantie en matériels de combat, de mobilité, de transmissions, est très sous-équipée.

Aussitôt, il prend contact avec l'ambassadeur de France en Côte d'Ivoire Renaud Vignal et lui demande l'aide de la France pour bouter hors de Côte d'Ivoire ces rebelles qui ont attaqué son pays. Il le demande dans le cadre de l'accord de défense franco-ivoirien qui prévoyait une assistance militaire française en cas d'agression extérieure de la Côte-d'Ivoire.

Mais, contre toute attente, Paris lui répond laconiquement qu'il s'agit d'un conflit interne et que la France, par conséquent, ne peut pas intervenir. Et pourtant, en 2006, ce sont des conflits internes qui se sont déroulés au Tchad et en Centrafrique. Et nous y avons vu la France combattre activement les rebelles aux côtés des armées loyalistes. Fin novembre 2006, lors d'un discours en Afrique du Sud, M. de Villepin, concernant l'intervention française dans ces deux pays, parlait de « positions de principes ». Alors dans le cas de la Côte d'Ivoire, pourquoi ont-ils choisi de faire deux poids, deux mesures ?

Quels principes ont pu conduire le gouvernement de Chirac à soutenir des rebelles en Côte d'Ivoire ?

Laurent a longuement insisté, démontrant que la plupart des assaillants étaient des étrangers venus de pays africains voisins ; que les rebelles ivoiriens eux-mêmes avaient été entraînés sur le sol du Burkina Faso voisin. Cette agression était sans aucun doute commanditée depuis l'étranger.

Mais rien n'y fit.

La France n'apporta pas l'aide sollicitée : des alpha jets pour appuyer l'armée ivoirienne à Bouaké et à Khorogo. Au contraire, elle demanda aux FDS de suspendre leurs opérations à Bouaké pendant quelques jours, le temps d'évacuer les ressortissants français vivant dans cette ville.

Pendant que les civils français quittaient Bouaké, les rebelles s'y installaient en force. Ils y sont demeurés.

La Côte d'Ivoire n'aura pas droit au soutien de la France comme les Anglais ont eu le courage de le faire pour la Sierra Leone.

Rapidement, la tentative de coup d'État se transforme en guerre et les assaillants prennent pour QG la ville de Bouaké.

Ils se déploient dans les villes du Nord, mobilisant sur place des jeunes, des élèves, et les formant à la va-vite au maniement des armes. Les populations civiles dénoncent les militaires français. Ces derniers transporteraient des rebelles avec eux dans leurs véhicules de transport de troupes et les aideraient dans leur déploiement. Tout le pays bruit de ces rumeurs. Mais les Français nient et réfutent ces accusations.

Les rebelles en armes organisent la chasse aux sorcières dans les villes du Nord. Tous les fonctionnaires sont pourchassés, traqués, arrêtés et quelquefois même abattus. Les gendarmes des brigades, les policiers des commissariats traditionnellement répartis sur toute l'étendue du territoire par petites équipes, s'avèrent incapables d'assurer la défense des citoyens et encore moins de freiner cette progression armée des rebelles suréquipés. Ils cherchent leur salut dans la fuite. Les gendarmes sont curieusement les cibles les plus recherchées par les rebelles. Il semble que ceux-ci leur reprochent d'avoir été trop souvent loyaux vis-à-vis de la République. On dénombrera en tout dans cette crise l'assassinat de cent quatre-vingt seize gendarmes.

Des préfets et sous-préfets, qui n'ont pas pu s'échapper, sont arrêtés et emprisonnés. L'un d'entre eux y perdra la vie.

Les civils appartenant aux ethnies Bété, Attié et Dida, sont pourchassés, persécutés et tués, parce que considérés comme les soutiens privilégiés de Laurent. Ils les appellent les « *BAD* ».

Les rebelles s'attaquant particulièrement aux symboles de l'État détruisent les locaux administratifs et plus férocement les registres d'état civil.

On comprend aujourd'hui pourquoi. Il s'agissait de supprimer ainsi toutes les preuves de nationalité au Nord et de créer le prétexte de redonner les jugements supplétifs et des certificats de nationalité à des mercenaires, recrutés dans les pays voisins, afin de se constituer des listes électorales favorables à leur candidat.

La moitié nord du pays est sinistrée, plus d'école, les instituteurs sont partis, plus de soins médicaux. Dans les villes du Nord, la plupart des Ivoiriens ont fui comme ils pouvaient, leurs maisons sont pillées. Un million et demi de « déplacés de guerre » vont se réfugier au sud, en l'espace de quinze jours et des milliers d'Ivoiriens vont chercher asile dans les pays voisins, principalement en Guinée.

Et les combats continuent.

Pour aider les soldats ivoiriens, le président du Nigéria fait venir en Côte d'Ivoire trois alpha jets. Les avions de guerre arrivent effectivement, mais M. Obasanjo annonce à son homologue ivoirien que ces avions ne pourront servir sur le théâtre des opérations ivoiriennes, qu'à la condition que la CEDEAO soit partie prenante de cette décision.

Et voici Laurent à Accra I, la toute première réunion internationale sur la Côte d'Ivoire. Il y cherche uniquement les moyens d'utiliser les alpha jets nigérians pour mater la rébellion dans son pays.

La CEDEAO condamne la rébellion effectivement, mais Laurent n'obtient pas pour autant d'Obasanjo que les avions stationnés en Côte d'Ivoire interviennent sur Bouaké. C'est qu'entre-temps les présidents Chirac et Obasanjo se sont parlé. La France chiraquienne commence à se découvrir…

Les négociations continuent en Côte d'Ivoire et le ministre Tidiane Gadjo du Sénégal fait le *go between* entre Bouaké pour le MPCI et Abidjan et Yamoussoukro pour les FDS. Le 17 octobre 2002 un accord de cessez-le-feu sera signé. Et commencent alors, les négociations de Lomé qui ont pour but de mettre fin à la guerre. En attendant, à défaut du soutien militaire actif de la France, la communauté internationale procède à un déploiement de troupes africaines d'interposition afin de garantir le cessez-le-feu.

Les premiers jours à Lomé, les négociations progressent vite et bien. Dès la première semaine, un accord sur les points de revendications militaires est signé. Mais les commanditaires qui n'utilisaient ces revendications que comme leurre, souvenez-vous-en, avaient déjà brandi le nouveau masque.

Le MPCI était né et revendiquait l'attaque armée avec cette fois des exigences d'ordre purement politique.

À Lomé, le président Eyadéma refuse de jouer ce jeu et il est sur le point de convaincre les représentants de la rébellion de se contenter des revendications corporatistes. Il fallait donc trouver le moyen de faire échouer ces négociations de Lomé.

Deux initiatives sont alors prises :

Premièrement : un cadavre, comme un coup de tonnerre, dans le camp des rebelles : Dacoury Tabley Benoît.

Deuxièmement : l'ouverture d'un nouveau front de combat à la frontière libérienne pour que la guerre qui s'est tue sur les premiers fronts puisse reprendre sans que les mêmes rebelles soient accusés de violation de cessez le feu.

Belle tactique. Beau résultat.

Le 28 novembre, le Mouvement Populaire Ivoirien du Grand Ouest (MPIGO) et le Mouvement pour la Justice et la Paix (MJP), deux « nouveaux mouvements rebelles », prennent le contrôle des villes de Man et de Danané, dans l'ouest montagneux de la Côte d'Ivoire.

Là également, les militaires français vont

s'illustrer exactement de la même manière qu'à Bouaké, demandant aux soldats ivoiriens de sortir de la ville de Man, pendant qu'ils en sortent leurs ressortissants.

Entre-temps, les rebelles s'y sont, une fois de plus, fortement installés. Celui qui dirige les actions sur ces nouveaux fronts, un dénommé Doh Félix, s'appelle de son vrai nom, caporal chef N'guessan Saint Clair. Il est originaire de Yamoussoukro et faisait partie de la Garde Républicaine. Il se fera abattre à Bouaké par d'autres factions rebelles.

Le premier putsch de décembre 1999 n'avait fait aucune victime, le second de septembre 2002, extrêmement violent, s'est accompagné de massacres de civils et d'hommes en armes par les rebelles. L'assassinat des prisonniers, de leurs femmes et de leurs enfants avait tout à voir avec une exécution d'otages. Il a été commis par des hommes en armes sous l'autorité de leurs chefs.

Ce que je déplore, c'est que la communauté internationale l'a relevé, l'a condamné mais n'en a tenu aucun compte dans le règlement du conflit.

La France, elle, savait exactement ce qu'il en était. Mais les gouvernants français ont pris le parti des putschistes.

En juin 2003, un officier supérieur du 43e BIMA a déclaré à un parlementaire français de passage : « Si nous en avions reçu l'ordre, nous pouvions régler le problème en trois jours ».

Depuis Félix Houphouët-Boigny, la Côte d'Ivoire est l'un des pays au monde le mieux infiltré par la DGSE, le COS, et la DST (Divers services de renseignements français).

Comment peut-on imaginer un seul instant que la France n'était pas informée ?

Pourquoi n'en a-t-elle pas informé le chef de l'État ivoirien ?

À Bouaké et dans toute la zone occupée par les rebelles, le drame humanitaire commence.

Un témoin oculaire incontestable

L'ancien officier de presse de l'armée française, porte-parole de la Force « *Licorne* » en Côte d'Ivoire, Georges Peillon (qui signe Georges Neyrac) raconte dans son dernier livre, *Les guerres justes,* la cruauté de la rébellion ivoirienne. Georges Neyrac met en lumière la « *facticité du discours libérateur de la rébellion ivoirienne* » et condamne ses chefs qu'il nomme librement : Alassane Ouattara et Soro Guillaume. « *Ils (les rebelles) se disent libérateurs, scandant les noms d'Alassane Ouattara ou de Guillaume Soro, leurs leaders invisibles (...) ».* Nous déplorons aussi l'admiration portée par ces rebelles à leurs chefs militaires dont « *les familles sont prudemment installées dans des villas cossues ou des hôtels climatisés d'Abidjan, protégées par les troupes internationales* ». Georges Neyrac décrit également « *les soldats rebelles qui profitent du chaos pour terroriser les campagnes en brandissant leurs armes, contre des familles innocentes, brûlant les cases pour ne rien laisser aux forces gouvernementales. (...)* Force est de constater que ces rebelles sans foi ni loi n'hésitent pas à se livrer à de telles atrocités : « *dans un torrent de cris et d'injures, ils préfèrent boire des breuvages, voler, violer et tuer impunément* ».

Écoutons son récit horrible sur la traite des enfants : « *les jeunes adolescentes sont embarquées dans un camion qui prend la route du Burkina Faso, où elles seront livrées à des marchands sans scrupules, en échange d'armes, de voitures et d'alcool. (…)* Allant plus loin dans sa description des faits, avec force détail, il rajoute que : « *Sur la place, il ne reste plus que les jeunes garçons et quelques gamines. Le choix est simple : soit ils deviennent soldats, touchent une solde et se servent dans les villages, soit ils meurent. (…)* Et pour terminer, ce commentaire terriblement lucide : « *À treize ans, Fatou devient ainsi un enfant soldat…* ».

Et il y a en France, parole d'honneur, des personnalités politiques qui occultent volontairement ces crimes, et revendiquent fièrement leur amitié avec ces patrons de la rébellion ivoirienne !

Le premier livre de Georges Neyrac, *Ivoire nue*, avait déjà provoqué des remous au sein de l'armée française. En effet, tout en y dénonçant la barbarie des rebelles ivoiriens, il mettait en exergue « *la complaisance coupable des diplomates et des militaires français à leur égard* ».

Qui osera porter plainte contre l'ancien porte-parole de l'armée française en Côte d'Ivoire ?

JEUX DE MASSACRES

Impossible d'imaginer l'horreur !

Bouaké. Nous sommes aux premiers jours des attaques. Les huit cents étrangers occidentaux vont être évacués par les militaires français, mais des milliers d'Ivoiriens et d'étrangers africains, qui aimeraient fuir, restent bloqués sur place. Des semaines durant, des gens se faufilent hors des villes et villages, tentant de fuir l'horreur à pied ou à vélo. Le long des chemins, des drames se produisent, des femmes enceintes accouchent, d'autres perdent leurs enfants. Dans cette marée humaine affolée et bouleversée, la misère et l'horreur sont partout. Heureusement, très rapidement, sur ces chemins en pleine brousse, dans les villages et les campements plus éloignés des lieux du drame, la solidarité s'organise. Des vivres entreposés le long des routes pour soutenir les frères et les sœurs désemparés ! De l'eau, des calebasses d'eau, des canaris d'eau !

Toute la population est consternée et sidérée par la succession de ces évènements. Des hommes et des femmes

portant leurs enfants sur le dos, les bagages sur la tête, couverts de terre, marchant sur quarante, soixante, voire cent kilomètres, épuisés, les pieds enflés, ensanglantés. On avait l'habitude de voir ces atrocités sur les écrans de télévision, images du Rwanda, du Burundi, du Congo ; mais jamais on aurait pensé vivre cela en Côte d'Ivoire. Il fallait se rendre à l'évidence : la Côte d'Ivoire était en guerre.

La moitié des habitants de Bouaké finira par quitter la ville.

Dans les autres villes du Nord le même mouvement de fuite s'organise, avec la même solidarité clandestine, et nous accueillons à Abidjan et dans les autres villes du Sud, de l'Est, de l'Ouest, du Centre, des milliers et des milliers de personnes éclopées, brisées physiquement comme moralement. Bien sûr, dans cette fuite précipitée, ils n'ont pu rien emporter. Et tous leurs biens seront pillés. Leurs maisons occupées par les rebelles.

Quelques-uns d'entre eux m'ont décrit leur désarroi.

Je retiens un de ces témoignages : « *Est ce que vous vous rendez compte, Madame, pendant des années, tout au long de notre carrière, nous avons constitué notre petit patrimoine, des meubles, des objets de souvenir, pour préparer notre retraite, et là, à deux ans de cette retraite, nous venons de tout perdre. Qu'allons-nous devenir ?* »

Mais ceux-là avaient la chance d'être en vie, d'être entiers et d'être en liberté. Car d'autres témoignages sont plus terribles encore.

Des femmes ont été violées, des femmes de tous âges, des femmes enceintes vont mourir éventrées, le chef des rebelles voulait connaître immédiatement le sexe du fœtus ! Il n'avait pas le temps d'attendre l'accouchement !

Que dire des actes rituels fétichistes ? Pardonnez-moi les détails, mais on a un devoir de paroles, on ne peut pas taire ce visage hideux de la guerre que nous avons connue.

Parmi les personnes emprisonnées, chaque jour, les rebelles en égorgeaient et buvaient leur sang, pour acquérir la puissance, disaient-ils. Un DVD circule montrant un film où des hommes blancs, habillés en militaires français, participent à ces agapes.

À l'Ouest, des horreurs encore plus terribles. Avec l'ouverture du second front d'attaques, les rebelles s'illustrent dans des atrocités insoutenables. C'est comme si on avait affaire à des êtres déshumanisés. Un déferlement d'assaillants venus du Libéria et de Sierra Leone, encadrés par des hommes de guerre déjà très connus dans la sous-région, comme Sam Bokary dit Mosquito « Manches courtes manches longues » qui prenait plaisir à sectionner les membres de ses victimes en ne leur laissant pour seul choix que celui de la longueur. On y trouve également des chefs de guerre du MPCI et des officiers et soldats de l'armée régulière, passée à la rébellion. On y trouve aussi des encadreurs venus d'autres pays africains. L'argument officiel : venger la mort du général Gueï Robert ! Ce sont donc des supporters du général défunt qui auraient ouvert ce front-là, pour protester contre le président Gbagbo, accusé à tort d'être l'auteur de l'assassinat du général. Voilà donc des gens qui, décidant de punir Gbagbo, vont installer la guerre dans la région d'origine de celui qu'ils veulent venger.

Impossible pour moi de comprendre une telle logique !

Peut-être que, tout simplement, ces commanditaires locaux ne savent pas ce que c'est que la guerre. Ils n'en connaissent pas le visage hideux. Ils n'ont en tête que leur désir de vengeance et de méchanceté. Il leur était facile d'établir la connexion avec les mercenaires libériens et sierra léonais. Après tout, le général Gueï était de longue date un ami de Charles Taylor.

Tout le pays yacouba, ethnie du général Gueï, est rapidement secoué. On y pourchasse en priorité les militants du FPI et toutes les personnes soupçonnées d'avoir voté pour Laurent. On y poursuit également tous ceux qui ont des biens qui peuvent être confisqués pour constituer un trésor de guerre ou nourrir les combattants. Les populations fuient en masse, elles aussi, en Guinée de l'autre côté de la frontière ou encore vers le sud, jusqu'à Abidjan. Les assaillants se déportent alors en pays wê voisin où la population a massivement voté pour le FPI et là, la violence s'installe à demeure. Villages entièrement brûlés, rayés de la carte. Populations décimées, tuées au fusil, découpées à la machette, jetées vivantes dans des puits, l'horreur à son paroxysme.

Cette population wê de l'ouest de la Côte d'Ivoire a payé le prix le plus fort des massacres sauvages de la guerre.

Le saviez-vous ? Les hurlements des victimes n'ont pas pu arriver aux oreilles, ni des associations des droits de l'homme, ni des médias occidentaux. On entend encore des hommes politiques français dire qu' « Alassane Ouattara fait partie de ces hommes qui font honneur à l'élite africaine ». Pitié pour la France ! Pitié pour la Côte d'Ivoire ! Pitié pour l'Afrique !

Je puis vous assurer, parole d'honneur, qu'un tel personnage ne peut pas faire honneur à l'élite africaine d'aujourd'hui.

Le massacre des gendarmes à Bouaké

À Bouaké, d'un côté des gendarmes, des policiers, des militaires, des hommes au service des autres ; de l'autre côté des hommes en rupture de ban, des barbares qui les ont tués à coups de gourdin et de machette quand il ne leur restait plus de balles dans leurs fusils.

Des familles entières décimées… Pourquoi ?

Comment est-ce possible ? Pourquoi sont-ils morts ?

Les rebelles ont fracturé des portes, emporté tout ce qu'ils pouvaient, mais ce qu'ils voulaient avant toute chose, c'était tuer ! C'était tuer l'autorité, c'était briser l'État. Ils n'étaient avides que de sang comme des bêtes sauvages ! Ils ont humilié ces hommes, ils les ont déshabillés puis les ont abattus devant leurs épouses et leurs enfants. Et de toute cette horreur-là, personne n'a parlé, aucune voix ne s'est élevée, pas un quelconque médium international ne s'est fait entendre pour condamner, pour dénoncer !

Octobre 2002. Le samedi 26 octobre 2002, les gendarmes qui depuis longtemps n'avaient plus de munitions étaient sortis des bois où ils avaient dû se réfugier, pour venir visiter leurs familles demeurées dans le camp de gendarmerie. On leur avait passé le message selon lequel leur salaire, en attente depuis septembre, allait pouvoir leur être payé. Ils se retrouvent donc tous dans le camp. Une soixantaine d'éléments avec leurs femmes et leurs enfants. Brusquement des détonations claquent dehors et c'est l'encerclement par les rebelles. Sans munitions, ils ne sont pas en mesure de se battre.

Les gendarmes ont donc tous agité des drapeaux blancs. Ils ont été contraints de rendre leurs armes vides. Désarmés, humiliés, ils sont embarqués avec tout ce que le camp compte d'êtres masculins au-dessus de cinq ans. Les rebelles les ont transportés à travers la ville jusqu'au troisième bataillon où ils ont été parqués, enfermés.

TV5 était présent et a tout filmé.

À partir du dimanche et pendant quelques jours, entre vingt-trois heures et quatre heures du matin, les rebelles arrivaient, rassemblaient quelques prisonniers dans une cellule et les fusillaient à bout portant. Puis, quelques survivants étaient chargés de ramasser les corps, de les entasser dans un camion et de les emmener pour les jeter dans une fosse creusée à cet effet. Blessés comme morts sans différence aucune ! L'objectif était d'éliminer tous les prisonniers, adultes comme enfants.

Cela s'est passé au 3e bataillon de Bouaké pendant plusieurs jours. Quelques personnes ont pu être sauvées de ces massacres grâce à l'intervention de la Croix-Rouge.

Sur les cinquante-six garçons enlevés, il n'est resté que sept survivants.

Le lundi, les rebelles ont décidé de faire une chasse aux femmes de gendarmes qui avaient tenté de quitter le camp et de prendre la fuite.

Pourquoi tant de haine ? Comment peut-on soutenir de tels actes ? Comment peut-on les commanditer ? Comment peut-on ne pas les dénoncer ?

Pendant leur transport vers le troisième bataillon, les prisonniers voyant les techniciens de TV5 les filmer, s'étaient mis à espérer que les images allaient être diffusées, que l'information allait donc passer, provoquant des actions de sauvetage en leur faveur. Mais il n'en fut rien. TV5 s'est contenté de faire des mises en boîte.

Plus tard, harcelé par des Ivoiriens, Amnesty International interviendra sur le dossier pour que, enfin, TV5 libère sur le petit écran les images filmées.

Amis lecteurs, comment peut-on qualifier ce silence ? Non-assistance à personnes en danger ?

Aujourd'hui encore mon cœur saigne.

J'ai posé la question à M. de Bonnecorse, responsable des Affaires africaines à l'Élysée, lors d'une de ses visites à Abidjan : « Pourquoi l'État français laisse-t-il ses médias d'État, adopter de tels comportements dans nos pays ? » Il m'a répondu que l'État, en France, n'avait aucune autorité sur les médias.

Maigre réponse ! Inacceptable ! Mauvaise foi !

De nombreux militaires loyalistes, prisonniers, vont eux aussi être exécutés, parfois, avec leur famille tout entière.

Tous les témoignages concordent. Les rebelles sont dirigés par des hommes, toujours les mêmes, qui accomplissent tous les coups d'État dans la sous-région depuis des années.

La plupart de ces rebelles, s'ils sont accompagnés par des soldats ivoiriens déserteurs, sont en fait des mercenaires libériens, burkinabés ou maliens à qui on a raconté qu'ils seraient grassement payés pour accomplir une mission rapide destinée à aider des compatriotes en danger à Bouaké. À eux s'ajoutent des civils ivoiriens à la solde des « araignées de l'ombre ».

On a appris qu'on leur avait projeté le film et les photos faits par Scheuer sur « le charnier de Yopougon », histoire de les « chauffer » un peu ! On a appris également qu'on leur avait fait boire des décoctions qui les droguaient et décuplaient leur agressivité.

Massacres de Guitrozon et de Petit Duekoué

Massacres aussi dans la nuit du mardi 31 mai au mercredi 1er juin 2003, quand vers quatre heures du matin, des individus non identifiés, armés de fusils et de couteaux, s'infiltrent dans le village de Guitrozon et frappent avec une violence inouïe la population endormie. Des hommes rentrent dans toutes les cases de ce village à l'orée de la forêt, égorgent et tuent, mettent le feu à des cases. Le 5 octobre 2003, à la sortie de Duékoué, en direction de Man, un charnier à ciel ouvert sera découvert. « Le site est situé en bordure immédiate de la route, sur le côté droit, au pied d'un petit pont enjambant un ruisseau » précise le rapport de la commission d'enquête. D'après des témoins, le tas de cadavres humains était en état de décomposition avancée. Les squelettes étaient disloqués, il était possible de compter au moins huit crânes dont cinq dans l'eau, à la verticale du pont.

Massacres encore, deux ans plus tard dans la nuit du 31 mai au 1er juin 2005, à l'ouest du pays, dans quatre lieux-dits du village de Duékoué, par un commando de rebelles.

Des hommes, des femmes, des enfants, des vieillards sont abattus à bout portant. Des gens sont brûlés vifs, des blessés sont achevés à l'arme blanche, des civils sont brûlés dans des cases puis exposés dans les rues.

De nombreux drapeaux blancs ont été agités en vain.

Quand la force prend le pas sur le droit, l'horreur absolue est toujours au rendez-vous. Enfants et femmes violées, gorges tranchées, corps disloqués.

Il s'agit bien là d'un « Crime contre l'humanité ».

Notre pays paradisiaque a été transformé en enfer. Rien n'est sacré pour les rebelles. Ils peuvent tuer, violer, torturer, assassiner. Ils se sentent impunis. Le lendemain des massacres perpétrés par les rebelles à Petit Duékoué et à Guitrozon, je me suis rendue sur place et j'ai vu ce que je n'aurais jamais imaginé voir de ma vie !

C'était terrifiant, impossible de retenir ses larmes, impossible à supporter. Je n'ai toujours pas compris comment des êtres humains peuvent tomber aussi bas. Les gens ont commencé à me raconter ce qu'ils avaient vécu ; quelqu'un m'a rapporté l'histoire atroce d'une de ses parentes, une jeune dame qui avait accouché la veille. Le bébé était né à vingt-deux heures et l'attaque est survenue à deux heures du matin. Ce bébé qui n'avait que quatre heures de vie a été égorgé et brûlé vif avec sa mère. Ensuite les rebelles ont jeté les cadavres devant la porte.

Une autre dame qui avait tenté de fuir de sa maison et de se réfugier en brousse avec un enfant a été retrouvée, ligotée, éventrée et égorgée. Des hommes aux crânes fendus devant leurs mères ; des enfants et des vieillards abattus ; de véritables assassinats ; des hommes sans défense, égorgés à coups de machette, criblés de balles à bout portant dans le ventre ; des gens brûlés vifs comme à Oradour-sur-Glane.

Comment une telle barbarie est-elle possible ? Des gens attaqués par surprise, de nuit ; des enfants calcinés, un cauchemar épouvantable et pour finir des centaines de morts dans la seule nuit du 31 mai au 1er juin 2005.

Comble d'horreur, ces crimes ont été exécutés à environ cinq cents mètres du camp militaire français de la Force Licorne et à environ cinq cents mètres du poste de l'ONU. Les meurtriers avaient traversé la « zone de confiance » pour venir attaquer ces villages situés à la lisière de cette zone censée les protéger.

Et tout cela, occulté par les médias, occulté par la communauté internationale.

On a vu ces mêmes médias qui se sont montrés si prompts à nous imputer le fameux « charnier de Yopougon » ou encore les « escadrons de la mort » tentés, dans ce dernier cas, de banaliser cette tragédie pour en réduire l'impact psychologique et politique. Sous leurs plumes il ne s'agissait plus que de simples querelles foncières entre ethnies voisines.

Un tel mensonge revenait à salir tout un peuple dont les ethnies ont toujours vécu en bonne intelligence jusqu'ici !

Généralement on connaît ses voisins. Or les survivants de cette nuit terrible ne connaissaient pas ces rebelles. Est-ce qu'on peut soutenir de tels individus ?

En février 2006, les soldats ivoiriens et français ont eu une altercation à l'ouest de la Côte d'Ivoire à la limite de la localité de Bangolo située à proximité de la zone de confiance. Les soldats français refusaient aux soldats ivoiriens d'aller plus loin en pays Yacouba (l'ethnie du général Gueï). Lorsque les soldats français ont été interrogés sur les raisons de leurs actes, ils ont répondu que consigne leur avait été donnée par leur hiérarchie, de ne pas laisser passer l'armée ivoirienne pour accéder à la zone de confiance (zone neutre).

La zone de confiance n'est censée accueillir que les troupes onusiennes armées et la force Licorne. Les soldats français y laissent cependant circuler les dozos, toujours disent-ils, sur consigne de leur hiérarchie. Or les dozos sont des chasseurs traditionnels utilisés par la rébellion armée. Et tout le monde sait que très souvent, c'est dans la tenue des dozos que se déplacent les bandes armées rebelles qui n'ont pas d'uniformes particuliers.

Les dozos-rebelles peuvent donc, sans se faire arrêter, circuler en armes, ce qui leur permet de faire de temps à autre des incursions en zone gouvernementale pour attaquer les populations en plein sommeil pendant la nuit, au vu et au su des soldats français et de ceux de l'ONUCI.

Voilà pourquoi aussi les soldats français sont devenus très impopulaires en Côte d'Ivoire. Le fait qu'ils fassent partie des forces sous mandat de l'ONU est une aberration. Selon les accords qui nous lient, les Français devraient être engagés aux côtés de la Côte d'Ivoire contre les agresseurs qui viennent du Burkina Faso et du Libéria.

Les scènes effroyables de la guerre ivoirienne que l'on n'a pas vues à Paris, à Bruxelles, à New York ou ailleurs en Afrique et dans le monde, les Ivoiriens, eux, ne les oublieront jamais.

C'est notre devoir de mémoire !
Le rappeler, c'est notre devoir de vérité !

DE LA SOUVERAINETÉ

Indépendance sous tutelle

Le 27 février 2004, dans sa résolution 1528, le Conseil de sécurité de l'ONU autorise la formation de l'Opération des Nations unies en Côte d'Ivoire (ONUCI), qui regroupe les forces françaises et celles de la CEDEAO (l'ECOMOG), pour une durée initiale de douze mois, à compter du 4 avril 2004.

Pourquoi l'ONU et les autorités françaises ont-elles cru bon de tenir la balance égale entre un gouvernement légitime et des putschistes ? Pourquoi les rebelles ont-ils été traités comme une opposition légale ?

Jamais peuple n'a été moins belliqueux que le nôtre et je n'arrive toujours pas à comprendre ce qui se passe sur notre sol.

Pourquoi sacrifie-t-on ainsi notre Droit ?

Lorsque Laurent Gbagbo fit appel aux enquêteurs de l'ONU pour voir et juger la situation sur place en Côte d'Ivoire, l'ONU se garda bien de condamner les rebelles, que ses propres enquêteurs désignaient pourtant comme responsables de la crise en Côte d'Ivoire, dans un fameux rapport qui n'a jamais été officiellement publié, mais qui a beaucoup circulé sur le net…

C'était la première fois que des enquêteurs de l'ONU pointaient du doigt une *puissance étrangère* qui rappelait étrangement la France et les pays limitrophes comme étant les soutiens de la rébellion armée.

Ces enquêteurs ont d'ailleurs retrouvé à Bamako et au Burkina Faso, du matériel qui avait été utilisé en Côte d'Ivoire.

Au début de la guerre déjà, sur les lieux des combats à Daloa on avait retrouvé des caisses de munitions portant les inscriptions :

« MONSIEUR L'ATTACHÉ
FORCES ARMÉES
PRÈS AMBASSADE DE FRANCE
OUAGADOUGOU
HAUTE VOLTA 73933 ».

Il s'agit vraisemblablement de caisses de munitions adressées à l'attaché militaire de la France au Burkina Faso, anciennement Haute-Volta, (voir photographie en annexe). Des munitions livrées à l'État burkinabé par la France, dans le cadre des accords de coopération militaire entre la France et le Burkina Faso. Des munitions destinées à l'État burkinabé et fournies par l'État Français se sont donc retrouvées entre les mains des rebelles qui les ont utilisées sur les champs de bataille en Côte d'Ivoire !

Quelle explication peut-on donner à cet état de fait ?

Ne serait-ce pas là le signe d'une implication de l'ancienne puissance coloniale dans ce conflit depuis le début ?

Toutes les initiatives de paix à partir de Marcoussis, Kléber, Accra, Prétoria, Abuja, Addis Abeba, New York, n'auront été engagées ou, tout au moins, n'auront produit comme effet que le dépouillement progressif de Laurent, dans le seul but d'opérer un transfert du pouvoir à un homme du choix de la France.

Le rapport Leliel commandé par l'ONU sur les atteintes aux Droits de l'homme en Côte d'Ivoire depuis le 19 septembre 2002 est accablant. De nombreux charniers et fosses communes ont été trouvés par l'ONU et des organisations non gouvernementales comme *Amnesty International* dans le nord du pays. Violations incessantes des droits de l'homme, violences sexuelles faites aux femmes, banalisation de la souffrance, mépris de la dignité de la personne humaine, transformation de mineurs en enfants soldats. Depuis les événements de septembre 2002, les disparitions forcées et les enlèvements sont monnaie courante dans le Nord.

L'ONU s'est toujours alignée automatiquement sur les positions de la France concernant la Côte d'Ivoire. C'est un peu comme si nous étions encore une simple colonie, une dépendance de la France ! Et au Conseil de sécurité, c'est l'ambassadeur de France à l'ONU, le même Jean-Marc de la Sablière, qui rédige et présente tous les textes de résolutions sur la crise en Côte d'Ivoire. Ça ne semble gêner personne que la France soit à la fois juge et partie.

Seul le président Thabo M'Beki, Médiateur désigné par l'Union africaine, a pu élever la voix pour démontrer que le président de la République de Côte d'Ivoire avait réalisé toute sa part de tâche exigée par la Communauté Internationale. Dans ces efforts de règlement de la crise, les rebelles n'avaient accompli aucun des engagements exigés d'eux. Thabo M'Beki a signifié à toute la Communauté internationale que, pour résoudre définitivement la crise ivoirienne, il fallait procéder au désarmement des rebelles de gré ou de force.

Aujourd'hui, grâce à leurs armes, les rebelles ne craignent rien. Ils se sentent soutenus par la France, par l'ONU, par l'opinion internationale. Ils occupent une partie du territoire dont ils pillent les richesses en toute impunité et investissent au Burkina Faso, au Mali, au Sénégal, au Ghana avec l'argent généré par ce pillage.

Sans parler des casses de la BCEAO (Banque Centrale des États de l'Afrique de l'Ouest) de Bouaké, Man et Korhogo auxquels, d'ailleurs, soit dit en passant, ont participé des militaires français de la Force *Licorne* qui ont été jugés depuis par l'armée française.

Concernant les pillages, je vous renvoie à l'hebdomadaire économique londonien de référence, *The Economist,* du 9 novembre 2006 sur le cas spécifique des mines de diamants de Séguela qui met en exergue l'importance de ces malversations commises dans la plus grande indifférence de la communauté internationale : « *Mais quelles que soient les explications des rebelles à propos de leur présence sur cette mine lucrative, les experts des Nations unies affirment qu'en fait, les mines comme celle de Séguela, produisent des diamants qui alimentent les trafics au Mali et au Ghana, violant les sanctions de l'ONU et favorisant le financement des efforts de guerre des rebelles* ». Selon ce même journal on pourrait estimer à environ 23 millions de dollars par an le montant de ce trafic de diamants. Selon l'ONG britannique *Global Witness*, le processus de Kimberley, un programme international de certification qui vise à empêcher les trafics des diamants sales « risque de rester un vulgaire bout de papier ».

Les diamants du sang sont les armes de choix des rebelles ivoiriens. Pour quelles raisons iraient-ils déposer volontairement les armes et libérer le peuple ivoirien ? Quelque part quelqu'un se moque de la détresse de mon peuple lorsqu'il parle de « désarmement volontaire » !

En guise de primes, les rebelles ont obtenu des postes ministériels y compris des ministères de souveraineté.

Leur chef, Soro Guillaume est même devenu le numéro 2 du gouvernement formé par M. Charles Konan Banny. Ils sont heureux ! Pourquoi déposeraient-ils les armes ? Ils ont obtenu tout ce qu'ils voulaient ou presque… Le presque est d'importance… Ce qu'ils n'ont pas obtenu c'est l'éviction de Laurent du pouvoir, voire sa démission.

J'en veux pour preuve un article de Philippe Duval paru dans *Le Parisien* et *Aujourd'hui en France* du 2 octobre 2006 : « *Le nouveau gouvernement de Charles Konan Banny comprend les mêmes hommes directement recommandés par les États-Majors des partis et de la rébellion. Konan Banny, l'ancien gouverneur de la banque des États de l'Afrique de l'Ouest, continue d'y siéger aux côtés de son numéro 2, Guillaume Soro, chef politique de la rébellion, laquelle a pillé en toute impunité au moins trois succursales de ladite banque. Ainsi va la vie politique ivoirienne depuis les accords de Marcoussis imposés en janvier 2003 par la France* ».

Écoutons Monsieur Chirac

Tout bâton peut tuer un serpent !
Proverbe africain

Le jeudi 9 novembre 2006, à l'occasion de la pause de la première pierre du Mémorial de Charles de Gaulle, M. Jacques Chirac, président de la France, a prononcé des paroles très fortes avec lesquelles je suis en entière adéquation.

Parlant du général de Gaulle il dit ceci : « *Il sait aussi que l'effondrement de l'État est au cœur du drame de 1940 et des journées de mai 1958. Il faut à la France des Institutions fortes et stables. Tout émane du peuple : le président de la République doit être élu au suffrage universel. C'est la clef de voûte des Institutions de la cinquième République. Elle a donné à la France ce qui lui manquait depuis des décennies : une exceptionnelle solidité institutionnelle, une remarquable capacité d'adaptation. Depuis 1958, notre Constitution nous a permis de surmonter toutes les crises, d'affronter toutes les situations politiques. À ceux qui aujourd'hui, par ignorance ou par calcul, voudraient ébranler cet édifice, je dis : Mesurez toute l'irresponsabilité qu'il y aurait à brader ce qu'il y a de plus solide dans nos Institutions* ».

Toutes ces affirmations sont très justes, la Constitution est la « clef de voûte », l'armature principale d'un État républicain, non seulement de la Cinquième République française, mais aussi de tout État dans le monde entier. Et lorsqu'on y touche sans précautions, on peut provoquer l'effondrement de l'État tout entier. C'est vrai pour la France, c'est vrai aussi pour la petite Côte d'Ivoire !

Maintenant, examinons ensemble les positions que prend l'État français de Jacques Chirac et les solutions qu'il propose dans la résolution de la crise ivoirienne.

Linas-Marcoussis et Kléber

L'enfant dans son propre village
est fort comme un arbre
Proverbe africain

En janvier 2003, les négociations sur la crise déménagent de Lomé, Togo, en Afrique à Linas Marcoussis en France. En effet, du 15 au 24 janvier 2003, à l'invitation du président de la République française, une table ronde se réunit à Linas Marcoussis. Elle réunit les partis politiques présents à l'Assemblée nationale et les mouvements rebelles. Aucune Institution de l'État ivoirien n'y est conviée, ni les Forces de Défense et de Sécurité, ni le président de la République de Côte d'Ivoire.

Ces accords sont donc signés entre privés qui n'assument aucune responsabilité dans la gestion de l'État ivoirien. Mais l'État français, de même que les institutions de la communauté internationale, décide de les imposer à la Côte d'Ivoire et d'en faire l'unique cadre de résolution de la crise ivoirienne. Cela est une chose aberrante, voire scandaleuse, mais c'est ce qui est.

Ces accords, bien heureusement, réaffirment le respect de la Constitution. Mais ils instituent en même temps la nomination d'un Premier ministre « *irrévocable* » jusqu'à la prochaine élection présidentielle ; la formation d'un *gouvernement de réconciliation nationale* comprenant des personnalités issues de la rébellion ; le désarmement des rebelles ; la restructuration des Forces armées ivoiriennes ; l'adoption d'un certain nombre de lois introduisant des réformes politiques ; la traduction devant la Cour Pénale Internationale des responsables d'exécutions sommaires ; la réforme de la CEI (Commission Électorale Indépendante) ; la révision de la Constitution et en particulier une réforme des conditions d'éligibilité au poste de président de la République. Ce dernier point intéresse tout particulièrement Allassane Ouattara et Soro Guillaume.

Le document des accords de Linas-Marcoussis est signé par tous les partis présents le 24 janvier 2003. Deux jours après, rue Kléber, se tenait une réunion des chefs d'État français et africains, du secrétaire général de l'ONU et des bailleurs de Fonds Occidentaux à qui l'on demandait de s'engager à accompagner les opérations de désarmement, de réunification, de reconstruction et de sortie de crise.

Laurent conservait son poste jusqu'à l'élection présidentielle de 2005, mais il fallait qu'il accepte des ministres rebelles au sein du gouvernement. Un Premier ministre allait être nommé avec l'assentiment des rebelles mais personne ne prenait en compte le fait qu'un autre ministre venait d'être assassiné par ces mêmes rebelles, ainsi que des généraux, sans compter les milliers de civils tués. Personne ne fit non plus allusion aux recrutements forcés d'enfants, ni aux deux millions de victimes qui avaient dû fuir les zones occupées par la rébellion. Pas le moindre mot au sujet des massacres qui venaient de se dérouler. Pas la moindre compassion, pas la moindre repentance.

Les accords de Marcoussis sont mauvais. Ils n'auraient jamais dû être signés ni même proposés. Les représentants du FPI, mon parti, les ont signés, mais ils ont eu tort de le faire. La publication de ce texte provoqua la colère dans les rues et les quartiers du pays tout entier.

Plus jamais, un État africain ne devra être traité comme la Côte d'Ivoire, l'État ivoirien, le peuple ivoirien l'ont été.

Pourquoi ?

Tout d'abord, ces accords en imposant des rebelles dans un gouvernement légitiment l'agression armée, la tentative d'accession au pouvoir par la force.

Comment une Nation qui revendique le droit, qui proclame la supériorité de la démocratie, (discours de la Baule, France pays des Droits de l'homme, etc.) peut-elle soutenir une telle proposition ?

Ensuite, ces accords ont promu aux postes de ministres des individus sans aucun niveau intellectuel, sans aucune culture politique (cuisinier, frigoriste, sans même un certificat d'études primaires). Non seulement le peuple ivoirien se sentait profondément humilié, mais en plus, l'État commençait son effondrement.

Or Chirac sait lui aussi : « *que l'effondrement de l'État est toujours au cœur du drame d'une Nation* ».

Comment est-ce que Pierre Mazeaud, constitutionnaliste avéré dit-on, envisageait-il le fonctionnement des ministères attribués à des personnes qui n'étaient même pas capables de concevoir un organigramme, ni même de lire une communication ou un rapport qu'on leur avait rédigés ?

Il avait été décidé que les ministères allaient être répartis entre tous les partis et organisations présents à Linas-Marcoussis sur proposition des responsables des structures. Exit donc l'autorité du chef de l'État et la relation hiérarchique entre le chef de l'État et les membres du gouvernement.

Comment un gouvernement peut-il fonctionner quand chacun des membres se sent plus responsable devant son leader que devant le chef du gouvernement lui-même ?

Comment le chef de l'État, constitutionnellement chef de l'exécutif, peut-il avoir de l'autorité sur un Premier ministre qu'il ne peut ni sanctionner ni démettre, alors que l'on se trouve dans un régime présidentiel ?

Ces accords ne pouvaient pas fonctionner et ils n'ont pas fonctionné. Rien que pour constituer le premier gouvernement les choses ont duré trois mois. Les rebelles voulaient tous les ministères de souveraineté y compris la Défense et la Sécurité. Le président de la République ne leur a cédé, ni la Défense, ni la Sécurité, mais ils ont obtenu, entre autres, l'Administration du Territoire et la Justice, en tout quatorze postes entre les rebelles et le RDR.

Il fallait, pour finir, camoufler la laideur, les ignominies : on recouvrit donc tout ce beau monde d'un manteau pudique de virginité. On baptisa ces bandes armées criminelles « Forces Nouvelles » et le tour était joué. On sabla même le champagne sur le dos du peuple ivoirien.

Ces propos du colonel Burgaud de la Force Licorne tenus dans *Le Figaro* du 2 avril 2005 viennent confirmer ce paradoxe honteux : « *Les rebelles restent, demeurent et demeureront une rébellion. Nous Français, les avons installés dans la durée et rendus fréquentables. Ils sont infréquentables !* »

Bien évidemment, le gouvernement n'a pas marché et on dut remplacer le Premier ministre Seydou Diarra. Le suivant, Charles Konan Banny, ne donnera pas de meilleurs résultats.

L'accord de Linas-Marcoussis, signé le 24 janvier 2003, en banlieue parisienne, entre les partis politiques ivoiriens et la rébellion armée, prévoyait le désarmement immédiat des rebelles dès la formation du gouvernement de réconciliation nationale.

Depuis la formation du premier gouvernement en mars 2003, les choses sont allées d'illusions en illusions, ou plutôt pour nous, de désillusions en désillusions. Et, pour les rebelles, de surenchères en surenchères. Aujourd'hui encore, au moment où j'écris, ils refusent de déposer les armes et continuent d'occuper le nord, le centre et l'extrême ouest du pays.

Les accords de Linas-Marcoussis sont mauvais et je l'ai dit. Et parce que je l'ai dit, haut et fort, j'ai été taxée de tous les noms possibles : extrémiste, va-t-en guerre, anti-Français, aile dure du FPI, etc.

N'en déplaise à Jacques Chirac, je persiste à dire que l'on ne peut pas demander à l'Ivoirien de se renier pour être, pour exister.

Est-ce parce que nous sommes un pays du Tiers Monde que l'on peut faire abstraction de notre Constitution, de nos institutions, de notre bon droit, de la justice tout court et nous traiter de la sorte ?

Est-ce parce que nous sommes une ancienne colonie ?

Est-ce parce que nous sommes noirs ?

Personne n'aurait songé à traiter de la sorte un État européen !

J'ai du mal à en croire mes oreilles quand j'entends Chirac dire :

« *Le général de Gaulle, c'est aussi le refus d'un univers dominé par la confrontation des blocs... C'est dans le prolongement de cette conception que j'ai voulu construire la réponse de la France à la mondialisation : la recherche d'une gouvernance mondiale fondée sur des valeurs partagées, au premier rang desquelles le caractère sacré de la dignité humaine, qui ne saurait tolérer aucune exception ; le respect des peuples indépendants et souverains ; le refus de l'usage unilatéral de la force dans un monde qui doit être régi par le droit et par la solidarité ; la diversité conçue comme une richesse ; le refus du choc des civilisations et la nécessité du dialogue des cultures* ».

J'entends brusquement Dalida chanter : « *Parole, parole, parole etc. des mots, toujours des mots !...* »

Les accords de Marcoussis sont mauvais parce que ce texte comporte en son sein, des contradictions inacceptables. Dans le même temps où il affirme le respect de la Constitution, il tente de donner au Premier ministre des pouvoirs au-delà de ce que lui reconnaît la Constitution. La Côte d'Ivoire est un État souverain et pourtant Linas-Marcoussis donne à la France le pouvoir de venir réformer l'armée ivoirienne. À quel titre le ferait-elle ?

Les débats à l'Assemblée nationale sur les projets de lois issus de ces accords furent, pendant trois ans, des débats pénibles, longs, douloureux et humiliants.

L'ONU en action

À la rue Kléber, pour faire suite aux négociations de Marcoussis, la France avait convoqué la communauté internationale et porté devant elle le dossier ivoirien.

Dès lors, l'ONU entre en action. Le secrétaire général Koffi Annan, réunit le Conseil de sécurité qui s'active et adopte des résolutions. Quelles observations peut-on faire sur l'ensemble de ces résolutions ?

La première chose qui frappe, c'est la négation des valeurs et de l'éthique universelle. Il est manifeste que ces résolutions ont passé à la trappe la notion de justice. Qui a raison dans ce conflit ivoirien ?

Des troupes en armes sont venues et ont attaqué nuitamment un État, dans le but visible de renverser le chef de l'État, démocratiquement élu et de s'emparer du pouvoir.

Quels sont les principes que l'ONU défend dans un tel cas de figure ?

Que doit-elle faire, lorsqu'elle décide d'intervenir dans un tel débat ?

Des États étrangers ont attaqué un pays voisin, dans le but d'installer au pouvoir des alliés à leur solde.

Quel doit être le comportement de l'ONU ? Quelle position doit-elle défendre ? Que recommande la Charte de l'ONU dans un tel cas de figure ?

Des bandes armées tuent, violent, pillent les biens du pays et des populations. Le chef de l'État fait appel à l'ONU pour qu'elle lui porte secours. Quelle doit être la réponse de l'ONU dans un tel cas de figure ?

Nous, nous connaissons les réponses à ces questions, mais ce que je constate, c'est que l'ONU n'a prononcé qu'une condamnation formelle de l'agression par les rebelles. Et puis, dès Kléber, le secrétaire général, Koffi Annan lui-même, préside une rencontre de « sorciers », rassemblés pour dépecer la Côte d'Ivoire, brader sa souveraineté et mater ses « patriotes » résistants.

Les Ivoiriens auraient dû peut-être se laisser massacrer sans riposter !

Ils auraient dû se laisser confisquer leur pays par des assaillants, sans se défendre !

Vous constaterez avec moi que l'ONU a tout fait, sauf proclamer la raison de Laurent Gbagbo, diaboliquement attaqué. Au contraire, elle a pris fait et cause pour les rebelles.

La deuxième chose qui frappe, c'est le fait que les résolutions de l'ONU organisent la négation de la Souveraineté ivoirienne. Cela commence par la réduction des pouvoirs du président de la République. Après avoir affirmé le respect de la Constitution, l'on s'évertue, sans scrupule aucun, dans les articles qui suivent, à vider ses pouvoirs de tout leur contenu. Une fois cela fait, décision est prise de transférer les pouvoirs du président de la République à un Premier ministre qu'on maîtrise et qu'on a aidé à nommer.

Le troisième acte visera à affaiblir les Forces de Défense et de Sécurité par toutes sortes d'actes et d'entraves, de dénonciations et de diffamations. En effet, notre armée connaîtra beaucoup d'entraves dans ses actions de reconquête et de libération du territoire. Et même les alliés internes à la rébellion s'en donnent à cœur joie. Nos soldats racontent qu'un jour où, se préparant à intervenir à Bouaké ils avaient commandé des munitions et des armes, ils eurent la désagréable surprise de voir débarquer des cartons de bouteilles d'eau minérale. Ce jour-là, ils durent annuler l'opération qui était prévue. Notre armée comptait en son sein des félons que grâce à Dieu nous avons pu identifier. Mais ils firent beaucoup de mal et, surtout, donnèrent de nos troupes, l'image d'éléments incapables de gagner cette guerre. Et cela venait accréditer la déclaration de Villepin : « *La solution du conflit n'est pas militaire !* »

Cet état de fait conduira Laurent à accepter de s'inscrire dans le processus arrêté à Linas-Marcoussis.

Nombreuses ont été également les actions menées dans l'ombre et même publiquement pour empêcher le rééquipement de l'armée ivoirienne. Très vite, des mots d'ordre souterrains semblaient avoir été donnés. Car, du jour au lendemain, tous les guichets où l'État ivoirien pouvait acheter des armes pour équiper son armée se fermèrent, les uns après les autres. Plus personne ne voulait vendre des armes à l'État ivoirien. Et lorsque, par miracle, on trouvait un vendeur, les pays empêchaient nos avions de survoler leur ciel.

Il fallait négocier et encore négocier dans le stress, dans l'angoisse et dans l'incertitude.

Au bout du compte nous avons pu acheter des avions de guerre, des hélicoptères de combat de type soviétique. Mais aussitôt, que de pressions, que de dénonciations, pour que nos avions restent immobilisés au sol ! L'ONUCI, la Force Licorne nous reprochaient d'utiliser nos armes dans le combat. L'armée ivoirienne n'avait même pas le droit d'assurer la défense et la sécurité de la population. Pour parfaire cette aberration, l'ONU décida l'embargo sur l'importation d'armes par l'État de Côte d'Ivoire.

Voilà un pays qui est attaqué à l'arme lourde par des troupes qui occupent la moitié de son territoire et cela n'a été possible, que parce que l'armée régulière de ce pays était sous équipée. Et plutôt que de l'aider à réunir les moyens de sa propre libération, l'ONU prend une résolution lui interdisant de s'approvisionner en armes !

Qui peut comprendre cette décision ?

Comment expliquez-vous une telle décision ? Bien évidemment la France fut désignée pour surveiller l'application des mesures de l'embargo !

Les attaques continuèrent jusqu'à ce que la France détruise nos avions pendant les événements de novembre 2004. Nous y reviendrons plus loin.

Quatrième acte qui me laisse toute aussi perplexe : la diabolisation de nos résistants et l'utilisation de l'instrument que représentent les sanctions de l'ONU, dans le règlement de la crise ivoirienne.

Blé Goudé perçu comme le principal leader des *patriotes* ; Mamadou Koulibaly, président de l'Assemblée nationale ; Affi N'Guessan, président du FPI, parti qui a porté Laurent Gbagbo au pouvoir ; Simone Gbagbo, présidente du groupe parlementaire FPI ; Djué Eugène, autre leader des patriotes ; Bro-Grébé Geneviève, principale leader des *femmes patriotes* ; tout ce monde sera violemment pris à partie par les institutions représentant l'ONU et la France. Nous avons été accusés d'être les irréductibles, les fauteurs de troubles proches du pouvoir. C'était nous qui faisions, disaient-ils, entrave à la paix.

En d'autres termes on avait tort de ne pas être des rebelles. Nous étions coupables, d'être des loyalistes, d'être des patriotes. « Quelques excités », pour reprendre les propos de Michèle Alliot Marie, ministre français de la Défense.

Dans la résolution 1633, (2005) paragraphe 23, l'ONU rappelle : « *le paragraphe 12 de la décision du Conseil de Paix et de Sécurité dans lequel ce dernier appuie les mesures individuelles prévues au paragraphe 9 et 11 de la résolution 1572 de novembre 2004 et réaffirme qu'il est prêt à imposer ces mesures à l'encontre de toute personne qui bloquerait la mise en œuvre du processus de paix, tel qu'il est notamment défini dans la feuille de route mentionnée au paragraphe 13 ci-dessus, de toute personne qui serait tenue responsable de graves violations des droits de l'homme et du droit international humanitaire en Côte d'Ivoire, de toute personne qui inciterait publiquement à la haine et à la violence, ou de toute personne ou entité jugée en état d'infraction à l'embargo sur les armes* ».

Comble d'ironie, c'est dans le camp présidentiel que l'ONU trouve les coupables ! Blé Goudé et Djué Eugène sont interdits de sortie du territoire et leurs comptes bancaires (*sic*) sont bloqués. Mais ni Soro Guillaume ni Ouattara ni Bédié ni Dacoury Tabley Louis André ne sont même interpellés. Ils circulent de par le monde, jouissent de passeports, de visas de pays étrangers et sont… reçus à l'ONU !

Cinquième acte et non des moindres, la tentative de suppression de l'Assemblée nationale par le GTI. Visiblement l'Assemblée nationale était une Institution gênante. Ils ont tenté toutes sortes de pressions pour en orienter les débats et faire adopter les décisions qui les arrangeaient. En vain ! Alors le Conseil de sécurité de l'ONU a déplacé une délégation à Abidjan. Il fallait que les députés comprennent qu'ils devaient renoncer à leurs droits d'amendement et adopter tels quels les projets de lois qui arrivaient du gouvernement. Échec !

Alors à Accra III ils trouvèrent une formule géniale : contourner l'Assemblée nationale en demandant au président de la République d'user de l'article 48 de la Constitution.

Mais cette solution ne leur donna qu'une demi-satisfaction.

Alors, à bout d'imagination, ils levèrent la hache pour abattre l'Institution elle-même. Dans le communiqué final de sa réunion du 15 janvier 2006, le GTI écrit :

« *4. Conformément au paragraphe 11 de la résolution 1633 du CSNU (Conseil de sécurité des Nations unies) relatif à l'expiration du mandat de l'Assemblée nationale, le GTI a tenu des consultations approfondies avec les parties ivoiriennes sur le fonctionnement des Institutions de l'État. Le GTI a tiré la conclusion que le mandat de l'Assemblée nationale, qui a expiré le 16 décembre 2005, n'a pas à être prolongé.*

5. Néanmoins, pendant la période de transition, le GTI recommande que le Premier ministre, en consultation avec le chef de l'État, et se fondant sur l'expérience des anciens députés puisse, à sa convenance, leur confier des missions spécifiques en vue de la promotion de la paix et de la réconciliation nationale ».

Une fois de plus, la puissante mobilisation des patriotes, les obligea à reculer et à revenir sur leur décision. Le président Obasanjo, président en exercice de l'Union africaine, dû faire le déplacement sur Abidjan le 18 janvier 2006 pour annoncer les mises au point nécessaires.

À l'issue de sa rencontre avec les parties ivoiriennes et les parties étrangères, il publiera un communiqué disant :

« *1. Le groupe de Travail International n'a pas de pouvoir pour dissoudre l'Assemblée nationale ;*

2. Le GTI n'a pas dissous l'Assemblée nationale à l'issue de sa réunion du 15 janvier 2006 (...) ».

Agression contre la Constitution ivoirienne

De toute évidence, la dissolution de l'Assemblée nationale n'a pas pu se faire, mais les ennemis de la Côte d'Ivoire n'en baissent pas les bras pour autant. La machine était en route pour réaliser la désintégration de l'État et l'implosion du pays. Voilà que l'ONU est appelée au secours, par un chef d'État démocratiquement élu et qui, de surcroît, n'était coupable d'aucune faute de gouvernance, ni de violation des droits de l'homme. Mais cette organisation mondiale, au lieu de jouer son rôle d'arbitre et de gendarme en application de la Charte des Nations unies, s'autorise à utiliser les instruments puissants, mis à sa disposition par la communauté mondiale (argent, troupes, instruments juridiques), pour servir la cause intéressée de l'un de ses membres, en l'occurrence la France.

Cela est indigne et cela repose tout le problème de l'existence et de la composition du Conseil de sécurité.

Cinq pays, parce qu'ils ont gagné la Deuxième Guerre mondiale et parce qu'ils sont riches et puissants, se sont attribué le rôle de gendarmes du monde. Et avec leur droit de veto, ils décident du sort des pays les plus petits.

C'est tout au moins ce que la France a voulu leur faire faire, jusqu'au débat sur la résolution 1721 du 1er novembre 2006. Elle semblait souhaiter que la Côte d'Ivoire devienne progressivement un pays placé sous la tutelle directe de l'ONU, c'est-à-dire de la France.

Mais la Côte d'Ivoire n'est pas le Kosovo. Et Dieu soutient les faibles ! Le diable, nous disent les Saintes Écritures, est persévérant dans la défaite. Et la France de Chirac va persévérer. Cette fois, elle attaque de front la Constitution ivoirienne.

À New York, fin octobre 2006, l'ambassadeur de France à l'ONU, Jean-Marc de La Sablière réclamait la suspension de la Constitution ivoirienne pour imposer un projet de résolution inique. Dans l'avant-projet de la résolution 1721 qu'il distribue aux membres du Conseil, il est écrit :

« *Le Conseil de sécurité, agissant en vertu du chapitre 7 de la Charte des Nations unies :*

2. Rappelle les paragraphes 5 et 8 du 10e communiqué final du GTI en date du 8 septembre 2006 et affirme qu'en cas de divergence les instruments internationaux qui définissent les modalités particulières de la transition, en particulier, les décisions du Conseil de sécurité fondées sur les décisions et les recommandations de la CEDEAO et de l'Union africaine, prévalent sur la Constitution ivoirienne et la législation du Pays ».

L'ONU qui réaffirmait plus haut que la Côte d'Ivoire est souveraine et indépendante depuis 1960 était ainsi invitée à décider et à se renier en voulant faire régenter la vie intérieure et extérieure d'un État souverain, membre de cette auguste assemblée, par un texte des Nations unies, lequel texte a été initié par l'ex-puissance coloniale qui, de surcroît, est partie prenante au conflit.

Les dispositions de la Constitution ivoirienne maintiennent au pouvoir le président de la République lorsqu'une crise nationale empêche la tenue des élections. Ignorant volontairement ces dispositions, le texte français avance : « *Souscrit à la décision du Conseil de paix et de sécurité, selon laquelle le président Laurent Gbagbo, demeurera chef de l'État à partir du 1er novembre 2006, dans les conditions fixées par la présente résolution, et pour une nouvelle et dernière période de transition, n'excédant pas douze mois* ».

Brusquement donc, le président Laurent Gbagbo demeure chef d'État grâce à la magnanimité de la France et du Conseil de sécurité de l'ONU et non plus selon la Constitution ivoirienne.

Pour être complet, le projet de coup d'État statue également sur le sort de l'Assemblée nationale en ces termes :

« *5. Rappelle qu'il a fait sien le troisième communiqué final du GTI en date du 15 janvier 2006, qui a constaté l'expiration du mandat de l'ex-Assemblée nationale, à la date du 16 décembre 2005* ».

Exit donc, les résultats de la rencontre présidée par le président Obasanjo le 18 janvier 2006.

Ce jour-là, M. Pierre Schori, représentant spécial du Secrétaire général de l'ONU, reconnaissait lui-même pourtant, que le GTI n'avait aucun pouvoir pour dissoudre l'Assemblée nationale de Côte d'Ivoire. Mais qu'importe !

La France, transformant le chef d'État ivoirien en chef d'État fantoche, allait avoir besoin d'un autre chef de l'Exécutif, nanti de tous les pouvoirs et capable de légiférer tout seul. Il sera un potentat monstrueux, mais est-ce que cela est important ?

On est en Afrique, au pays des Nègres !

Et donc, sans peur, la France chiraquienne proposait dans l'article 7 de son projet de résolution :

« *Décide que le Premier ministre, pour l'exécution de son mandat mentionné au paragraphe 6 ci-dessus, disposera de tous les moyens nécessaires, y compris, de nommer aux emplois civils et militaires, de toutes les ressources financières, matérielles et humaines voulues et d'une autorité totale et sans entraves et qu'il pourra prendre, en toutes matières, en Conseil des ministres ou en Conseil de gouvernement, les décisions nécessaires, par ordonnances ou décrets-lois, qu'il signera et dans un délai de quinze jours promulguera* ».

Cela s'appelle un coup d'État !

Il s'agissait donc d'imposer un homme qui saura comprendre et mettre en œuvre un agenda secret dans le but ultime de déstructurer l'État pour l'affaiblir afin de ramasser le pays tranquillement comme un fruit mûr.

Mais il y a un Dieu pour les justes :

Il étendit sa main d'en haut,
Il me saisit,
Il me retira des grandes eaux ;
Il me délivra de mon adversaire
Puissant,
De mes ennemis qui étaient plus
Forts que moi.
Ils m'avaient surpris au jour
De ma détresse,
Mais l'Éternel fut mon appui.
Il m'a mis au large,
Il m'a sauvé, parce qu'Il m'aime.
L'Éternel m'a traité selon ma
Droiture,
Il m'a rendu selon la pureté
De mes mains. (2. Samuel 22)

L'intervention de Dieu se fit de façon extraordinaire et puissante à travers la contestation de quatre membres permanents du Conseil de sécurité sur cinq et de la Tanzanie, membre non permanent. Débat extrêmement important pour les petits pays d'Afrique, anciennement colonisés, petits économiquement comme militairement.

Dans sa déclaration sur la résolution 1721 et les débats qui l'ont créée Laurent dira : « *Comme moi, vous avez eu connaissance du projet de résolution qui a constitué la base de travail du Conseil de sécurité des Nations unies. Ce projet contenait la grave affirmation selon laquelle : Les décisions du Conseil de sécurité… prévalent sur la Constitution ivoirienne et la législation du pays ».*

Cette proposition posait, pour la première fois, la double question de la souveraineté des États indépendants et de l'égalité de ces États avec les autres États du monde.

Sur ces questions fondamentales, la réponse de l'ONU est tombée : Elle est claire et sans ambages. Les pays membres du Conseil de sécurité ont rejeté toutes possibilités de subordination de la Constitution d'un État, quel qu'il soit, à une décision d'une organisation internationale, fût-elle l'ONU. Ils l'ont fait, en ne retenant pas dans la présente résolution, la proposition visant à soumettre la Constitution d'un État souverain à la décision d'une organisation internationale.

La victoire est effectivement grande, elle est historique. Quel Ivoirien aurait pensé qu'une aide nous viendrait de l'ONU ?

Cette Institution a été instrumentalisée par la France. Depuis plus de trois ans, l'ONU prenait résolutions sur résolutions, discréditant toujours un peu plus le pouvoir légitime de la Côte d'Ivoire et renforçant toujours un peu plus l'impact néfaste de la rébellion sur l'ensemble de la vie politique, économique et sociale de mon pays. Et la voilà, dans une volte-face aussi inattendue que salutaire, qui vient bloquer l'initiative française et mettre fin à son projet hégémonique sur la Côte d'Ivoire.

C'est vrai que les voies de Dieu sont insondables !

Toute l'Afrique et tous les pays du monde doivent fêter cette victoire historique et saluer les membres du Conseil de sécurité de l'ONU.

C'est pour cela que nous redonnons la parole à Laurent Gbagbo : « *Notre pays se réjouit d'avoir donné l'occasion au Conseil de sécurité de l'ONU de trancher cette question. Nous nous réjouissons pour nous-même, mais aussi pour tous les pays du monde épris de liberté.*

Je saisis cette occasion pour saluer les grandes puissances membres du Conseil de sécurité des Nations unies qui partagent avec nous, la même conception de la Constitution et de la Souveraineté. Je salue également leur attachement à la Charte des Nations unies et à l'espoir qu'elles viennent de donner aux peuples du monde.

La position du Conseil de sécurité met ainsi fin au débat sur la possibilité de remettre en cause, la souveraineté d'un État par la suspension ou la modification de sa Constitution par l'ONU. Notre Constitution sera donc appliquée ».

Le débat sur le principe du respect de la Souveraineté et de la Constitution d'un pays a donc connu une conclusion heureuse. Mais à part cela, la résolution 1721 est un mauvais texte. Elle contient des dispositions qui violent la Constitution ivoirienne et qui visent à créer, à la tête de l'État une dyarchie, un bicéphalisme, nuisible. Elle ne peut que semer dans le pays un désordre dont le pays n'a pas besoin en cette période où, au contraire, toutes les énergies doivent être mobilisées pour reconquérir et rétablir la paix sur l'ensemble du territoire.

C'est pour cela que le président de la République, percevant ce danger contenu dans la résolution 1721 annonce, dans sa déclaration : « *Ivoiriennes, Ivoiriens, un autre débat était celui de la possibilité pour le Premier ministre de nommer aux emplois supérieurs civils et militaires de l'État. Ce même projet contenait en effet, la phrase selon laquelle, le Premier ministre pouvait : nommer aux emplois civils et militaires.*

Ce débat a été également tranché par la présente résolution. Au regard de notre Constitution, le Premier ministre de Côte d'Ivoire, nommé par le président de la République, par décret, ne peut lui-même, nommer par décret. Le Premier ministre ne nommera donc pas aux emplois civils et militaires de l'État. (...) Toutes les atteintes contenues, çà et là, encore dans le texte de la résolution et qui constituent des violations de la Constitution de la République de Côte d'Ivoire, ne seront pas appliquées. Cette position, nous la défendons parce qu'elle est dans la droite ligne de celle adoptée par le Conseil de sécurité sur la question de la Souveraineté nationale de la Côte d'Ivoire. Nous la défendons également parce que nous n'en sommes pas les seuls bénéficiaires. C'est une position qui profite à tous les États indépendants d'Afrique et du monde ».

À Chirac qui recommande des aménagements de la Constitution pour donner des pouvoirs élargis à Konan Banny... Gbagbo réplique qu'il n'est « (...) *ni gouverneur, ni sous-préfet, ni préfet, ni représentant de quelqu'un (...)* », *allusion faite à l'époque révolue des colonies. (...) Je ne suis pas Président pour travailler sous la dictée de quelqu'un, je suis un chef d'État, élu par son peuple (...)* ».

Nous fêtons la souveraineté reconquise, mais nous savons que cette reconquête, pour l'instant, n'est que virtuelle. Les Ivoiriens, tous ensemble, avec leur chef d'État doivent retrousser leurs manches pour ramener la paix, eux-mêmes. Laurent l'exprime par des paroles fortes : « *Je sais que l'ancienne formule est terminée. Nous allons vers des solutions nouvelles. Ces solutions nouvelles arriveront. Nous ne sommes plus disposés à ce que quelqu'un d'autre vienne faire la paix pour nous ; à ce que quelqu'un d'autre vienne faire notre paix. Notre paix sera notre paix, parce qu'elle sera faite par nous et pour nous. C'est cela qui est la nouvelle voie. Nous ne laisserons plus quelqu'un prétendre, qu'il nous aime plus que nous-même. (…) Nous nous aimons suffisamment et nous savons ce qui est bien pour nous* ».

Le crayon de Dieu lui-même n'est pas sans gomme.
Aimé Césaire

Souveraineté sacrée !

Dominique de Villepin, alors ministre français des Affaires Étrangères, est venu à Abidjan le vendredi 3 janvier 2003 et a constaté à son grand dam la popularité de Laurent Gbagbo. Le matin de son arrivée, une rumeur avait pris la ville d'Abidjan disant que Dominique de Villepin parlait de Laurent Gbagbo comme du « *Président sortant* ». Une véritable marée humaine vint à sa rencontre à la résidence du chef de l'État, pour bien lui signifier que les Ivoiriens étaient derrière leur président élu, qu'ils n'avaient pas l'intention de renoncer à lui et qu'ils désapprouvaient le comportement de la France.

Des femmes et des jeunes ont manifesté devant Dominique de Villepin pour lui exprimer que leur coupe était pleine, l'humiliation trop grande et le danger d'éradication de toute la communauté trop pressant. La Souveraineté d'un pays défendue à n'importe quel prix par son peuple, c'est ce que voulaient exprimer ces personnes.

Dominique de Villepin n'a pas compris.

A-t-il seulement cherché à comprendre ?

S'il avait compris, il ne se serait pas senti offensé. Il aurait réagi autrement. Il aurait parlé, discuté avec ces hommes et ces femmes.

Mais pour lui, il n'était question que d'en finir avec Laurent Gbagbo. C'était l'objectif de la France. C'était son objectif. C'était l'objectif de Jacques Chirac.

Là encore, les conséquences de cette démonstration de soutien seront graves. La France va vouloir faire payer à Laurent Gbagbo ce qu'elle considère comme un affront. Laurent n'a pas le doigt sur la couture du pantalon, il ne veut pas des faux-semblants de la puissance et de la gloire. Il ne se laisse pas acheter. En un mot, il dérange ! Et pourtant, le ciel m'est témoin que nous avions et que nous conservons vis-à-vis de la France la meilleure des bonnes volontés.

D'ailleurs, ce jour-là, Laurent informé des difficultés que son visiteur rencontrait à l'entrée de sa résidence n'hésita pas à abandonner son repas pour le rejoindre et calmer les manifestants. Le prenant par la main, il l'accompagna, à pied, à travers la foule, jusque devant le portail de la Résidence de France.

Le peuple ivoirien a lui aussi droit à « *sa* » souveraineté. Il a le droit de mettre en place ses propres lois, de les respecter et de les faire respecter. Il n'en demande pas plus.

Ce que je souhaite, c'est que les humanistes nous aident à faire entendre notre voix, au-delà de nos frontières. Qu'elle soit entendue chez nos frères et sœurs africains, mais aussi à Paris, à Bruxelles, à New York, à Washington et partout ailleurs dans le monde.

J'espère de tout mon cœur que cette voix de la Côte d'Ivoire patriotique, souveraine, cette voix de la vérité ivoirienne sera entendue.

Être patriote aujourd'hui en Côte d'Ivoire, c'est être citoyen, apôtre de la justice, militant de la vérité ; c'est aussi nous assurer une existence en tant qu'État et en tant que Nation libre.

Les Premiers ministres « label ONU » et leurs feuilles de route

Après l'échec patent du Premier ministre Seydou Elimane Diarra issu de Kléber, Charles Konan Banny, le gouverneur de la Banque Centrale des États de l'Afrique de l'Ouest, accède au poste de Premier ministre de la Côte d'Ivoire, selon les termes de la résolution 1633 de l'ONU. Les négociations ont été rudes et menées sous l'arbitrage du président Olusegun Obasanjo du Nigeria. Chaque fois les missions sont les mêmes :

- Le programme de désarmement, de démobilisation et de réinsertion (DDR);
- Les opérations d'identification et d'enregistrement

des électeurs en vue d'établir des listes électorales crédibles ;

- Les opérations de désarmement et de démantèlement des milices ;

- La restauration de l'autorité de l'État et le redéploiement de l'administration et des services publics sur l'ensemble du territoire ivoirien ;

- La préparation technique des élections ;

- La restructuration des Forces Armées conformément au paragraphe 17 de la décision du Conseil de paix et de sécurité et à l'alinéa F du paragraphe 3 de l'accord de Linas-Marcoussis.

Ces missions s'inscrivent donc dans le cadre des accords de Linas-Marcoussis, qui, je l'ai dit, sont des accords mauvais, aberrants et inacceptables. Ces accords envisageaient même le désarmement des Forces de Défense et de Sécurité de l'État ivoirien sous prétexte qu'elles sont une des parties en conflit.

L'échec des Premiers ministres et des gouvernements issus de ces accords était inhérent au contenu même de ces accords. Mais, au-delà de ces considérations, il faut dire que, dans un cas comme dans l'autre, ces accords ont suscité chez les deux personnes choisies, un sentiment de puissance qui leur a fait perdre de vue les limites de leur statut et de leur mission. Chaque Premier ministre, « autorité » investie par la communauté internationale, s'est mis à se prendre pour « *l'Autorité* » suprême de l'État, le chef de l'État ne devenant plus qu'un être « *tout juste toléré* » pour le maintien de la paix sociale.

Aucune des missions n'a donc, jusqu'à présent été accomplie, ni le désarmement, – le préalable à tout –, ni le reste. Par contre, menant ouvertement une politique complaisante vis-à-vis des revendications des rebelles, ils se sont retrouvés en train de se faire l'avocat de leur cause, de leurs exigences, de leur desiderata, de leurs fantaisies, au point que, petit à petit, ils ont glissé dans le manteau de représentants des rebelles au sommet de l'État.

Ces Premiers ministres ont fini par être complètement inopérants, inefficaces et le pays n'a pas bougé d'un iota !

Les interventions du GTI, intempestives et maladroites, n'ont pas contribué à résoudre les questions soulevées.

Créé en octobre 2005, le GTI comprend des représentants de l'Onu, de l'Union africaine (UA), de l'Union européenne (UE), de divers organismes internationaux ainsi que de l'Afrique du Sud, du Bénin, du Ghana, de la Guinée, du Niger, du Nigeria, de la France, du Royaume-Uni et des États-Unis. Ce groupe de travail international a un handicap majeur quant à l'objectivité : il est animé principalement par la France, en la personne de Brigitte Girardin, son ministre déléguée à la Coopération.

En réaction au communiqué que ce groupe a produit à l'issue de sa réunion du 1er décembre 2006, le président Gbagbo a donné son point de vue en des termes sévères et désapprobateurs : « *Le président de la République fait savoir qu'il informera le secrétaire général de l'ONU, les membres permanents du Conseil de sécurité et toutes les instances de l'Union africaine, de ces graves dérives du GTI, contraires à l'esprit et à la lettre de la Charte des Nations unies. En tout état de cause, ces appels du GTI à la violence et les menaces de sanctions individuelles qu'il brandit rituellement font la preuve de l'incapacité de cet organe de suivi à innover dans la recherche de solutions. Cette attitude du GTI confirme la conviction du président de la République, que c'est aux Ivoiriens eux-mêmes qu'il appartient d'élaborer une solution interne de sortie de crise, dans le respect de la Constitution et des lois qu'ils se sont données* ».

Les échecs et les dérives du Premier ministre Banny ont été plus retentissants que ceux de son prédécesseur emmenant le FPI à dire dans une déclaration : « *Le FPI est profondément préoccupé par la division du pays qui perdure, malgré toutes les concessions politiques faites par le chef de l'État Laurent Gbagbo. Le FPI demande, en conséquence, la dissolution du GTI et le départ du pays de toutes les forces militaires françaises de l'Opération Licorne et du 43e BIMA. Le FPI demande, que le médiateur de l'Union africaine, le président sud-africain Thabo Mbeki, soit pleinement et exclusivement chargé du règlement de la crise et soit l'unique interlocuteur du Conseil de sécurité de l'ONU et de la communauté internationale* ».

Si en te baignant tu as échappé au crocodile,
prends garde au léopard sur la berge.
Proverbe africain

DE LA DIGNITÉ

Opération César

Mon pays était coupé en deux depuis plus de deux ans et les rebelles refusaient de désarmer. La feuille de route adoptée après Accra III enregistrait le même échec que les précédentes. Pour mettre fin à cette situation, l'armée ivoirienne, sur ordre du chef de l'État, Laurent Gbagbo, lança le 4 novembre 2004 une offensive afin de libérer les zones occupées par les rebelles. Cette opération, fut dénommée « *César* » par les militaires mais les Ivoiriens préférèrent l'appeler « *Opération Dignité* ».

La communauté internationale et la France étaient au fait de cette opération et ne s'y étaient pas opposées. J'en veux pour preuve la mise à disposition par la force Licorne du commandant Issar, officier de liaison Français, qui rendait compte, au quotidien, à ses supérieurs hiérarchiques de l'évolution de l'opération « *César* ».

Les deux premiers jours se déroulèrent à la satisfaction de nos forces de Défense et de Sécurité.

Soro Guillaume, le chef des rebelles, dénonça immédiatement ce qu'il considéra comme « *une violation flagrante* » et « *unilatérale* » des accords de paix.

L'opération « *Dignité* » avait donc démarré le 4 novembre 2004. Elle allait prendre une tournure lourde de conséquences tant pour la France que pour la Côte d'Ivoire…

Ce samedi 6 novembre 2004, nous étions au troisième et dernier jour des frappes aériennes. Les bases rebelles avaient été bombardées et des troupes de l'armée ivoirienne étaient aux portes de la ville de Bouaké. Nous devions libérer Bouaké au Centre, Bouna, Odienné et Korhogo au Nord et Danané à l'Ouest. Tout le monde suivait de près la progression de l'armée ivoirienne.

Nous étions heureux parce que enfin le pays allait être libéré.

En milieu de matinée, les nouvelles nous parviennent de Bouaké. Elles sont excellentes. Nos troupes sont entrées dans la ville, elle sera libérée avant la fin de la journée. Tout le pays est en liesse, même les populations des zones occupées.

Brusquement, en début d'après-midi, une nouvelle terrible déferle de Bouaké, enfle et s'empare de tout le pays : une base de la Force Licorne à Bouaké aurait été touchée par un obus. Peu de temps après la nouvelle se précisait. Un obus serait tombé « *par mégarde* » sur ce camp. Nous ne savions pas d'où était parti l'obus, car il y avait, non loin du camp, des affrontements entre nos soldats et les rebelles.

Quelques instants plus tard, une autre version balaya la première. Il y aurait eu un raid de l'aviation ivoirienne sur le camp militaire français. Bilan selon la France : neuf tués dont huit soldats français et un ressortissant américain.

Les premières informations qui nous ont été communiquées ne parlaient pas du tout d'un bombardement délibéré du camp militaire français. Que s'était-il donc passé ?

Erreur de pilotage ? Action délibérée ?

La réaction de l'armée française est immédiate et d'une brutalité inouïe et démesurée. Ce même 6 novembre 2004, avant quinze heures, elle détruit les avions de l'armée ivoirienne stationnés à l'aéroport de Yamoussoukro ainsi que les hélicoptères de combat. Même celui qui avait été rangé dans la cour du palais présidentiel à Yamoussoukro est réduit en cendres et le palais lui-même en partie endommagé.

On dit même qu'en vue des opérations, des mirages avaient décollé depuis Djibouti pour être positionnés à Libreville, au Gabon.

Les événements se succèdent dans un ordre cauchemardesque. Presque tous nos avions sont partis en fumée. Un hélicoptère de combat MI 24, qui revenait d'une mission de reconnaissance avec à son bord des journalistes, est attaqué et endommagé par les militaires français qui s'étaient emparés de l'aéroport de Yamoussoukro. À Abidjan, la force française Licorne endommage également, mais à la hache cette fois, les aéronefs ivoiriens stationnés sur la base aérienne du GATL (Groupement Aérien de Transport et de Liaison), à proximité de l'aéroport international Félix Houphouët-Boigny. Je tiens à préciser que ces avions n'avaient pas pris part au combat.

Le palais présidentiel du Plateau est également attaqué.

Un bitube anti aérien ZSU/34 est détruit.

« On a tiré essentiellement sur les appareils militaires pouvant constituer un danger pour nous, forces impartiales », prétendra le porte-parole de la Licorne.

En quoi est-ce que les appareils militaires pouvaient constituer un danger pour les forces impartiales ? La Côte d'Ivoire n'était pas en guerre contre l'armée française, ni contre les casques bleus !

Quel intérêt avions-nous à nous en prendre aux forces *impartiales* ?

Nos intérêts étaient diamétralement opposés à ce type d'action. Seul un fou aurait pu avoir une telle idée.

Mais la version des événements donnée par la Force Licorne fait rapidement le tour des médias dans le monde entier. Les Ivoiriens durent mobiliser toute leur expertise informatique pour que, grâce à Internet, ils arrivent à rétablir la vérité des faits. La tension monta très vite entre la Côte d'Ivoire et la France.

Dire que cet événement tragique intervenait au moment même où nous commencions à voir le bout de tunnel !

La France s'est-elle saisie de ce prétexte pour briser l'élan des soldats ivoiriens et pour tenter ce qu'il faut bien appeler un coup de force : enlever Laurent du pouvoir ? Elle n'a même pas pris le temps de vérifier si le

« *bombardement* » de son camp était un acte intentionnel ou accidentel.

Le dimanche 7 novembre à 14 heures 30, lorsque les premiers réfugiés français se retrouvent à l'hôtel La Pergola, le QG de l'ONUCI, à la question de Patrick Paillé : « Avez-vous prévu un plan d'évacuation pour les Français ? », le colonel français présent répond : « Il n'y a pas de plan d'évacuation de prévu. De toutes les façons, ne vous inquiétez pas, Gbagbo dans quarante-huit heures, c'est terminé, on n'en parle plus… »

Qui se cache derrière tout cela ? Quelques arbres cachent la forêt, pourtant c'est une forêt équatoriale !

Dès le lendemain du « *bombardement* », le président de la République ordonna au Procureur militaire d'engager une enquête sur cette attaque du camp militaire français. Pour donner à l'enquête toutes ses chances d'aboutir, il suspend toute la chaîne de commandement militaire. Le capitaine de corvette, Ange Kessy, Procureur militaire, décida aussitôt de se rendre à Bouaké, afin de constater par lui-même ce qui s'était réellement passé au cours de cette soi-disant attaque et d'asseoir son opinion. Il constitua son équipe avec entre autres un artificier, un armurier et un spécialiste de balistique. À deux reprises, il essuya le refus du général Poncet, Commandant de la Force Licorne, de le laisser accéder au camp de Bouaké. Le commissaire de marine Deligne Jean Marie, conseiller juridique du général Poncet, affirma même que Paris s'opposait à toute enquête.

Il fallut attendre le 17 décembre 2004, c'est-à-dire quarante jours après le bombardement, pour que le général Poncet accepte enfin de conduire le Procureur militaire ivoirien sur les lieux, au lycée Descartes à Bouaké. Ce dernier dût s'y rendre seul à bord d'un hélicoptère français. En effet, le général Poncet s'opposait à ce que son équipe d'enquêteurs l'accompagne.

Sur place, aucune possibilité d'expertise, aucun élément de preuve, aucun reste de roquette et pourtant ce camp était censé avoir reçu trois paniers de quarante-huit roquettes. Les trous découverts et identifiés sur place n'avaient pu être réalisés que par des kalachnikovs et non des roquettes ; également, quelques tas de gravats qui ne livraient aucun indice ! Le colonel Destremau qui avait accueilli le Procureur ivoirien à Bouaké était pressé d'en finir. Il prétextait une attaque probable de rebelles présents dans les alentours. La visite ne dura pas plus de quinze minutes.

L'incompréhensible brutalité de la France

Des questions se lèvent dans mon cœur.

Nous n'avons pas pu voir les corps des victimes pour leur rendre un dernier hommage comme le veut l'usage. Pourquoi ?

On ne nous a pas laissés accéder aussitôt au site bombardé pour faire nos constats, nous-mêmes. Pourquoi ?

Les blessés ont tous été évacués sur la France sans même que nous les ayons vus. Pourquoi ?

On ne sait pas ce qu'est devenu le corps de la victime américaine, ni qui il était. Pourquoi ?

La France a rapatrié les corps des victimes sans même qu'un médecin légiste ivoirien les ait examinés. Pourquoi ?

Sur ces morts, il n'y a en moi que des questions sans réponse.

Quelles que soient les circonstances et avant qu'une enquête ne soit ouverte, Laurent aurait dû, comme il l'a déjà fait, chaque fois qu'il y a eu mort de soldats français, avoir la possibilité de rendre les honneurs à ces soldats morts sur le territoire ivoirien.

Nous ne savons pas, aujourd'hui encore, si c'est un de nos avions qui a commis cet acte ou si l'obus a été envoyé du camp des rebelles.

Je me demande pourquoi nos pilotes seraient allés poser leurs appareils, juste devant les canons des Français sur l'aéroport de Yamoussoukro, s'ils avaient vraiment commis la forfaiture d'aller bombarder un de leurs camps à Bouaké. L'examen des faits et les témoignages des uns et des autres conduisent à la non-imputabilité des pilotes du sukhoï (avion de combat) ivoirien.

Ce sont les militaires français qui ont récupéré les « boîtes noires » des sukhoïs, détruits au sol par eux. Jusqu'à présent, ces boîtes noires demeurent silencieuses pour nous… Ivoiriens bien sûr. Pourquoi ?

Secret Défense de Michèle Alliot Marie !

Le « Pays des Droits de l'homme » se soustrait à la justice en terre ivoirienne alors qu'une enquête militaire conjointe aurait dû être menée sans difficultés. Pourquoi ?

Les pilotes biélorusses, dont la responsabilité n'a jamais été établie dans le « bombardement » de la base française à Bouaké, ont été exfiltrés précipitamment de Côte d'Ivoire, sans que nous ayons pu les interroger. Pourquoi ?

Qui les a exfiltrés de la sorte et pourquoi ?

En janvier 2005, le pouvoir français refusera que le Parlement français enquête sur les événements de Côte d'Ivoire.

« *La Commission des affaires étrangères de l'Assemblée nationale française a examiné, le 15 janvier 2005, le rapport d'Eric Raoult (UMP) sur la proposition de députés socialistes de création d'une "Commission d'enquête sur les conditions dans lesquelles le gouvernement français est intervenu dans la crise en Côte d'Ivoire depuis le 19 septembre 2002" (LC N°463)* ».

« *Les militaires français ont plus besoin de soutien que de mise en cause* », a dit Jacques Godfrain (Ancien ministre RPR de la Coopération française).

Enfin, le président de la Commission, Edouard Balladur, a jugé qu'il était légitime que le Parlement français fasse connaître son jugement *a posteriori*, comme dans les cas du Rwanda et de Srebenica. Mais « *si la représentation nationale devait intervenir pendant le déroulement du conflit, cela ne pourrait que conduire à accroître la confusion de la situation et compliquerait la tâche du gouvernement* ». Paul Quilès, à l'origine de cette proposition, a alors proposé la création d'une « *mission d'information* » plutôt qu'une « *commission d'enquête* ». Edouard Balladur a jugé que la création d'une mission d'information n'était pas plus « *opportune* »... La Commission a donc rejeté la proposition de résolution. (LC N°464 du 10/2/2005)

Pourquoi ?

La juge d'instruction, Brigitte Raynaud, en charge de l'enquête posait trop de questions. Elle exigea même que les pièces du dossier soient déclassifiées. Un grand nombre de pièces le fut par le ministre français de la Défense mais, quelques-unes, sûrement les plus importantes, restent encore classées secret défense. Ces pièces sont donc inaccessibles aux enquêteurs et depuis, la juge a été déchargée du dossier.

Pourquoi ?

Comment peut-on imaginer un seul instant que Laurent Gbagbo ou un de ses proches, sain de corps et d'esprit, ait pu ordonner le bombardement du camp français, alors que son pays était à deux doigts de sa réunification, de sa paix ?

On nous a parlé d'un rapport de la gendarmerie française, précisant que les neuf militaires auraient, en réalité, été tués par des rebelles pour obliger la France à arrêter le feu des Forces loyalistes.

Dans la revue *Gend'Info* N°278, juin/juillet 2005, le capitaine Philippe Moreux, Conseiller en communication en poste à l'ONUCI (Opération des Nations unies en Côte d'Ivoire) à Abidjan, lors des événements, rapporte les faits suivants : « *Le 3 novembre, des affrontements opposant rebelles et forces nationales éclatent dans le pays. Des heurts qui gagnent en violence, jusqu'à atteindre leur apothéose le*

6 novembre, lorsque les rebelles s'en prennent à une base française en place dans le cadre de l'opération Licorne. Le bilan est lourd, l'armée française perd neuf soldats, vingt autres sont blessés ».

Le capitaine Moreux affirme donc clairement l'attaque du camp français par les rebelles ? Se tromperait-il lui aussi ?

Tous ces « camouflages », toutes ces manipulations, toute cette perversion me donnent des frissons d'effroi.

La victoire des Patriotes aux mains nues

Dès l'annonce le 6 novembre 2004 de la destruction des avions ivoiriens par l'armée française, une vague d'indignation s'est emparée de la population.

Jeunes, vieux, filles et garçons ont envahi les rues, les mains nues, pour protester contre l'agissement de la force Licorne opérant sur ordre du général Poncet, c'est-à-dire du chef de l'État français, Jacques Chirac.

Dans la nuit, les manifestations ont redoublé d'intensité.

Tous unis pour sauver la République !

Par centaines de milliers, les Ivoiriens constituent de leurs corps des boucliers humains pour protéger la résidence du chef de l'État, la télévision et la radio nationales. Les militaires français sont obligés d'abandonner leurs positions sur les deux ponts, mais ils ont, en quelques heures, investi totalement l'aéroport d'Abidjan. Ils en ont délogé les militaires ivoiriens puis les patriotes ivoiriens qui, toujours les mains nues, tentaient de les empêcher de s'y installer.

Temps de braise, temps de violence, temps d'humiliation, temps d'héroïsme pour notre peuple !

Patriotes, Ivoiriens MERCI !

Ils étaient jeunes, ils étaient vieux. Elles étaient mères, grand-mères, jeunes filles. Ils étaient cadres dans des sociétés de la place ou étudiants ou chômeurs. Ils étaient pasteurs ou enseignants, chrétiens ou musulmans. Ils étaient commerçants ou ouvriers, Baoulés, Bétés, Guérés, Sénoufos, Togolais ou Maliens, enfants d'immigrés ou autochtones, qu'importe.

La Côte d'Ivoire venait d'être attaquée par les Français. Spontanément la solidarité s'organise, l'unité se forme, on découvre brutalement que notre guerre n'opposait pas des Ivoiriens à d'autres Ivoiriens, ni même des Ivoiriens à des étrangers africains.

Tous ceux-là n'étaient que des pions, des marionnettes. Le véritable adversaire, celui qui depuis le début nous attaque, bien caché derrière, c'est la France chiraquienne. Celle qui refuse de lâcher prise, d'abandonner la colonie.

Quitte à sacrifier ses propres ressortissants et en faire de « *nouveaux pieds-noirs* » ! Quitte à sacrifier l'ensemble de la communauté européenne !

Ce « *colon* », pour nous peuple souverain attaqué, a un nom : Jacques Chirac. Le dernier masque venait de tomber. Toute la chaîne machiavélique est enfin à découvert. Huit mille trois cents Français exfiltrés de Côte d'Ivoire. « *Les grands groupes ont pu tirer leur épingle du jeu.*

Mais les petites entreprises ont été sacrifiées sur l'autel de la politique française en Afrique », reconnaîtra Marc Balzer, consultant français, dans *Jeune Afrique* du 4 novembre 2006.

Mais pourquoi nous agresse-t-on?

Ils nous disaient que Gbagbo était mauvais alors que ce sont eux les mauvais.

Ils nous disaient que Gbagbo était injuste alors que ce sont eux qui sont injustes. Ils nous disaient que Gbagbo était xénophobe alors que ce sont eux les xénophobes, ils sont racistes.

Ils viennent nous combattre chez nous, sur notre sol, entraînant avec eux, c'est vrai, certains des nôtres qui ne voient que leurs intérêts égoïstes, leurs ambitions démesurées.

Je ne suis pas loin de penser que Jacques Chirac a fait arrêter brutalement et de façon inconsidérée, l'opération « Dignité », parce qu'il ne pouvait pas supporter de voir Laurent et son armée régler tout seuls, sans la France, la crise ivoirienne.

C'est souvent l'homme pour qui tu es allé puiser l'eau dans la rivière qui a excité le léopard contre toi.
Proverbe africain

Après la destruction de nos avions au sol par l'armée française, des dizaines de milliers de manifestants ont donc déferlé dans la rue, voyant la République en danger. Cette brutale riposte des Français contre notre aviation militaire va être à l'origine d'un carnage ! Pour la première fois, depuis l'indépendance, notre pays verra l'armée française tirer sur des Ivoiriens aux mains nues.

Dans la nuit du 6 novembre, sur ordre du général Poncet, des hélicoptères français vont, en effet, tirer sur la foule à Abidjan pour bloquer les manifestants sur le pont Charles-de-Gaulle, celui qui commande l'accès à l'autre partie de la ville où se trouve le 43e BIMA (Base de l'armée française).

Les hélicoptères ont tiré sur ces marcheurs qui arpentaient les deux ponts reliant les parties sud et nord de la ville d'Abidjan. Les ponts Houphouët-Boigny et Charles-de-Gaulle. Tout un symbole !

Sur les deux ponts, les soldats français installent leurs barrages et prennent possession des lieux.

Deux mille deux cents blessés et soixante-sept morts ont été dénombrés en tout à la fin de ces jours d'agression française.

Dans cette même nuit du 6 au 7 novembre 2004, notre résidence, la Résidence officielle du chef de l'État, a essuyé les tirs des hélicoptères de l'armée française.

Tout ce qu'il y a de plus fou, d'impossible à imaginer était arrivé. Des soldats français tiraient sur notre Résidence !

Quels étaient les ordres donnés par la France à cet instant précis ? Peut-on tirer sans ordre sur la résidence d'un président de la République lorsqu'on est soldat étranger ?

L'ambassadeur de France lui-même, Gildas Le Lidec, semblait tomber des nues, complètement dépassé par les événements. À l'extérieur du palais, les nombreux Ivoiriens venus nous soutenir se mettaient, comme ils pouvaient, à l'abri des tirs d'hélicoptères sous les arbres et sous les véhicules.

Les soldats français ont tiré sur notre Résidence mais Dieu nous a protégés.

Les soldats français sont venus devant le palais présidentiel avec trente-cinq chars. Ils arrivaient de Duekoué, situé à environ 500 kilomètres d'Abidjan. Ils avaient franchi les barrages en force en écrasant quelques Ivoiriens au passage…

Ils prétendaient se rendre à l'hôtel Ivoire et avoir perdu leur chemin… et ils se sont retrouvés devant la Résidence du chef de l'État !

Mais qu'allaient-ils faire à l'hôtel Ivoire ? Il ne s'y trouvait aucun ressortissant français à évacuer et il était déjà vingt-trois heures passé !

À l'intérieur de la Résidence, durant toute l'épreuve, Laurent et moi sommes restés sereins, à la grande surprise de nos collaborateurs présents. Le temps était à la prière et à la louange de Dieu. Ces jours-là, tout pouvait arriver, nous étions dans la main de Dieu.

On ne défend pas une cause juste
avec un arc trop tendu
Proverbe africain

Laurent Gbagbo avait passé un ordre simple : il avait demandé aux soldats ivoiriens de ne pas riposter.

Cette décision de sagesse, il l'a prise pour éviter toute escalade de la violence et surtout pour ne pas donner un alibi aux autorités françaises de faire la guerre à la Côte d'Ivoire. Les soldats ivoiriens étaient évidemment bien moins armés ; c'était le pot de terre contre le pot de fer.

C'est à mains nues, que les patriotes ivoiriens, au bout de deux jours ont réussi à chasser les chars français de l'hôtel Ivoire. Ce jour-là, il n'y avait pas que les chars. Ce jour-là il y avait également des snippers postés dans les hauteurs de l'immeuble de l'hôtel Ivoire et qui ont pu tirer en toute tranquillité des patriotes comme on tire des lapins. Les balles sifflantes ont décapité le jeune Coulibaly Kouassi Jean Louis.

J'ai vécu en direct, au téléphone, depuis la résidence, la mort d'un gendarme qui essayait de contenir les manifestants. Il venait juste d'obliger un jeune député à reculer pour se mettre à l'abri. En le faisant, il venait, à son insu, de se placer dans le champ de tir d'un snipper. Tué sur le coup, le gendarme s'effondra dans les bras du député, à sa place.

Plus de soixante morts et plus de deux mille blessés.

Ce jour-là, le courage sublimé poussa au surpassement des limites, la foi nationaliste des patriotes ivoiriens. On se couchait lorsque les armes françaises « *rafalaient* » et une fois les rafales passées on se relevait et on fonçait sur les chars et les soldats français en chantant des louanges à Jésus. C'était titanesque. La Nation ivoirienne est née de ces larmes et de ces appels à Dieu.

Autre fait important, la France avait toute la communauté internationale de son côté en dépit des actes ignobles qu'exerçaient ses soldats sur les populations civiles ivoiriennes. Le ministre de la Défense, Michèle Alliot-Marie, s'exprimait abondamment dans les médias et devant la communauté internationale. Elle passait d'une version des faits à une autre, se contredisant sans arrêt et fournissant pour les mêmes faits des explications aussi différentes les unes que les autres.

Elle s'adressait au président de la République de Côte d'Ivoire comme à un préfet français, en lui demandant explicitement d'être aux ordres. Elle le rendait responsable de tout ce qui pouvait arriver aux ressortissants français !

Cette crise semble avoir été dirigée directement depuis le cabinet militaire de Michèle Alliot Marie.

Était-elle mal informée pour sous-estimer aussi grossièrement le nombre, la foi et la détermination des Ivoiriens envers leur pays et envers leur président ? « *Quelques excités…* » dira-t-elle… Non, Madame le ministre, nos résistants ne sont pas des excités. Ce sont de vrais patriotes.

Force est de constater, Madame le ministre, que si la question avait été vraiment de rétablir l'ordre et d'assurer la sécurité de vos ressortissants à Abidjan, il aurait été mieux indiqué de faire appel à votre détachement de gendarmes stationné au 43e BIMA depuis le début de la guerre, à cette fin. Or, vous avez préféré recourir à la force militaire brutale pour mater une population civile manifestant les mains nues.

Force est de constater, Madame le ministre, que vos quatre mille soldats français, couverts par un mandat de l'ONU pour remplir les missions d'interposition que l'ONU leur a assignées, se comportent plus comme une armée d'occupation et d'exploitation que comme une force d'interposition neutre.

Une question fondamentale demeure : Pourquoi l'ONU a-t-elle choisi d'observer le silence face aux agissements d'une force placée sous son commandement ?

Cette organisation saura-t-elle avoir suffisamment d'yeux, d'oreilles et de cœurs pour entendre un jour, quelles ont été nos souffrances ?

J'aimerais reprendre ici le courriel, témoignage d'une Française, diffusé sur le Net lors des incidents. Elle souffrait de voir son président Jacques Chirac, se comporter ainsi, envers un pays et un peuple qui l'ont toujours accueilli comme « *un roi Baoulé !* » comme le « *fils spirituel* » de Félix Houphouët-Boigny ! Elle a assisté à ces événements en direct et n'a pu s'empêcher d'être révoltée.

Un témoignage du 7 novembre 2004

« Nous sommes des Français installés en Côte d'Ivoire depuis 1976. La Côte d'Ivoire est notre seconde patrie. Elle nous aime et nous l'aimons !

À l'heure où j'écris ces lignes, la foule nombreuse qui se trouve vers la résidence du chef de l'État et devant l'hôtel Ivoire pour soutenir son Président et sans doute aussi à cause de la visite du Président sud africain Thabo Mbeki, vient d'essuyer des tirs à balles réelles, vraisemblablement tirés, entre autres, par l'armée française, faisant des morts… Civils et innocents. Tout comme hier sur le Pont De Gaulle où des militaires français repoussaient une foule aux mains nues par des tirs d'hélicoptère ! Difficile de vivre de telles horreurs, de les accepter, encore plus de les comprendre, même pour raison d'État, surtout lorsqu'on est Français en terre étrangère : France Pays des droits de l'homme ! Pays des Lumières ! *Le boulevard Giscard d'Estaing, un nom bien français, est dévasté ; ceux qui ont pu le voir parlent d'apocalypse !*

Le boulevard Mitterrand, le boulevard Latrille, (toujours des noms bien français témoignant des sentiments ivoiriens pour leur modèle, *la France), qui mènent à la Riviéra et à Cocody sont noirs de monde par solidarité au chef de l'État. Et je tiens à le préciser, ces personnes-là sortent mains nues et ne sont pas les pillards, les vandales que nous pourrions dénoncer par ailleurs. Nous les entendons chanter en chœur pour se donner du courage. Qu'on le veuille ou non, c'est un exemple de patriotisme et de* résistance *poignants. Ce n'est plus seulement le président Gbagbo qui est concerné mais la République de Côte d'Ivoire tout entière.*

Depuis ces derniers évènements, un refrain me revient sans cesse en tête, celui de Michel Sardou sur Le France, *notre célèbre paquebot :* La France elle m'a laissé tomber... Ne m'appelez plus jamais France...

Que chacun d'entre nous, Blanc, Noir, Métis, sur les deux continents, sans distinction de nationalité ni de race, partage cette volonté de PAIX pour la Côte d'Ivoire, pour une Côte d'Ivoire réunifiée et aussi pour la France. Que le sacrifice de toutes ces victimes que la Côte d'Ivoire connaît depuis cinq ans, qui avaient en commun la même couleur de sang, ne soit pas vain ! »

L'Affaire Poncet

Le général de corps d'armée, Henri Poncet, né le 4 octobre 1949 à Oran, en Algérie, est un officier général français qui connaît bien l'Afrique. Il a servi au Rwanda, dans l'opération « *Turquoise* », puis en Côte d'Ivoire de mai 2004 à juin 2005. Sur un théâtre comme sur l'autre, il s'est produit des crimes odieux, injustifiables.

En Côte d'Ivoire, il est le principal maître d'œuvre des événements de novembre 2004. La France l'a retiré de la Côte d'Ivoire, mais les cris de détresse et de révolte des victimes continuent de hurler dans nos oreilles et sont arrivés aux oreilles de la justice française.

Je souhaite que ces cris parviennent, également, aux oreilles du peuple français, de l'Assemblée nationale française et des dirigeants politiques français. Au point de les assourdir, de les déranger, de les submerger, de les hanter, jusqu'à ce que plus jamais, dans aucun coin de la Terre, l'armée française ne se permette de tuer, d'écraser, de briser aussi impunément !

Un matin, le général Poncet se réveilla avec l'affaire Mahé. Firmin Mahé, selon la version officielle de la Force Licorne en Côte d'Ivoire, est le chef d'une bande de coupeurs de routes, recherché pour plusieurs crimes. Poursuivi par les militaires français, il aurait ouvert le feu sur ces derniers, qui, répliquant le blessent grièvement. Il meurt durant son transfert vers l'hôpital de Man. Ces événements se sont passés le 13 mai 2005.

Mais, très vite, une autre version rattrape la Force

Licorne et son chef Poncet. Une information provenant du sein de l'armée française en Côte d'Ivoire affirme que cette version couvre une bavure impliquant des militaires français. Selon la revue *Le Point*, une source militaire aurait indiqué à l'AFP que Firmin Mahé, « *blessé légèrement à la jambe* » a été « *étouffé avec un sac plastique par un soldat français, puis transféré à l'hôpital de Man, à l'ouest de la Côte d'Ivoire* ». Ainsi dans un article de *Libération*, jamais contredit, l'ordre donné par le général Poncet, transmis aux soldats, aurait été le suivant : « *Faites le transpirer à l'infirmerie et prenez votre temps. Vous m'avez compris* ».

Les enquêtes vont durer plus d'un an. On n'en connaît pas tous les résultats mais, des décisions vont tomber. Le général Poncet est suspendu et son adjoint opération, le général Renaud de Malaussène, est blâmé et muté, en attendant que la justice dise le droit. Le 13 décembre 2005, le général Poncet a été mis en examen pour complicité d'homicide volontaire.

Cette affaire-là a fait beaucoup de bruit. Mais ce n'est qu'une affaire. Firmin Mahé est mort dans des conditions atroces. La justice militaire française a condamné Poncet et ses subordonnés. Mais la justice française n'a traité qu'un cas.

En novembre 2004, nous avons enregistré soixante-sept morts et plus de deux mille deux cents blessés. Ces évènements tragiques se sont déroulés sous le commandement du général Poncet, commandant de la force Licorne. En Côte d'Ivoire nous attendons toujours que, pour ces morts-là, des procès soient engagés. Et nous nous demandons même si le procès de Mahé n'est pas un simple leurre brandi pour cacher les événements tragiques et criminels du mois de novembre 2004.

Des hommes ont été tués, des avions de guerre ont été détruits, nos rues, nos aéroports, nos ponts ont été occupés par les troupes françaises durant plusieurs jours. C'était une attaque d'une armée étrangère contre l'État souverain de Côte d'Ivoire.

La France nous doit des comptes pour cela. L'État chiraquien doit des comptes à la Côte d'Ivoire et au peuple ivoirien. Nous ne nous contenterons pas du procès Mahé.

LA FRANÇAFRIQUE

Deux léopards ne se promènent pas dans la même forêt
Proverbe africain

Perpétuation du pacte colonial

La crise que nous avons vécue et que nous vivons actuellement a représenté un tournant historique dans les relations entre Paris et Abidjan. Mais aussi entre Paris et l'Afrique. La France chiraquienne n'a pas compris et ne comprend toujours pas que l'Afrique a évolué et qu'il n'est plus désormais question d'entretenir les relations de soumission qu'elle avait mises en place à la fin du colonialisme.

En prêtant serment le 26 octobre 2000, Laurent Gbagbo ouvrait la plus belle page de son histoire, à la Côte d'Ivoire. Il ouvrait un chemin de vraie liberté, celui de la démocratie en Afrique de l'Ouest.

Laurent Gbagbo est le type de leader qui va se multiplier à la tête de nos États africains. Et cela, la France chiraquienne ne l'accepte pas ! Elle a réagi de la même façon autoritaire lorsque le président malgache a été élu, il y a quelques années de cela. Il faut pourtant que la France comprenne que le monde change, sinon les conséquences de sa politique africaine risquent d'être encore plus graves.

Alors que chacun savait que la rébellion armée non seulement attaquait à partir du Burkina Faso, en base arrière, mais que de nombreux mercenaires maliens, libériens et burkinabés figuraient parmi les combattants rebelles, la France a aidé une démocratie à se faire défigurer.

Je ne comprends pas !

La France n'apparaît plus comme un médiateur crédible dans notre crise. Pour une large majorité de l'opinion ivoirienne, Jacques Chirac, Michèle Alliot-Marie, Dominique de Villepin, Michel de Bonnecorse, Brigitte Girardin, Jean-Marc de la Sablière, et j'en passe, sont les véritables acteurs de notre crise puisqu'ils aident la rébellion dans sa volonté de déstabiliser la Côte d'Ivoire.

On se souvient encore qu'au tout début de la guerre Villepin nous disait « *Que le problème de la Côte d'Ivoire n'avait pas de solution militaire, il faut négocier avec les rebelles* ». J'ai écouté le même Villepin le vendredi 1er décembre 2006 en Afrique du Sud. Il a dit : « *Je veux le dire très clairement aujourd'hui : Face aux crises, la France ne choisit pas un camp, elle choisit la paix. Elle ne défend pas des régimes, elle défend des valeurs* ». Parmi ces valeurs que la France défend, il a cité : « *Le respect des droits de l'homme et la protection des populations civiles. La souveraineté des États, l'intégrité de leurs territoires, la défense du droit et de la justice internationale* ».

Aidez-moi à comprendre !

Que lui demandions-nous de nous aider à faire au début de cette guerre ? Chasser des rebelles, sauvegarder l'intégrité de notre territoire, défendre nos populations que des rebelles massacraient. Quelles valeurs, Chirac, Villepin, Alliot-Marie, Mazeaud défendaient-ils à Marcoussis et à Kléber, lorsqu'ils ont proposé à Laurent de nommer dans les fonctions de Premier ministre, Henriette Diabaté, secrétaire générale du RDR ? Tout le monde sait pourtant, et eux encore plus que d'autres, que c'est ce parti qui est à l'origine de cette rébellion. Aujourd'hui on comprend que la solution militaire n'arrangeait pas la France. Si les Français avaient combattu aux côtés de Laurent comme ils le font aujourd'hui aux côtés des présidents Idriss Deby ou François Bozizé, le pays n'aurait pas été coupé en deux, Marcoussis n'aurait pas été organisé.

L'enjeu pour eux était de taille : il s'agissait de perpétuer l'empire colonial dans un pays dont les ressources et les potentialités économiques et stratégiques ne sont pas négligeables.

L'Encyclopédie Universelle Larousse (2006) décrivant le pacte colonial parle de « *La conception mercantiliste de la colonisation qui visait à l'enrichissement de la métropole.*

Il stipulait : l'interdiction totale ou partielle du marché colonial aux produits étrangers ; l'obligation d'exporter les produits coloniaux exclusivement ou principalement vers la métropole ; l'interdiction pour la colonie, de produire des objets manufacturés, son rôle économique se bornant à celui de productrice de matières premières et de débouché commercial ; le traitement de faveur accordé par la métropole aux produits coloniaux accompagnés d'une aide politique, militaire, culturelle et souvent économique, fourni par la Métropole ».

Avec les prédécesseurs de Laurent, il paraît que le « *Pacte* » avait bien fonctionné. À tous les postes de décisions, les coopérants français régnaient en maîtres. Même les secrétaires particulières étaient françaises. Tout devait « *être sous contrôle* ». Aucune décision importante ne devait ni ne pouvait être prise sans que Paris ait été préalablement consulté. Tous les mercredis, Abidjan tient son conseil des ministres. Eh bien ! A cette époque-là « *Jacques Foccart, secrétaire général et conseiller pour les Affaires africaines de l'Elysée, appelait, chaque mercredi, le Président ivoirien, Félix Houphouët-Boigny, pour faire le point sur les affaires en cours* », nous dit *Libération* du lundi 30 octobre 2006. La coutume était bien établie, inviolable.

Mais qui est-il donc ce Gbagbo, ce « *mal ciré* » pour venir ainsi bouleverser l'ordre des choses établies ? Voilà qu'il arrive et s'installe à la tête de ce pays, alors que *l'on* ne l'y attendait pas. Il change l'ordre établi, il brise la chaîne des habitudes, il décide comme un grand, un autonome, un majeur ! Secousses telluriques !

Je me souviens d'un dîner qu'organisèrent l'ambassadeur de France Francis Lott et son épouse, pour favoriser une rencontre avec le directeur de RFI qu'accompagnait Georges Lory, un ami de Laurent à RFI, Laurent et moi-même. Nous voulions savoir pourquoi RFI préférait Ouattara à Laurent. Le directeur nous répondit en substance : « Parce qu'il nous ressemble… Il correspond plus au profil qu'en Europe nous nous faisons d'un chef d'État africain ». Et nous lui avons répondu : « Nous vous laissons le profil, mais nous conservons le droit de mettre à la tête de nos États les hommes que la majorité, chez nous, préfère ».

Nos pays ont accédé à l'indépendance, mais l'esprit du pacte colonial n'a pas été aboli. Nous sommes pour les dirigeants français des « *sous-développés* » dans tous les sens du terme, incapables de prendre en main notre destin. Nous sommes sous tutelle et c'est la raison pour laquelle Jacques Chirac ou Villepin ou Alliot-Marie, lorsqu'ils s'adressent à nous, nous donnent des ordres, nous dictent des instructions, nous énoncent des ultimatum, sans frémir ni sourciller. Brigitte Girardin considère qu'elle peut venir en Côte d'Ivoire et décider de la dissolution de l'Assemblée nationale sans complexe ou peut-être animée d'un complexe… de supériorité. Elle peut faire des déclarations sans se croire obligée de rencontrer le chef de l'État.

Ça n'a pas dérangé Dominique de Villepin d'aller à Bouaké taper dans les mains et sur l'épaule des rebelles occultant les cadavres fumants des femmes éventrées et des gendarmes assassinés.

Jacques Chirac se sent totalement autorisé à intervenir dans la composition du gouvernement ivoirien, au point de faire organiser par Dominique de Villepin un huis-clos nocturne en marge des réunions officielles avec différentes personnalités africaines.

Les autorités françaises iront jusqu'à proposer de

confier les portefeuilles de la Défense et de l'Intérieur aux rebelles !

Peut-on imaginer faire d'Yvan Colona, présumé tueur du préfet Erignac, le ministre français de l'Intérieur sous prétexte de régler le conflit corse ?

À aucun moment et encore moins ces dernières années, la France n'a respecté la souveraineté du peuple ivoirien.

Le pot aux roses est découvert grâce à Guillaume Soro qui, le samedi 25 janvier 2003 au soir, annonce sur RFI, qu' il est appelé à occuper le poste de ministre de la Défense !

Des milliers d'Ivoiriens très en colère vont descendre dans la rue permettant ainsi à Laurent de reprendre en main le dossier de la formation de ce nouveau gouvernement.

Dans cette épreuve douloureuse que la Côte d'Ivoire subit depuis septembre 2002, c'est chaque fois grâce à l'extraordinaire mobilisation des patriotes et du peuple de Côte d'Ivoire et grâce à la solidité de notre armée que la souveraineté de notre pays a été sauvée et réaffirmée.

La françafrique, visiblement, avait compté sans ces forces. Elle n'avait pas prévu ce soutien populaire, ni la puissance de son engagement, ni la maturité même de ce peuple. De sorte que toutes ses initiatives sont venues se fracasser contre cette détermination invincible.

La tempête ne déracine pas une forêt
Proverbe africain

Gbagbo, au nom de la Paix !

Ne déprécie pas la tortue à cause de son humilité
Il se peut qu'elle te guide demain.
Proverbe africain

Laurent a fait tout ce qu'on lui a demandé depuis les accords de Linas-Marcoussis. Mais rien de ce qui était prévu en échange n'a été respecté !

On lui avait promis que, s'il nommait un nouveau Premier ministre, il y aurait désarmement des rebelles à la clef de cette nomination. Il l'a nommé à Paris en janvier 2003, avant même de retourner à Abidjan, juste après la réunion de Kléber.

Mais ils n'ont pas déposé les armes.

On lui a promis alors que, s'il formait un gouvernement en y intégrant les rebelles, le désarmement se ferait aussitôt. Il a fait ce qu'on lui demandait. Il était tout entier tendu à préserver son peuple. Il était prêt à accepter cette humiliation. Le gouvernement a été formé en mars 2003.

Mais ils n'ont pas déposé les armes.

On lui a dit alors : « Ah, quand vous allez faire voter une loi d'amnistie pour les rebelles, on va vous donner le désarmement. Comprenez, il est important de les mettre en confiance, de les sécuriser. Ils n'ont pas encore déposé les armes parce qu'ils ont peur d'être pourchassés ». Laurent est donc entré en négociation avec les députés à l'Assemblée nationale. Nous étions choqués.

Nous trouvions une telle mesure immorale. Toute cette détresse, toute cette violence, toutes ces morts gratuites, injustifiables ! Il a plaidé pour la paix. Aucun sacrifice n'est trop lourd pour la paix ! Nous avons accepté et nous avons voté à l'unanimité, à la condition qu'en contrepartie des dispositions soient prises pour indemniser les populations civiles de cette affreuse guerre. Nous étions en août 2003. À la suite de la promulgation de cette loi, il a signé un décret réintégrant les soldats déserteurs.

Mais ils n'ont pas déposé les armes.

Conformément aux accords de Linas-Marcoussis douze lois ont été votées à l'Assemblée nationale. En trois ans, les débats ont été durs. Il s'agissait de « laver l'enfant » et de jeter l'eau du bain sans jeter le bébé. Mais à l'Assemblée nationale même, se constitua le groupe du G7 pro rebelles, composé, et c'était incroyable, des trois quarts des députés PDCI, l'ancien parti unique. Je suis sûre que le « Vieux » Houphouët-Boigny se retourne dans sa tombe !

À ceux-là s'ajoutent une vingtaine de députés pro-guéïstes et pro-allassanistes. Il a fallu s'arc-bouter pour faire triompher les valeurs et les intérêts de la République face à la fronde des rebelles et de leurs alliés. Les pressions venaient de toutes parts. Les rebelles, la France, les médias français, l'ONU, le Conseil de sécurité, le GTI, l'ONUCI et les représentants du secrétaire général de l'ONU, la CEDEAO, l'UA, la Francophonie, l'Union européenne. On nous a brandi la menace du TPI (Tribunal Pénal International), les sanctions de l'ONU, tout y est passé. Nous avons voté ces lois et Laurent les a promulguées.

Mais ils n'ont pas déposé les armes.

On lui a demandé d'utiliser l'article 48 de la Constitution pour prendre des décisions que l'Assemblée avait refusé de prendre et il a modifié la Commission Électorale Indépendante (CEI) pour qu'elle puisse recevoir en son sein six personnes représentant la rébellion. Il a modifié les statuts de la commission des droits de l'homme pour y nommer des rebelles. Incroyable mais vrai. Il a modifié le Code de la nationalité pour qu'un étranger ou une étrangère épousant une Ivoirienne ou un Ivoirien acquière automatiquement la nationalité ivoirienne le jour même de la cérémonie. Par décision présidentielle, Laurent a accordé l'éligibilité à des personnes déclarées inéligibles par la Constitution et le Code Électoral ivoirien.

Quel est l'autre pays au monde où de telles dispositions existent ?

Tout cela il l'a fait. Il ne poursuivait qu'un seul but : obtenir la paix pour la Côte d'Ivoire. Tout cela il l'a fait, pour une seule raison : libérer son peuple qui était pris en otage !

Mais ils n'ont pas déposé les armes !

La fin de la guerre entre militaires avait été célébrée au palais présidentiel à Abidjan le 4 juillet 2003. Les rebelles avaient dit ce jour-là qu'ils déposaient définitivement les armes. Le colonel Gueu Michel, le véritable chef d'état-major des rebelles, a même déclaré sur les antennes de la RTI :

« C'est un grand moment de l'histoire de notre pays, il faut savoir déposer les armes et dialoguer. Je pense que le dialogue a triomphé pour une vision de paix ». Une fois de plus tout le monde y a cru.

Mais ils n'ont pas déposé les armes !

Alors on a dit à Laurent qu'il fallait changer de Premier ministre et il l'a fait. Charles Konan Banny a remplacé Seydou Diarra. Et l'ONU a voté ses résolutions à une cadence effrénée : vingt résolutions en quatre ans, c'est-à-dire en moyenne cinq résolutions par an, c'est-à-dire une résolution tous les deux mois et demi !

Mais ils n'ont pas déposé les armes !

Sur proposition de Konan Banny, Laurent a même accepté de nommer Soro Guillaume, ministre d'État et numéro deux du gouvernement. Il lui avait dit que c'était ce que Soro demandait pour enfin faire déposer les armes par ses troupes.

Mais ils n'ont pas déposé les armes !

Dans le cadre du respect de cette mascarade, le président de la République de Côte d'Ivoire a été le seul, de tous les acteurs politiques ivoiriens, à pouvoir se réclamer de l'honnêteté et de la bonne foi dans l'application des accords signés. Les rebelles, eux, ont conservé leurs armes, ils circulent librement dans les deux parties du territoire, ils terrifient les populations villageoises et règnent en maîtres sur leurs zones dont l'accès n'est pas libre pour les autres Ivoiriens.

Qui affirme que les rebelles ont pris les armes pour imposer des réformes de nos textes de loi ou pour accéder à des postes ministériels ? Ils ont tenté un coup d'État pour prendre le pouvoir, c'est ça qui est la vérité. Ils n'ont pas réussi mais ils n'ont pas renoncé. Ils cherchent à gagner du terrain, pouce après pouce. Tant qu'ils ne prendront pas le poste de président de la République, ils n'arrêteront pas de récriminer, de réclamer. C'est uniquement dans cette logique qu'ils sont inscrits et ils le disent : « Tant que Ouattara ne sera pas au pouvoir, nous ne désarmerons pas ! »

Que dire, d'une situation dans laquelle la rébellion peut continuer de siéger au gouvernement de la République à Abidjan tout en régissant, selon ses règles propres, l'autre moitié de cette même République ?

Le président sud-africain Thabo Mbeki a essayé de le faire comprendre à la communauté internationale, depuis qu'il a été nommé médiateur dans la crise ivoirienne par l'Union africaine. Il est venu en Côte d'Ivoire plusieurs fois. Il a compris que Laurent était honnête dans sa démarche de paix. Il a compris que les autres n'étaient que mauvaise foi, intérêts égoïstes. Il a expliqué à la communauté internationale qu'il fallait de toute urgence désarmer les rebelles, de gré ou de force. Mais, comment désarmer les rebelles, quand *ceux* qui les ont armés, leurs fidèles alliés, leur déroulent le tapis rouge ?

Que dire d'une situation dans laquelle cette même rébellion peut unilatéralement sortir du processus consensuel de désarmement en interrompant le dialogue militaire ? Que dire des exigences nouvelles et quasi quotidiennes des rebelles ? Alors que le chef de l'État a déjà accepté plus de 23 arrangements dits *politiques* au gré des humeurs et des caprices de l'opposition politico-militaire. Ces exigences-là constituent une rente d'impunité et de chantage dans laquelle toute une République est prise en otage.

Thabo Mbeki a rencontré tous les protagonistes de la crise. Il a fait un excellent travail de médiation et je tiens à le remercier pour le courage et l'abnégation dont il a toujours fait preuve. Il est allé en zone rebelle. Il a analysé et disséqué le mal ivoirien. Il a produit un rapport devant le Conseil de sécurité de l'ONU dans lequel il démontrait que Laurent avait réalisé toutes les tâches que la communauté internationale avaient exigées de lui, mais qu'à contrario la rébellion n'avait rien fait.

En attendant, les membres de cette rébellion pillent leurs zones, pillent leurs frères et ils s'enrichissent.

Comment peut-on, pour finir de sabrer son image, traiter notre Président de « Boulanger » et dire qu'il roule tout le monde dans la farine ? Comment peut-on transformer la victime en bourreau à ce point-là ?

Ce n'est pas lui qui roule les gens dans la farine, loin s'en faut, mais plutôt lui qu'on essaie de rouler dans la farine. On lui en veut parce qu'il a refusé d'adhérer à un jeu de pouvoir et de force, parce qu'il a voulu camper à tous crins la souveraineté d'un pays que d'autres considéraient comme une simple chasse gardée !

Un peuple de bétail corvéable à merci qui soudain n'est plus dupe et se révolte !

Comment peut-on à l'étranger schématiser le conflit ivoirien en faisant de lui une sorte de *remake* de la Saint-Barthélemy, avec d'un côté les chrétiens et de l'autre les musulmans, en lieu et place des catholiques et des protestants ?

Je rappelle que le chef des rebelles Guillaume Soro

est d'une famille chrétienne et que le frère d'André Dakoury, secrétaire général adjoint du MPCI est un évêque catholique.

Le conflit ivoirien ne repose pas du tout sur un problème ethnique ou religieux, contrairement à ce que certains aimeraient faire croire. Le conflit ivoirien est dû à la conjugaison étroite de trois volontés de puissance qui se sont alliées pour l'occasion : celle de Henri Konan Bédié, celle de Allassane Ouattara et celle de la France chiraquienne.

Comme Laurent cherche la paix pour son pays et pour son peuple, il a fait des sacrifices jusqu'au-delà de l'acceptable, prenant le risque de paraître faible aux yeux de son peuple.

Comme les rebelles n'ont qu'un seul objectif qu'ils poursuivent inlassablement, avidement, celui du poste de président de la République, ils n'ont pas déposé les armes et je suis persuadée qu'ils ne le feront pas tant qu'on ne les y contraindra pas. Les accords de Marcoussis n'avaient prévu pour eux que la seule tâche du désarmement et du retour dans la République. Ils sont revenus dans la République pour prendre des postes ministériels et des Mercedes mais ils ont gardé les armes et tiennent encore une partie du territoire et leurs populations en otage.

Lorsque Allassane Dramane Ouattara a affirmé haut et fort qu'il rendrait ce pays ingouvernable, personne ne l'avait pris au sérieux.

Et pourtant…

Duel Chirac/Gbagbo : le « pot de terre » résiste !

Celui qui doit vivre survit même
si tu l'écrases dans un mortier.
Proverbe africain

Ce dont il s'agissait, ce dont il s'agit toujours, c'est de faire des dirigeants des pays en voie de développement, de simples marionnettes dans les mains des grandes puissances !

Lorsque j'évoque la France, je ne parle pas de tous les Français car nous avons de grands amis français. Je parle des décideurs actuels de la France. Je parle du président Chirac surtout.

Que lui avons-nous fait pour mériter cette haine, ce mépris, ces humiliations, ces blessures envers tout un peuple et son Président qu'ils ont démocratiquement choisi ?

En quoi Laurent Gbagbo aurait-il « manqué » à Jacques Chirac ?

Je sais que la politique c'est aussi l'art du rapport de force, mais pourquoi faire subir à tout un peuple un tel acharnement ?

Comme se plaît à le rappeler notre écrivain Bernard Dadié dans une note inédite : « *Le temps n'est-il pas venu que la sueur de l'homme le nourrisse enfin et que prennent fin les régimes qui tuent la Vérité et donnent raison à l'injustice ?* »

Nos peuples ont écrit ensemble plusieurs pages de leur histoire commune. Cette nouvelle page sanglante que l'histoire retiendra sur ces années de braise ne sera pas écrite à la gloire de Jacques Chirac. « *Chirac l'Africain* » aura tenté de détruire la vitrine de la France en Afrique de l'Ouest. La France en était si fière ! Et, certainement malgré lui, Jacques Chirac aura fait de Laurent Gbagbo, un mythe, un héros de l'Afrique résistante.

Alors que cette même France, sur ordre de son Maître, aurait pu se raviser et ne plus prendre parti pour les rebelles dans notre crise ! Alors que cette même France aurait pu utiliser ses militaires de la Force Licorne pour consolider la démocratie et la République en Côte d'Ivoire ! Au lieu de cela, elle s'est transformée en armée d'occupation et de déstabilisation. Devant les agissements des soldats français, de plus en plus d'Ivoiriens ont élevé la voix pour réclamer le départ de la Force Licorne. Ils l'ont abondamment signifié à Laurent, au cours des consultations organisées après l'adoption de la résolution 1721 de l'Onu le 1er novembre 2006.

Je rappelle que la force française Licorne en Côte d'Ivoire maintient plus de 3 000 hommes pour un « *coût de 250 millions d'euros par an* » (Thomas Hofnung, *Libération* du 28/10/06). Les hommes sont, officiellement, chargés de surveiller le cessez-le-feu entre les belligérants, et agissent en soutien aux 7 000 Casques bleus de l'Opération des Nations unies en Côte d'Ivoire (Onuci). La France dispose de la base militaire du 43e Bataillon d'Infanterie de Marine (BIMA), située à proximité de l'aéroport d'Abidjan.

Tant que la France ne prendra pas la décision de se retirer de la crise ivoirienne, la crise perdurera avec des Ivoiriens plus que jamais « patriotes » et déterminés à ne pas se laisser diriger de l'extérieur. La Côte d'Ivoire, elle aussi, a le droit d'être « *passionnément indépendante* ».

Aussi longtemps que les lions n'auront pas leur
historien, les récits de chasse tourneront
toujours à la gloire du chasseur.
Proverbe africain

Il faut avoir l'âme de Sisyphe pour remonter son rocher comme n'a cessé de le faire Laurent et continuer malgré la bronca d'une opinion internationale manipulée. Heureusement, à en croire Camus (in Le Mythe de Sisyphe, nrf/Éditions Gallimard) « *la lutte elle-même vers le sommet suffit à remplir un cœur d'homme, il faut imaginer Sisyphe heureux* ».

C'est vrai, Laurent est heureux de pouvoir accomplir chaque jour une petite avancée pour le peuple ivoirien. Il a une très belle qualité d'homme d'honneur, il monte au créneau dans tous les dossiers difficiles aux côtés de ses ministres, quitte parfois à prendre tous les coups à leur place.

Aujourd'hui, on a rarement de bonnes nouvelles quand on est président d'une République comme la Côte d'Ivoire. Mais jamais il ne se départit de son calme et de son humanisme, ni de sa capacité d'écoute.

Ce Laurent Gbagbo qui ne veut pas d'une forme déguisée d'esclavagisme, est devenu, pour Jacques Chirac, son pire « *cauchemar africain* » dont il ne s'est toujours pas réveillé ; l'homme à abattre !

Personne n'est dupe. Mais personne n'ose

contrarier la France et dire officiellement ses quatre vérités à Jacques Chirac.

Du moins le pensait-on, jusqu'au 31 octobre 2006.

Le « *pot de terre* » résiste et, après la grande majorité de la population ivoirienne, quatre pays dont deux grandes puissances aujourd'hui l'accompagnent.

C'est logique, ses alliés avec le temps deviendront de plus en plus nombreux, car le temps est l'autre nom de Dieu et Dieu œuvre toujours aux côtés du juste.

SEPTIÈME PARTIE

LES ANNÉES D'ESPOIR

ET SI NOUS PARLIONS D'AVENIR ?

Penser et agir par nous-mêmes et pour nous-mêmes, en Nègres...,
accéder à la modernité sans piétiner notre authenticité.
Léopold Sédar Senghor

J'aimerais tant, même si cela peut paraître un peu simpliste, que l'on recommence à parler d'avenir dans ce pays. Qu'on parle de comment nous allons vivre demain. Que la confiance soit rétablie !

Comment faire comprendre à des rebelles l'importance de la paix sociale alors qu'ils n'ont pas encore intégré la moindre notion d'éthique ? Quand ils ne comprennent que la force et ne savent pas qu'une société se développe et qu'un pays s'enrichit dans la paix ?

Comment réussir à faire disparaître de tous les cœurs tous les sillons qu'y ont creusés les blessures des humiliations, les détresses des coups de fusil ? Tant de halètements, de suffocations et de tensions ; tant d'angoisses qui vous précipitent, en pleine nuit, à genoux, à crier au Dieu Saint de la justice, de l'amour et de la protection !

Comment, tenant en main les cœurs encore remplis

des images terrifiantes des morts, réussir à leur faire faire le pas qui enjambe le passé d'hier encore si présent et aborder un avenir créateur et serein?

J'aimerais que beaucoup de femmes lisent ce livre. J'aimerais qu'en tant que femmes sur cette planète, nous soyons conscientes de l'aliénation à la fois psychologique et idéologique qui peut exister partout, chez soi, à l'école ou sur les lieux de travail. Il faut dénoncer en permanence cette aliénation, cette manipulation de l'esprit. Toute discrimination, tout harcèlement sont insupportables.

Il faut dénoncer l'apartheid sous toutes ses formes. On ne peut pas accepter l'intolérable, au nom de la tolérance !

Je suis révoltée lorsque j'entends dire qu'on ne peut pas changer le monde, que cela ne sert à rien de se battre, que c'est ainsi depuis le début des temps. Tout cela est tellement faux. C'est souvent le courage qui manque et ce type de sentence n'est pas fait pour en donner.

J'ai l'impression au contraire que tout est possible si le courage et la volonté ne sont pas aux abonnés absents.

Mon père a martelé une certitude dans le crâne de ses enfants : « Quoi qu'il arrive, quels que soient les éléments, ne vous laissez jamais intimider ni abattre ». Il nous a éduqués inlassablement, en nous répétant l'importance de la politesse, du respect d'autrui, de la solidarité, de la tendresse et du courage ; mais aussi notre importance en tant qu'êtres humains susceptibles de changer le cours des choses. Il nous a appris à aimer Dieu et à nous confier à Lui.

Dieu, mon guide

Ne t'irrite pas contre les méchants,
N'envie pas ceux qui font le mal.
Car ils sont fauchés aussi vite que l'herbe,
Et ils se flétrissent comme le gazon vert.
Confie-toi en l'Éternel, et pratique le bien ;
Aie le pays pour demeure et la fidélité pour pâture.
Fais de l'Éternel tes délices
Et Il te donnera ce que ton cœur désire.
Recommande ton sort à l'Éternel,
Mets en Lui ta confiance et Il agira.
Il fera paraître ta justice comme la lumière,
Et ton droit comme le soleil à son midi.
Garde le silence devant l'Éternel, et espère en lui ;
Ne t'irrite pas contre celui qui réussit dans ses voies,
Contre l'homme qui vient à bout de ses mauvais desseins.
Laisse la colère, abandonne la fureur ;
Ne t'irrite pas, ce serait mal faire.
Car les méchants seront retranchés,
Et ceux qui espèrent en l'Éternel posséderont le pays.
Encore un peu de temps, et le méchant n'est plus ;
Tu regardes le lieu où il était et il a disparu.
(Psaume 37)

Je suis convaincue que, seule, la volonté de Dieu sera faite dans la résolution de la crise ivoirienne et non, la volonté exprimée dans les résolutions prises à l'ONU ou ailleurs.

J'exhorte donc continuellement les Ivoiriens à ne point se laisser abattre, ni intimider par quoi que ce soit.

La réconciliation véritable entre les différents enfants de ce pays est possible, à condition que le peuple ivoirien tout entier, sans distinction de religion ni d'ethnie, accepte d'abord de se réconcilier avec Dieu par un acte de repentance ; car, c'est de la réconciliation avec Dieu que découlera la vraie réconciliation des uns avec les autres. Dans ma randonnée pour la quête de la paix et de la réconciliation vraie entre les Ivoiriens, je demande aux uns et aux autres de prier davantage, afin que le sang du Christ vienne sanctifier la terre de Côte d'Ivoire, souillée par le sang d'innocentes victimes. Je demande également que le sang du Christ apaise les cœurs meurtris et brisés.

La solution à la crise ivoirienne ne viendra de nulle part ailleurs, que de chez nous. Ne nous laissons donc pas intimider par l'épreuve et sa durée. Ne nous laissons pas abattre par les difficultés que nous connaissons.

Quelles que soient les conclusions des résolutions prises sur la Côte d'Ivoire, ne nous laissons pas intimider, ni abattre, car la décision pour la paix dans notre pays nous revient. Ne nous laissons pas intimider par les puissances étrangères et les géants du monde, parce que Dieu nous a donné l'ordre et la consigne de posséder notre pays. Le combat que les Ivoiriens mènent depuis plus de quatre ans pour s'approprier leur pays est un combat noble et béni de Dieu.

Se battre pour sa terre est un combat légitime. C'est pourquoi nous devons nous battre, pour que notre pays soit à nous et pour récupérer tous nos biens, toutes nos richesses.

Dans le même mouvement, nous nous devons de

revoir les alliances désuètes qui nous unissent à l'ancienne puissance coloniale.

La bataille pour la récupération de nos biens est un combat béni de Dieu. Et au bout de ce combat, nous aurons la victoire.

Dieu, dans le livre de Deutéronome 17, versets 14 à 15, nous dit : « *Lorsque tu seras entré dans le pays que l'Éternel, ton Dieu, te donne, lorsque tu le posséderas, que tu y auras établi ta demeure, et que tu diras : Je veux mettre un roi sur moi, comme toutes les nations qui m'entourent, tu mettras sur toi un roi que choisira l'Éternel, ton Dieu, tu prendras un roi du milieu de tes frères, tu ne pourras pas te donner un étranger qui ne soit pas ton frère* ».

Je souhaite donc que les Ivoiriens prennent désormais possession de leur pays, qu'ils y accueillent l'étranger, l'y mettent à l'aise, le comblent de bienfaits, mais sans se laisser pour autant déposséder de leur pays.

Il faut que les fils du pays et les étrangers qui y séjournent, vivent dans un respect réciproque, et surtout, dans le respect scrupuleux des lois et des règles de notre pays.

C'est pourquoi nous devons, par la prière, briser les paroles de ceux qui veulent la suppression de notre Constitution et qui veulent nous imposer un « roi » venu d'ailleurs.

Revendiquons notre pays, disons à Dieu, qui nous voulons comme « *roi* ».

Ce n'est ni l'ONU, encore moins la communauté internationale, qui fera pour nous ce choix.

Seuls les Ivoiriens se donneront le dirigeant qu'ils veulent et leur choix sera celui de Dieu.

Dieu occupe une place importante dans ma vie et je pense que, depuis le déclenchement de cette crise, il en est de même pour la vie d'un nombre de plus en plus grand d'Ivoiriens. Je m'attache à Dieu. Je sais que c'est lui qui a la solution à cette rébellion armée, imposée à la Côte d'Ivoire.

Nous en sommes à ce jour à 20 résolutions des Nations unies sur la Côte d'Ivoire. La toute dernière est baptisée la 1721. Il est sûr et certain qu'elle ne pourra pas être mise en application et, les Ivoiriens, déjà, réfléchissent et engagent une nouvelle solution, celle-là toute ivoirienne.

Je propose à la Côte d'Ivoire et au monde entier, d'utiliser comme socle de réunification et de sortie de crise, ma résolution à moi. Comme par un heureux hasard, elle est également affectée du nombre 17.21. signe de Dieu, afin que tous les cœurs et tous les esprits soient apaisés ! Cette résolution est tirée de la Bible, de l'Évangile de Jean au chapitre 17 verset 21. « *Que tous soient un* ». C'est un commandement de Dieu, personne ne doit s'y déroger. Nous devons donc nous unir pour sortir notre pays de la crise, afin d'offrir plus de bien-être à nos populations. Et travailler avec comme objectifs ultimes, l'unité retrouvée, le peuple réconcilié, le pays réunifié, la souveraineté reconstituée, la Nation ivoirienne refondée.

UNE NATION SE BÂTIT

La Patrie : Naissance du mouvement patriotique

La Terre ivoirienne est en danger, elle est agressée. Il faut donc que ses enfants se lèvent et se fondent dans un même creuset pour tenir haut et fort le flambeau de la Nation.

« *Que tous soient un !* » Ses intelligences, ses cerveaux, ses sensibilités, ses bras, ses jambes se sont rassemblés pour accoucher d'une Côte d'Ivoire véritablement démocratique et ethniquement intégrée.

La crise que connaît notre pays a donc produit un résultat positif. Ces événements ont mis en exergue une résistance ivoirienne et ont engendré un véritable sentiment national. Cela a permis chez nous l'émergence de la notion de *patriote* du mot patrie. Grâce à cette crise, nous nous sommes tous fondus dans un même creuset. Elle a entraîné, à cause de la nécessité de résister à l'agression, un grand élan vers la Nation. Les réflexes réagissent très vite et l'on voit naître les mouvements des patriotes, *les parlements, les agoras*. Arrêtons-nous tout d'abord, sur les modalités de leur constitution. De façon spontanée, les jeunes, hommes et femmes, décident de lancer un défi à la France : « *Démontrons à Chirac que le président Laurent Gbagbo, le* Woudy de Mama *est soutenu par la grande majorité de la population ivoirienne ; que les rebelles sont des imposteurs lorsqu'ils se prévalent d'un soutien populaire, mais qu'au contraire ils sont largement minoritaires ; que le débat en Côte d'Ivoire n'est ni ethnique, ni religieux* ».

Plutôt que des discours, il fallait faire une démonstration massive. Les jeunes appellent donc la population d'Abidjan à descendre dans la rue, le 2 octobre 2002, pour se rendre place de la République. Les anciens leaders de la jeunesse, déjà connus, prennent l'organisation en mains.

Blé Goudé a interrompu ses études à Londres et il est rentré au pays. Sur tous les fronts, dans tous les milieux, il fédère autour de lui les autres leaders de quartiers, d'établissements scolaires, des villes de l'intérieur. Avec eux, il constitue un front de leaders : Djué Eugène, Jean Yves Dibopieu, Serge Kassi, plus tard Serge Koffi dit STT, Tiehi Joël, Thierry Legré, Annie Tchelley, Anoï Castro, Ahoua Stallone, etc.

Ils sont nombreux et tous vaillants, tous braves.

La manifestation est un succès extraordinaire. Jamais une manifestation n'aura drainé autant de monde dans les rues. Pour bien voir, il fallait être dans un hélicoptère.

Près d'un million de personnes, hommes et femmes, jeunes et vieux, tous partis confondus, les organisations de jeunes, de femmes du FPI, les sections et organisations des jeunes et de femmes du PDCI, de simples républicains, de simples loyalistes non affiliés à des partis, des organisations du RDR, principalement le CADO (Cercle Alassane Dramane Ouattara) ; des mères, des pères et même des grands-parents, tous, autant que faire se peut, habillés des couleurs de la République : orange, blanc, vert.

Tous déferlent dans la rue, drapeau à la main, chantant à tue-tête des chants patriotiques. Ils espèrent que la France voit cette fusion populaire, cette muraille humaine, debout derrière Laurent Gbagbo, muraille forte, muraille déterminée, muraille indestructible. Ils espèrent que cela va servir de signal à la communauté internationale, pour qu'elle tranche juste, pour qu'elle décide juste, pour qu'elle soutienne le camp du juste, pour qu'elle ne se laisse pas tromper par les déclarations et assertions mensongères de personnes qui militent plus dans les médias que sur le terrain.

Mais ce message ne produira pas le résultat escompté. Un mois plus tard, le 2 novembre 2002, les *patriotes* organisent une nouvelle démonstration de masse. Elle est encore plus gigantesque que la première. Des Français et des Libanais, habitant le pays, s'associent en grand nombre au mouvement. La démonstration est joyeuse, elle est festive. Les manifestants sont pleins d'assurance et de foi. Personne ne leur ôtera leur pays et personne ne leur ôtera leur président de la République. Ils désapprouvent la guerre, ils condamnent l'agression.

Et le chanteur Paul Madys lance avec ferveur sa chanson patriotique :

« Arrêtez »

Frère du Nord, du Centre, du Sud de l'Est et de l'Ouest,
Souviens-toi qu'autour de toi il y a eu des massacres,
Des pays en reconstruction parce que ravagés par la haine.
Des morts on n'en parle pas. Il y a eu des réfugiés,
Cela ne vous a pas servi.

Refrain
Arrêtez ! ne détruisez pas mon pays,
Arrêtez ! ne détruisez pas nos acquis.

Le peuple a lutté pour instaurer la justice dans ce pays,
Le droit, la paix, le dialogue, la démocratie, ont été le combat du peuple.
Mon pays est indivisible oui, mon peuple est indivisible.
On ne brûle pas, on ne détruit pas ce qu'on n'a pas construit.
À bas les racistes, à bas les diviseurs, à bas les xénophobes,
À bas les imposteurs, à bas les oiseaux de mauvaise augure.
Unité pour mon peuple,
Unité ! unité, unité pour mon pays !.
Je dis :

Refrain

Le pouvoir ne s'acquiert pas par les coups d'État,
Le pouvoir ne s'acquiert pas par les armes,
Je dis, le pouvoir ne s'acquiert pas dans des bains de sang.
Écoute-moi bien mon frère : seul Dieu transmet le pouvoir au peuple,
Et le peuple le confie au guide de son choix.

Alors, c'est Dieu qui donne le pouvoir.
Ce n'est pas parce que vous êtes de la même région
Q u'il faut le suivre de façon aveugle,
Ce n'est pas parce que vous êtes de la même religion
Qu'il faut le suivre de façon aveugle.
Unité, Unité pour mon peuple,
Unité oh ! unité, unité pour mon pays oh!
Je dis :

Refrain

Oui, que tu sois du Nord, du Sud, de l'Est et de l'Ouest,
Oui mon frère, Musulman, Chrétien, ou Animiste,
Prends ma main mon frère, prends ma main ma sœur,
Oui et refondons ensemble notre beau pays.

C'est ce jour de liesse populaire, de démonstration de la force et de la multitude des patriotes, c'est ce jour-là que les « araignées de l'ombre », voulant discréditer cette démonstration de puissance, jetèrent le cadavre de Téhé Émile dans les jambes des patriotes de Yopougon, qui, tôt levés, se rendaient à pied au lieu du rassemblement. Le stratagème n'opéra pas. Elles enlevèrent une vie pour rien.

Fondés dans une même énergie, les hommes et les femmes de tous âges, de tous bords s'étaient retrouvés pour porter à bout de bras leur République, leur pays.

Les activités de la résistance

Début 2003, les prises de position de la France et de la communauté internationale révèlent aux patriotes que le combat risque d'être long. Il risque d'être éprouvant. Il faut surmonter l'amertume, vaincre les découragements et les désespoirs, résister à la colère et à la révolte. Ils s'engagèrent donc dans l'organisation, dans la structuration de leur mouvement de résistance.

Dès lors, plusieurs organisations se créent. L'Alliance des jeunes patriotes, dirigée par Blé Goudé, l'UPLTCI (l'Union pour la Libération Totale de la Côte d'Ivoire) de Eugène Djué, la CONARECI (la Coalition Nationale des Résistants de Côte d'Ivoire) de Damana Picas, dont la figure de proue est Serge Koffi de la FESCI. Toutes ces personnes sont de la même génération que le chef rebelle Soro Guillaume, chef du MPCI. Ils le connaissent et ils le condamnent ! On compte également les organisations des *Femmes patriotes* dirigées par Geneviève Bro Grebé, ancienne ministre de Laurent, issue des rangs du PDCI et Marie Odette Lorougnon, députée FPI, présidente de l'Organisation des Femmes du FPI.

Les raisons de la guerre, les positions défendues par l'équipe de Chirac, par la communauté internationale et l'ONU, les réformes politiques imposées par Linas-Marcoussis, le contenu des résolutions de l'ONU, les communiqués du GTI (Groupement de Travail International), les déclarations de la CEDEAO, de l'UA, toutes ces questions graves ont besoin d'être expliquées, d'être commentées par la population.

Dans les quartiers, les patriotes organisent les débats ; Idriss Ouattara, Richard Dacoury, Nado Clément, Nagbo Zozo, Ahi Amonkon Simon, Doumbia Lacina, Kouadio Badou Florence, etc. Ils instruisent les dossiers. Ils provoquent les échanges d'idées et l'on voit naître partout, dans tous les quartiers, à Abidjan comme à l'intérieur du pays, des espaces d'échanges, des espaces de débats intellectuels. On veut comprendre, on veut connaître, on veut être au même niveau d'information que les leaders politiques, on veut peser sur les décisions des décideurs politiques, nationaux et internationaux. De son sein, le peuple façonne un instrument admirablement efficace, ce que les Grecs appelaient les *agoras* et ce terme est retenu ici également. On voit donc naître *La Sorbonne*, *Les Parlements* et les *agoras*. Chacune de ces structures se dote « *d'orateurs* » officiels, qui ont le devoir de se documenter sur les thèmes et de venir instruire la masse, les auditeurs.

Mais il est également fait appel à des conférenciers, personnes extérieures à ces structures, des aînés plus cultivés, plus informés sur les sujets à débattre.

À force, la population tout entière a élevé son niveau de compréhension politique de la crise ivoirienne. Et elle a consolidé la vision qu'elle s'en fait, la force de l'engagement que le peuple ivoirien doit prendre. Elle a mesuré toute sa responsabilité dans la sortie de crise.

Pendant que les *fora* ensemençaient l'âme patriotique des Ivoiriens, les artistes chanteurs, poètes, dramaturges, peintres, exaltaient dans leurs œuvres la lutte de résistance, le refus de la division, la quête de la réunification et de la paix. Alors les chants patriotiques foisonnent. Chaque événement est ponctué par un chant qui fustige l'agression ou fouaille l'engagement.

On crée alors l' « *Ode à la Patrie* » ou encore, pendant les événements de novembre 2004, la chanson « *David contre Goliath* » interprétée par Vieux Gazeur, Bagnon, Pat Sako et l'enfant Yodé, que je partage volontiers avec vous :

« David contre Goliath »

Attention à la Côte d'Ivoire, petit marteau casse gros caillou, (...)
Oh oh oh oh, l'ennemi, petit à petit s'est dévoilé.
On a construit leur pays, ils nous ont appelés indigènes,
On a fait leurs palabres, ils nous ont appelés tirailleurs,
Pour nous remercier, c'est sur les enfants des tirailleurs vous tirez.
Patriotes Yako ! (...)

Oh oh oh oh, l'ennemi, petit à petit s'est dévoilé.
Tu veux protéger tes ressortissants, on te voit à l'aéroport,
Tu as bloqué les deux ponts,
Beaucoup de chars derrière chez Gbagbo, comme si Gbagbo il est Français.
Faut pas nous prendre pour bêtes, on n'est pas des moutons,
Quelqu'un qui a politique tordue, nous on met en place.
Oh oh oh oh, l'ennemi, petit à petit s'est dévoilé.
Communauté internationale c'est pour vous,
L'Onu c'est pour vous,

l'Union africaine c'est pour vous,
Informations sur internet, c'est pour vous,
Mais la Côte d'Ivoire, c'est pour nous !

Oh oh oh oh, l'ennemi, petit à petit s'est dévoilé.
Embargo et puis après, c'est armes seulement on n'a pas
Sinon en Côte d'Ivoire il y a tout chez nous.
Est ce que c'est armes, nous on mange ?
Embargo, embargo, n'importe quoi !
Patriotes restons sereins, c'est Dieu qui fait notre palabre,
David contre Goliath, (…)
Résistons, résistons, nous n'avons qu'un seul pays,
la Côte d'Ivoire. (…)

Les Noirs qui ont combattu pendant les deux guerres aux côtés des Français étaient appelés tirailleurs. Le père de Laurent était l'un de ceux-là. Blessé de guerre, déporté en Allemagne, il a pu s'échapper d'un camp allemand et rejoindre, sain et sauf, la terre française. Le prénom Laurent qu'il a donné à son fils aîné est celui de son capitaine Laurent qui, atteint par les balles de l'ennemi, est mort dans ses bras.

La chanson rappelle que c'est sur cet enfant de tirailleur que les Français ont tiré dans la nuit du 6 novembre 2004. Et lorsqu'on les a interpellés sur la présence de leurs colonnes de chars devant notre résidence, ils ont prétendu qu'ils étaient à la recherche de leurs ressortissants, comme si Gbagbo est un ressortissant français.

On retrouve dans ces œuvres une illustration de l'âme

culturelle typique des Ivoiriens : l'humour, l'humour torride. Des rires profonds, des rires gais mais aussi des rires tristes comme ces pleurs d'adultes qui refusent de laisser couler des larmes, qui refusent d'être vaincus. Des paroles de dérision qui claquent comme des imprécations.

Un peuple pleure son malheur, il le pleure debout.

À plusieurs reprises les *patriotes* se retrouvent au cœur du combat. Leurs armes privilégiées : les manifestations de rues, les barrages de rues. Lorsque la République est gravement en danger, par exemple, lorsque le GTI annonce la disparition de l'Assemblée nationale, toutes les rues d'Abidjan se couvrent spontanément de barrages de bois ou de pneus enflammés. De la sorte, ils imposent la discussion à toutes les parties, nationales et internationales, étatiques et rebelles. En janvier 2006, nous l'avons déjà dit, le président Obasanjo a dû faire le déplacement et prononcer lui-même l'annulation de la décision du GTI, en présence de M. Schori de l'ONUCI, en présence de M. Sokupa, représentant du président Thabo M'Beki et des présidents de toutes les Institutions ivoiriennes et en présence du Premier ministre Konan Banny. La rue, satisfaite, se vida instantanément. Cet instrument de combat à mains nues fut d'une extrême efficacité. Brigitte Girardin, ministre français de la Coopération le dénoncera, en l'appelant « *le syndrome de la rue* » !

Les patriotes défendaient donc le président, l'unité, le désarmement, la Souveraineté et la Constitution. Pied à pied avec les rebelles, ils imposaient l'existence et le respect de leur pays. Mais il fallait en même temps œuvrer pour la victoire, maintenir l'unité et la cohésion dans les rangs. Il fallait éviter les fissures et les lézardes. Il fallait déjà mettre les troupes en ordre de bataille pour les élections qui approchaient car nous marchions inéluctablement vers le 31 octobre 2005. On se concerte donc à nouveau et l'on crée le CNRD (Congrès National de la Résistance pour la Démocratie) présidé par l'écrivain Bernard Dadié, ancien ministre de la Culture d'Houphouët-Boigny.

Ce Congrès est un mouvement de rassemblement. Ses membres sont issus de différents partis politiques dont le PDCI, le FPI, le RDR, l'UDPCI, le PIT, l'UDCY… On y retrouve également des représentants de la société civile, des syndicats, des religieux, des étudiants. C'est une plate-forme qui réunit en une seule structure tous ceux qui sont prêts à défendre la République et la Démocratie dans la crise.

L'éclosion de l'âme de la Côte d'Ivoire

Je rêvais d'une nation unie au sein de laquelle chacun apporterait sa différence comme un trésor et ce rêve est en train de se réaliser sous mes yeux. Notre histoire est celle d'une association d'ethnies, venues de tous les coins du monde pour porter ensemble, plus loin, l'épanouissement de l'homme en Côte d'Ivoire.

Dieu nous a donné un pays merveilleux, parmi tous les peuples du monde. Ce sont les Krus, les Gurs, les

Akans, les Mandés, nous tous, de toutes nos soixante ethnies qui avons hérité de ce pays.

Le peuple ivoirien est un peuple qui peut plier mais qui ne rompt pas. Le peuple de Côte d'Ivoire ne peut pas se réfugier dans la souffrance, dans les pleurs, dans la tristesse. L'hymne national de la Côte d'Ivoire parle du pays de l'espérance. Ce que nous voulons, c'est bâtir une nation forte, qui sera la terre de l'espérance, la patrie de la fraternité ! « *Le pays de l'hospitalité* » ! La terre sur laquelle tous les hommes et toutes les femmes pourront venir se réfugier, se ressourcer, et acquérir le manteau immaculé de la liberté ! Nous sommes le peuple de l'espoir. C'est vrai que nous avons souffert pendant des années. C'est vrai que nous souffrons encore. Mais, nous savons, au sortir de ce temps d'épreuve, que nous avons un rôle à jouer dans l'Afrique entière et dans le monde. Nous sommes une terre d'espérance ! Nous ne réussirons pas si nous avons des idées sombres ou de la rancœur. Nous ne réussirons pas si nous avons peur, si nous sommes cupides ou si nous sommes médiocres.

Chaque homme remplit toujours la mission que Dieu lui a assignée sur la terre, même s'il ne s'en doute pas toujours. Notre mission à nous, la mission de tous les Ivoiriens, c'est de faire disparaître la haine de la Côte d'Ivoire ; c'est de nettoyer nos cœurs, pour les remplir d'amour, c'est de supprimer l'ignorance : car, c'est parce que des gens sont ignorants, qu'ils se sont laissé manipuler. Notre mission, c'est de travailler à réduire la grande pauvreté, la grande misère dans notre pays. Notre mission, c'est de faire disparaître le tribalisme, la guerre des communautés, la paresse, la mendicité, le racket, la corruption, faire disparaître l'amour de l'argent qui conduit à l'inacceptable, comme de laisser passer des armes moyennant quelques billets !

Et ensemble, nous rebâtissons la confiance

Dans ce creuset de l'action, dans ces dangers partagés, dans ces efforts communs, dans ces chants et dans ces pas de danse, dans ces cris, et dans ces râles, l'âme ivoirienne se tissait, se façonnait. Le sang et le craquement des os cimentaient le tout.

Nous nous battions tous ensemble pour l'essentiel, pour les valeurs que nous partageons. Nous revendiquions nos cultures communes mais également nos différences. « *Et nous avons élargi nos limites* ». Limites financières, limites économiques, limites d'endurance physique, limites de nos capacités militaires, limites de nos aptitudes à la concession, limites de notre capacité à encaisser l'humiliation. Nous avons tout bu ensemble et nous tentons de changer notre vision des choses et du monde et nous nous battons pour réinvestir ensemble le champ de la confiance ! Car tout est possible !

La Côte d'Ivoire a besoin que nous fédérions toutes nos énergies pour lutter contre la division, contre la désinformation, contre la néo-colonisation pour récupérer ensemble notre pays ; pour le rétablir ensemble, unis, fortifiés, enrichis de l'expérience commune.

Tous les patriotes ont fortement conscience de ce défi qui se présente à nous de surmonter les aversions qu'ont générées dans le cœur et dans les esprits, les coups portés par des frères, des voisins à qui hier encore on tendait les bras, à qui on donnait ses enfants en mariage et dont on partageait les repas et les fêtes.

Nous sommes tous arc-boutés dans la sueur et dans la boue ensemble.

Sur les barricades, certains patriotes tenaient les positions et d'autres les approvisionnaient en vivres et en eau potable, spontanément, puisant l'argent dans leurs propres poches.

Certains organisaient les prières et les hymnes à l'Éternel, pendant que d'autres ramassaient des blessés et partaient les faire soigner.

On le faisait ensemble avec nos souffles entremêlés, parce qu'il fallait, au sortir de cette crise, qu'un Bété n'ait pas peur d'habiter à côté d'un Malinké ou d'un Baoulé, qu'un Yacouba n'ait pas peur d'habiter à côté d'un Guéré, qu'un Attié arrive à vivre sans crainte à côté d'un Sénoufo. Il faut qu'au sortir de cette crise un musulman n'ait pas peur de vivre aux côtés d'un chrétien.

Il faut qu'au sortir de cette crise, personne n'ait peur de retourner à Guiglo, à Man, à Danané, à Touleupleu, à Bouaké, à Sakassou, à Korhogo, à Odiéné, à Touba, à Séguéla, à Bouna. Il faut que, rendu dans ces villes, il puisse y vivre dans la tranquillité, dans la sécurité et dans la paix.

Il faut que la joie naturelle des Ivoiriens, l'humour spontané des Ivoiriens puissent continuer de s'exprimer, parce que c'est cela l'être, la nature de l'Ivoirien.

Il faut qu'au sortir de la crise la générosité que les Ivoiriens ont toujours manifesté à l'endroit des autres, cette hospitalité légendaire à l'égard des étrangers, il faut que cela demeure. Il faut donc qu'au sortir de cette crise un Burkinabé n'ait pas peur de vivre dans le campement d'un Ivoirien ; qu'un Malien, un Nigérien, un Ghanéen, un Nigérian ou un Libérien se sentent à l'aise comme par le passé en Côte d'Ivoire.

Mais le peuple ivoirien a tiré les leçons fortes de ses propres manquements, de ses propres faiblesses et désormais il exigera de l'étranger vivant en Côte d'Ivoire, qu'il respecte les populations autochtones, les lois, les valeurs, les Institutions de notre pays.

La fin de cette crise devrait permettre l'amorce d'un nouveau départ, avec un peuple ivoirien debout qui, malgré les tourments, malgré les pertes subies, sera capable de regarder l'avenir avec confiance, avec assurance, avec espérance ; parce que sa terre natale va lui offrir de quoi s'épanouir.

La mobilisation pour la réconciliation et le retour de la paix

Il a fallu maintenir les combattants, les patriotes debout. Il a fallu très tôt veiller scrupuleusement et être attentif à éviter les dérives, les déviations du combat. « *Surtout ne vous trompez pas d'adversaires, ne vous trompez pas d'ennemis. Les étrangers qui sont dans nos forêts ne sont pas nos ennemis, ce ne sont pas eux nos adversaires* », nous disait, sans discontinuer, Laurent.

Et pourtant nous voyions des fils d'étrangers tenir les fusils sur les champs de bataille. Nous les reconnaissions en train de briser les portes de nos chambres, la nuit. Nous les surprenions en train d'indiquer à nos adversaires les adresses de nos maisons. Comment briser la chaîne de la haine ? Comment éviter d'enrôler dans un même procès tous les enfants d'un même pays, sans repères, sans possibilités de discernement.

Très tôt il s'est avéré urgent et impérieux d'ouvrir les chantiers de la paix, les chantiers de la réconciliation. Le 19 octobre 2002, de concert avec quelques organisations de femmes patriotes, je lançais un premier appel à la paix et à la réconciliation. Les mots utilisés alors demeurent encore d'une cuisante actualité.

En effet, des enfants sont devenus, pour le reste de leur vie, orphelins, handicapés, traumatisés. Des enfants n'auront plus jamais la chance de connaître le visage de leur père, le visage de leur mère. Des familles entières ont été exterminées, anéanties. La guerre est une chose tragique. La guerre est une calamité, une tragédie qu'il faut faire disparaître le plus rapidement possible de notre pays. La guerre, quel que soit le camp dans lequel nous nous trouvons, est une chose mauvaise. J'espère de tout mon cœur que la belligérance va s'arrêter. Aux hommes, aux femmes, aux jeunes qui se sont mobilisés pour défendre la patrie, je voudrais dire honneur, je voudrais les saluer. Je sais qu'aucun mot ne peut suffire pour soulager. Aucune phrase ne peut compenser toutes les pertes. Mais je leur dis quand même que je pleure avec eux. Je leur dis quand même de sécher leurs larmes. Je leur dis quand même : « *redressez la tête, levez-vous, tenez-vous debout* ».

« Aujourd'hui, il nous faut aller de l'avant, il nous faut dépasser les souffrances, il nous faut dépasser la révolte, il nous faut dépasser l'amertume.

Aujourd'hui, la Côte d'Ivoire doit demeurer la Côte d'Ivoire.

Aujourd'hui, la Côte d'Ivoire doit demeurer aux Ivoiriens.

Aujourd'hui, le prix de ces souffrances, le prix de ce sang versé, le prix de ces douleurs, l'unique prix, c'est que la Côte d'Ivoire demeure une, intègre, debout. La Côte d'Ivoire fait échouer tous ceux qui ont cru qu'en levant l'épée sur ce pays, ils allaient pouvoir le faire exploser. C'est peut-être pour pouvoir faire la démonstration de cette force qu'il y a en nous, la force de la paix mais aussi la force de l'union, la force de l'amour, que Dieu nous a obligé à passer par cette guerre. (…)

(…) Je voudrais surtout lancer un appel à toutes les femmes de Côte d'Ivoire.

Que vous soyez du Nord ou du Sud, que vous soyez de l'Est ou de l'Ouest, que vous soyez du Centre ou de la capitale Abidjan, je voudrais demander, à vous qui vous êtes déjà mobilisées une première fois pour montrer combien nous tenons, dans notre pays, au respect de nos textes, au respect de notre Constitution, au respect de nos Institutions, de vous lever encore, pour travailler à quatre choses :

***La première chose**, solidariser, réconforter, soulager. Ce que vous faites déjà, mais sur lequel nous avons besoin de mettre un accent particulier.*

***La deuxième chose**, maintenir l'unité du pays. Vous les femmes vous devez être les instruments, les soldats de ce maintien de l'unité du pays. Je vous propose d'aller vers les autres femmes. Que celles du Sud parlent avec celles du Nord, que celles de l'Ouest parlent avec celles du Centre. Parlez ensemble pour que l'unité de la Côte d'Ivoire soit maintenue, sauvegardée.*

***La troisième chose** concerne la mobilisation pour la lutte contre le sida. Cette lutte est encore plus impérieuse aujourd'hui. La guerre aggrave le sida. Et nous devons nous y investir plus fortement encore qu'avant la crise.*

***La quatrième chose** que je vous demande c'est d'œuvrer pour le pardon. Des mères ont perdu leurs enfants. Nous devons aller vers elles pour leur demander de pardonner. Des pères ont perdu leurs fils. Nous devons aller à eux pour leur demander de pardonner. Certains me diront :* « c'est trop tôt et nous n'avons pas encore fini de pleurer ». *C'est vrai que cela a l'air prématuré. Mais vous qui êtes les femmes, je voudrais vous rappeler une chose : lorsque nous accouchons, au moment où l'enfant se présente et que nous poussons pour le faire sortir, nous sommes dans la douleur, nous hurlons de douleur.*

À ce moment-là comme aujourd'hui, nous hurlons de

douleur et c'est dans ce hurlement de douleur que nous mettons au monde la vie. Et en même temps que nous hurlons de douleur se produit dans notre esprit, dans notre cœur l'explosion de joie de cette naissance. C'est pour cela qu'au moment où nous hurlons de douleur devant les morts, devant le sang versé, devant les corps déchiquetés, pensons déjà à organiser le pardon en formant des cohortes pour circuler dans l'ensemble du pays.

Voici ce que je vous demande aujourd'hui, je sais que je peux compter sur vous. Vous êtes des Ivoiriens, ces gens qui ont toujours su mettre l'amour de l'autre avant leurs propres préoccupations. Vous êtes ces gens qui ont su faire de la place aux étrangers. Vous êtes, comme on le dit dans la Bible, " cette cité, ces villes-refuges qui connaissent le pardon et qui accueillent, qui protègent, qui soulagent ". *Voilà ce que vous êtes. Je sais que je peux compter sur vous. Haut les cœurs !*

Ensemble, nous vaincrons, nous sortirons de cette crise (...) »

À la suite de cet appel lancé dès 2003, les Ivoiriens ont laissé s'exprimer les bonnes dispositions de leur cœur. Chacun s'est mis au travail avec son génie propre, selon ses moyens matériels, financiers et ses capacités intellectuelles. Des séminaires de paix et de réconciliation ont été organisés ainsi que des séances d'entretiens intercommunautaires, des visites aux épouses des victimes de nos Forces de Défense et de Sécurité. Moi-même, pendant deux mois, j'engageais un dialogue avec toutes les communautés vivant en Côte d'Ivoire. La société a pu pleurer les morts avec les parents des morts. Les victimes traumatisées eurent l'occasion de décrire leurs expériences terrifiantes, de mettre à nu leurs blessures et de recevoir un pansement collectif. La société a pu exorciser les peines profondément enfouies. La guérison nationale était en marche. Bien sûr, toutes les plaies n'ont pas fini de cicatriser.

Les milliers de déplacés vivent, aujourd'hui encore, dans un inconfort social et financier qui fait gémir, qui fait soupirer et qui réveille le souvenir des personnes disparues.

Mais l'espoir demeure et nous demeurons debout. Cette guerre a rapproché le peuple de Côte d'Ivoire de Dieu. Ils sont nombreux ceux qui aujourd'hui prient et jeûnent pour la patrie. Dans le milieu des patriotes, des initiatives de plus en plus nombreuses organisent des séances d'évangélisation, d'enseignement de la Parole, comme si l'on était convaincu que la Côte d'Ivoire avait traversé la mort et qu'elle était en train de ressusciter. Comme cela s'est passé pour Lazare dans l'évangile de Jean, Lazare est ressorti du tombeau encore dans les liens du linceul. Il a fallu le délier pour qu'il puisse recommencer à aller et venir.

La reconquête des militants RDR

On ne peut pas parler de la Côte d'Ivoire d'aujourd'hui, de ce vaste mouvement de reconquête de la paix, par les Ivoiriens eux-mêmes sans évoquer l'exceptionnelle initiative de Mamadou Koulibaly, président de l'Assemblée nationale.

Si des Ivoiriens doivent être décorés pour la paix, il doit indéniablement être du nombre.

Chaque jour, il est sur le front, sur le terrain. Il a commencé par écrire des livres. Aujourd'hui, il parle directement avec les populations, les jeunes, les femmes, les anciens, les imams, sans désemparer, avec des mots simples, un discours simple et humble. Il explique la guerre, il explique la crise. Son discours est accessible à tous. A ses parents du Nord, il parle directement en malinké, il prie avec eux dans les mosquées, il jeûne avec eux.

Ses vérités sont claires : C'est la « *Françafrique* » qui attaque la Côte d'Ivoire, pour faire main basse sur nos richesses. Elle bénéficie de la complicité d'enfants de la Côte d'Ivoire. Elle bénéficie également du soutien d'étrangers à la Côte d'Ivoire. Il explique à ses parents qu'Alassane Ouattara, qu'ils considèrent comme leur fils et qui a battu la campagne pour leur faire croire qu'il avait besoin de leurs soutiens pour défendre leur noble cause, n'était rien d'autre, qu'un allié, qu'un instrument de la France chiraquienne et de ces étrangers. Il leur explique que, pendant que certains portent le fusil au flanc de la Côte d'Ivoire et d'eux-mêmes, enfants de la Côte d'Ivoire, retardant ainsi le développement de notre pays, les autres peuples, eux, continuent de vivre dans leur pays en paix, dans la sécurité, dans la tranquillité.

Et ce discours de vérité produit un impact formidable sur les populations. Par milliers, les membres du RDR, retournent dans la République, dénonçant l'imposture et la mystification.

De plus en plus nombreux, ils abandonnent l'idéologie de guerre, de violence, de division. Qu'Allah protège Mamadou Koulibaly !

ÉPILOGUE

À BÂTONS ROMPUS

PREMIÈRE DAME !

Dans ce livre, peut-être un peu trop grave, j'aimerais ouvrir une parenthèse pour rire un peu, puisque le rire est le propre des Ivoiriens !

J'aimerais donner à celles qui me lisent un petit conseil d'ami. Si vous voulez être Première Dame, reposez-vous bien avant, car il faut être en excellente forme !

La forme physique, la résistance sont des impératifs catégoriques inhérents à la fonction. Ce type de statut nécessite d'oublier son physique, souvent de s'oublier soi-même, de nier la maladie absolument, bref de savoir résister à tout et à tous.

Mais une journée de Première Dame n'est rien au regard d'une journée de députée, qui, elle, démarre sur les chapeaux de roues. Ma journée ne présente aucun temps mort.

Le temps est la matière la plus précieuse, toute minute est « rentabilisée » par mon équipe ! Entre deux réunions essentielles, il faut caser un rendez-vous urgent.

La pression est formidable. Le moindre mot, la moindre réflexion est reprise et amplifiée dans les médias.

Il faut répondre à la calomnie, éviter autant que faire se peut d'être trop spontanée ! La première chose à savoir, si un jour vous vous retrouvez Première Dame ou députée, c'est qu'il faut bien choisir votre entourage. Il est fondamental que vos collaborateurs, vos amis, vos proches, comprennent et partagent votre vision, avec sincérité, amour et honnêteté. Sachez aussi que chaque soir, vous finirez au lit très tard et entre deux piles de dossiers.

Un des reproches qu'on me fait est de monter au créneau sur certains sujets et à des moments clefs, au lieu de rester dans l'ombre de Laurent. C'est vrai que c'est uniquement la femme de Laurent Gbagbo que je représente aux yeux de certains. Chaque fois qu'on m'interroge, mes propos deviennent, à mon corps défendant, ceux d'un porte-parole. Il est impossible de se départir de la casquette de Première Dame et pourtant la militante demeure, la députée également. Et c'est souvent que ces deux personnages ressentent le besoin de donner leur avis. Ma responsabilité de Première Dame de mon pays existe et m'engage au quotidien. Elle vient renforcer le poids que je portais déjà sur mes épaules et que je sentais déjà dans mon âme.

Je voudrais tellement permettre à chacun de s'épanouir dans une société plus humaine et un environnement préservé. Mais c'est un défi qui dépend vraiment au quotidien des gestes et des réflexes de chacun d'entre nous, pas seulement en Côte d'Ivoire mais sur toute la planète.

La persévérance est un talisman pour la vie.
Proverbe africain

Langue de cœur contre langue de bois

J'aimerais bien faire comprendre aux jeunes comme aux moins jeunes, qui se sentent désespérés, exclus, qui ont l'impression de compter pour du beurre, que c'est sur eux-mêmes qu'ils doivent compter, qu'ils doivent se faire confiance, croire que, comme chacun sur cette Terre, mais plus encore dans un pays comme le nôtre, ils ont une destinée. Il ne faut surtout pas rester les bras ballants à regarder passer le train de l'Histoire, il faut vouloir et il faut agir. Si nous restons les bras croisés, rien ne se fera, si nous laissons les dés de nos destinées entre d'autres mains, rien ne sera possible. Mais si nous décidons de penser par nous-mêmes, de créer nous aussi, d'être conscients de nos actes et de leurs portées, d'être vigilants et d'œuvrer, pour qu'autour de nous les choses aillent un peu mieux, tout sera possible !

En Afrique, nous avons des choses à dire, des richesses à apporter, et du haut de notre modestie, du plus profond de notre petitesse, nous devons parler, au risque de déranger, au risque de soulever le mépris : « Et quoi donc, ils parlent eux aussi ! » Nous devons parler car nous pouvons ramener la sagesse au monde, nous pouvons ramener l'humilité dans le cœur des grands. La femme dans sa maison doit parler, mais elle doit également s'exprimer sur la place publique, car elle possède, elle aussi, des grains de sagesse et des grains de discernement. Elle peut sauver son peuple, elle peut défendre son monde.

Entre nos mains, notre Terre !

Le tam-tam ni la voix ne rythment
plus les gestes des saisons.
Léopold Sédar Senghor

Le changement de comportement en matière environnementale est aujourd'hui une nécessité mondiale. Nos États africains, nos peuples doivent en assumer leur part en toute responsabilité, en toute équité. Les pays pollueurs ne doivent pas se contenter de payer pour que les autres pays engagent des activités non polluantes. La Communauté mondiale doit trouver les moyens d'obliger les gros pollueurs à polluer moins. Les mesures à prendre sont plus qu'urgentes et concernent chaque nation, chaque individu.

Nous Ivoiriens, venons de vivre cruellement l'expérience avilissante d'être transformés en poubelle du monde.

Notre chance, peut-être, c'est de commencer l'industrialisation de notre pays maintenant, après avoir été instruits des conséquences terrifiantes, que peut entraîner ce développement industriel, s'il n'est pas bien encadré.

Le monde a une fâcheuse tendance à ne regarder son devenir que par le petit bout de la lorgnette de son intérêt immédiat, et pour le coup, il se détruit en croyant avancer. Le développement durable, c'est aussi davantage de solidarité entre les peuples privilégiés et ceux qui sont le moins avancés scientifiquement et technologiquement.

Quelle Terre laisserons-nous à nos enfants demain ?

À quoi servent tous ces efforts d'équipement de nos pauvres pays ?

Nous cherchons désespérément les moyens pour construire des routes, pour électrifier des villages, pour forer des puits, élever des châteaux d'eau. À grands frais, nous construisons des hôpitaux et des universités, nous créons de vastes plantations industrielles.

À quoi toute cette sueur, toutes ces énergies dépensées même la nuit, nous serviront-elles, si d'ici trente ans, cinquante ans, des trombes d'eau charriées depuis les glaces polaires venaient provoquer un tsunami sur les Côtes ivoiriennes, et noyaient la Côte d'Ivoire reléguant cette partie de la terre au rang de l'Atlantide ?

Nous sommes tous responsables et nous devons être tous solidaires devant la Terre.

Protéger, informer, réconcilier, repousser l'inquiétude, améliorer la transparence, créer les conditions d'une prise de conscience. Préserver la biodiversité, n'est-ce pas mettre en œuvre tous les moyens pour que l'ensemble des espèces vivantes de notre planète soit préservé, qu'il n'y ait pas de laissés-pour-compte ou des espèces triées sur le volet qui seules auraient accès à un avenir ?

Notre continent est parmi les premiers touchés. Des pays comme le Congo, l'Ouganda ou le Nigeria ont perdu 90 % de leurs forêts en cent ans. Le taux d'extinction des espèces est aujourd'hui 1000 fois plus élevé qu'avant l'ère industrielle. Les espèces vivant aux limites des zones tropicales et tempérées ont déjà commencé à migrer vers le Nord. En 1960, il restait 70 000 rhinocéros sur notre planète, en 2000, ils n'étaient plus que 2000. Les chimpanzés bonobos étaient 100 000 en 1980 et 10 000 en l'an 2000. Les baleines bleues ne se comptent plus qu'en quelques milliers…

Un de nos proverbes africains dit : « *Ce qui est plus fort que l'éléphant, c'est la brousse* ». Et bien malheureusement, ce proverbe qui a été exact pendant des millénaires, est devenu faux. Ce qui est plus fort que l'éléphant, ce qui le décime aujourd'hui, c'est le profit et sa loi implacable : en 1970, il existait encore, environ deux millions d'éléphants sur terre, en l'an 2000, ils n'étaient plus que trois mille !

En 1960, au moment où la Côte d'Ivoire accédait à l'indépendance, elle possédait 16 millions d'hectares de forêts. Aujourd'hui il n'y en a plus que 2 millions. Déforestation mal contrôlée, diversification de l'agriculture, café, cacao, palmier à huile, hévéas, ananas, etc. Pendant la vilaine guerre que nous connaissons depuis plus de quatre ans, cette situation s'est dramatiquement aggravée. Les rebelles et leurs alliés ont sauvagement décimé les forêts de teck plantées au centre et dans le nord du pays. Ils les ont transformées en espèces sonnantes et trébuchantes. Ils prétendaient être venus sauver la cause des populations du Nord. Ils ont montré qu'ils ne sont que de vulgaires pilleurs, de vulgaires délinquants.

Le désert progresse de façon implacable et dangereuse. Les niveaux des cours d'eau ont baissé de façon drastique. À tel point que les barrages qui, à grands frais, ont été édifiés pour créer des lacs et alimenter notre sous-région en électricité, ne sont pas opérationnels ; Akossombo au Ghana, Kossou en Côte d'Ivoire. Notre pays fut donc obligé de revenir aux centrales thermiques.

La Terre est devenue le village de l'humanité, un tout petit village. Si nous ne nous entendons pas, si nous ne décidons pas ensemble résolument, de préserver ses équilibres, si nous ne comprenons pas que chacun, avant de se sentir ivoirien ou français ou américain, doit se sentir d'abord citoyen de la planète Terre, nous sommes sur une très mauvaise pente.

La mondialisation : chance ou problème ?

Quand on regarde la vie des travailleurs dans le monde entier, en Afrique comme en Europe, on se rend bien compte que la planète est devenue un seul pays. Aujourd'hui à travers une cybercaméra on peut regarder ce qu'on veut et en direct, contempler des êtres de l'autre côté du monde. On peut avec des photos satellites visiter n'importe quel recoin de la planète en un quart de seconde. Internet, les avions, les satellites permettent de tout gérer de chez soi.

On constate que les multinationales sont de plus en plus gigantesques et tiennent de nombreux États sous leur diktat.

Il est vrai que des organisations mondiales comme l'OMC (Organisation Mondiale du Commerce) ou l'OCDE (Organisation de Coopération et de Développement Économique) essaient de jeter les bases d'une régulation de toute l'activité commerciale du monde et de faire des arbitrages. Mais en Afrique, nous sommes encore très insatisfaits et, de notre point de vue, beaucoup de ces propositions recèlent de nombreuses dispositions inégalitaires et injustes. Pascal Lamy, Directeur Général de l'OMC, reconnaît lui-même d'ailleurs que « *le processus de décolonisation économique n'est toujours pas achevé* ». (*The Sunday Telegraph*, du 3 décembre 2006). Repris par *Le Courrier International* : « *Le marchandage imposé par l'Occident reste inscrit dans une logique défavorable aux pays en développement* ».

Dans leur mouvement d'expansion, les multinationales tantôt consolident l'économie d'un pays, tantôt réduisent en fumée les espoirs et les projets de familles entières. Il n'est pas rare de voir des entreprises s'implanter dans une région, levant l'enthousiasme des populations. Des familles entières y investissent alors, non seulement leur quotidien mais également tous leurs rêves d'avenir. Ils ont un emploi, ils comptent sur cet emploi et ils basent sur lui un plan de carrière pour leur vie, celles de leurs femmes et de leurs enfants.

Puis, très souvent, au moment où ils s'y attendent le moins, sans raisons évidentes mais surtout sans que les travailleurs ne comprennent pourquoi, un *deus ex machina*, quelques technocrates, un grand patron, décident de délocaliser cette entreprise parce que, dans telle autre partie du monde, les salaires sont plus bas, et les revenus plus importants pour les actionnaires.

Dans ces contrées-là, les taxes sont moins élevées et

l'on peut y exploiter davantage les femmes et les hommes. Qu'importe les rêves et les projets de vie brisés ?

Hier, on avait encouragé une entreprise locale à s'endetter pour investir et produire cent fois plus, aujourd'hui, sans états d'âme, on démantèle les usines et on déménage ailleurs laissant le propriétaire de cette entreprise « *k.o. debout !* ». Il est évident qu'une telle situation crée la terreur, la détresse.

La Chine, la grande Chine, arrive au galop, fermant devant elle, avec fracas, les portes des usines et entreprises de la vieille Europe. Et les cris qui s'élèvent des gorges européennes sont des cris de détresse et d'angoisse pour leur propre existence, le devenir de leur monde et de leurs descendants.

C'est un problème réel et qui doit préoccuper l'univers entier. Mais pour l'Afrique, maintenue jusqu'à présent sous l'impitoyable férule des anciennes puissances colonisatrices, ce bond en avant de toute l'Asie peut ressembler à l'effet du bras justicier portant secours à l'opprimé. Il s'apparente à l'espérance du relèvement possible de l'Afrique. Mais il est évident que les choses ne sont pas aussi simples.

L'Afrique n'échappera pas à sa responsabilité, à l'évolution qui s'impose à l'humanité tout entière, à l'itinéraire initiatique par lequel les autres peuples occidentaux sont passés. Les autres ont opéré leur révolution scientifique et technique, et dans ce dessein, ils ont réalisé les ruptures qui s'imposaient. C'est la loi de l'évolution. L'Afrique n'y échappera pas. Elle devra faire sa mue ou mourir. Mais j'ai confiance, je vois partout se lever des êtres, créant, valorisant le génie africain.

Le défi est relevé ! Nous sommes plus que jamais les artisans de notre propre odyssée, nous pouvons entraîner avec nous le flot de l'histoire, construire ce nouveau monde qu'il est inutile d'appeler de nos vœux car il est déjà là.

Mon combat s'inscrit dans une présence de la Côte d'Ivoire dans cette planète village, mais pour exister réellement, ne pas être inféodés à qui que ce soit, il faut que nous ayons des jeunes très qualifiés en termes de compétence et de savoir-faire. Il faut que les jeunes développent un esprit de curiosité qui leur permette d'acquérir la technologie et la connaissance. Je leur fais confiance !

Audace et action

Le but de notre voyage, de notre quête est de parvenir à percer le mystère des choses de la vie.
Proverbe africain

Le peuple ivoirien est comme la calebasse : tu mets la calebasse dans l'eau, tu appuies sur la calebasse, elle plonge et elle ressort. Toujours !

Nous devons nous organiser, au-delà même du Front Populaire Ivoirien, toutes les personnes de bonne volonté, toutes les personnes qui ont un sentiment républicain et qui revendiquent la souveraineté de la Côte d'Ivoire. Nous devons nous organiser, pour donner une victoire incontestable au candidat Laurent Gbagbo. Une poignée de rebelles ne peuvent pas triompher de nous et de notre développement. Nous avons le devoir de rester debout et de faire progresser notre nation, envers et contre tout. Lorsque nous prenons le temps de discuter de choses ordinaires comme les élections, comme le développement, comme la reconstruction, nous démontrons aux yeux de la communauté internationale qu'envers et contre tout, la Côte d'Ivoire restera debout. Nous démontrons que notre pays ne sera jamais vaincu. Nous démontrons par les actes, par les faits que pour nous, la vie continue, envers et contre tout. Nous démontrons par des faits et non pas par des discours, que nous, nous sommes un peuple debout, un peuple qui peut plier mais qu'on ne peut pas briser. Nous devons montrer aux yeux de tous, qu'en Côte d'Ivoire, nous sommes encore vivants et que nous ne flancherons pas. Nous allons continuer à nous développer; nous allons continuer à progresser, nous devons montrer le visage d'hommes et de femmes debout.

NE PAS SE TAIRE…

Homme, bois de l'eau pour te rendre beau.
Gave-toi de soleil pour te rendre fort.
Et regarde le ciel pour devenir grand.
Proverbe africain

Il ne s'est pas agi pour moi de faire un livre pour raconter un petit bout de ma vie, mais l'histoire d'une prise de conscience qui a commencé à l'adolescence. Mon histoire est celle d'une petite fille, puis d'une jeune fille qui s'est rendu compte que les clefs étaient entre toutes les mains, y compris dans les siennes, mais, petit souci, il fallait s'être cognée contre des portes fermées, avoir envie de les défoncer, ces portes, pour se donner la peine de chercher les clefs dans toutes ses poches. Il fallait aussi prendre conscience de l'importance de certains mots comme démocratie, liberté, égalité, école, justice et que ces mots-là étaient les clés de l'espoir.

Ce que je voudrais dire aussi c'est que tout n'est pas si sombre. J'ai, ces dernières années, rencontré beaucoup de gens de bonne volonté, bien décidés à mettre en place notre programme, bien décidés à se battre pour une société ivoirienne reposant sur un état de droit, une société ivoirienne qui soit vraiment au service de l'homme.

Sans idées, rien ne se fait et les mots ne sont pas encore tous malmenés ou usés. Certaines phrases, certains mots ont eu un tel impact sur moi qu' ils ont nourri mes espoirs et rien n'a été semblable après les avoir lus. Les mots quand ils sonnent juste peuvent vous aider à renverser n'importe quelle montagne.

Un proverbe de chez moi dit : « *La langue de la bouche, si tu sais en user, cimentera ton clan ; mais la langue de la bouche, si tu ne sais pas en user, fera éclater ton clan* ».

Ce que j'aimerais obtenir grâce à ce livre, c'est que la vérité trouve enfin sa place. C'est aussi de pouvoir mettre fin aux relations affligeantes qui existent entre la France et la Côte d'Ivoire.

Ce que j'espère, c'est enrayer l'animosité qui s'est développée entre certains de nos frères africains et nous-mêmes ; c'est retrouver un lien de confiance avec les Organisations internationales.

Ce que j'aimerais, c'est que tous ensemble, nous adoptions un comportement respectueux envers notre prochain comme envers la Terre ; que tous ensemble, nous puissions enfin regarder le ciel pour devenir grands !

Je laisse à Michel, notre fils, les mots de la fin, celle du poète…

Peuple d'Ivoire !

Peuple d'Ivoire, tourmenté, tu avances
Sur les rocailles de la haine, tu lances
Le chant du pardon qui apaise les cœurs
Afin que tes pieds ne se blessent à heurts…

Michel Gbagbo.

ANNEXES

INTERVENTION DU PRÉSIDENT LAURENT GBAGBO LORS DE SA RENCONTRE AVEC LES FORCES DE DÉFENSE ET DE SÉCURITÉ

Le jeudi 14 Septembre 2006

Monsieur le chef d'état-Major des Armées,
Monsieur le Commandant Supérieur de la Gendarmerie,
Monsieur le Directeur Général de la Police Nationale,
Monsieur le Directeur Général des Eaux et Forêts,
Monsieur l'Inspecteur Général des Armées,
Monsieur l'Inspecteur Général de la Police,
Monsieur le Directeur Général des Services de Santé des Armées,
Messieurs les officiers généraux,
Monsieur le Directeur Général de la Douane,
Mesdames et Messieurs les officiers supérieurs,
Mesdames et Messieurs les officiers subalternes,
Mesdames et Messieurs les sous-officiers,
Mesdames et Messieurs les soldats du rang,
Chers amis des FANCI, de la Gendarmerie, de la Police, des Douanes, des Eaux et Forêts,

Ce pays tient debout et tiendra debout, tant qu'il y aura une unité entre un chef d'État, son armée et son peuple.

Le chef, l'Armée et le Peuple, telle est la solidité de tous les États qui ont connu la démocratie depuis l'Antiquité. Et telle est la solidité de tous les États aujourd'hui encore.

Vous avez demandé à venir me voir pour qu'on échange.

Vous vouliez me parler. Je vous ai écoutés, je vous ai entendus, je vous ai compris.

À mon tour, je vais vous livrer quelques réflexions que m'inspirent les événements actuels.

Le scandale des déchets toxiques est arrivé et a aggravé une situation déjà difficile pour les Ivoiriens. Mais, comme le disent les croyants, Dieu n'envoie pas à quelqu'un des épreuves qui sont au-dessus de ses forces. Je peux tenir et je tiendrai.

Les procès et les arrestations sont en cours. Donc, je ne commenterai pas les actions de justice qui sont en train de se dérouler. Je peux vous dire seulement que concernant les déchets toxiques, j'ai déjà reçu deux fois le Procureur de la République, hier et aujourd'hui. Il travaille d'ailleurs, en harmonie avec le Commissaire du gouvernement qui est aussi Procureur près des Armées. Nous avançons vite dans l'identification des responsabilités. Les services et les hommes responsables sont aujourd'hui quasiment tous connus, à l'intérieur comme à l'extérieur de la Côte d'Ivoire.

La justice est en train de travailler d'arrache-pied sur les culpabilités, pour désigner ceux qui sont coupables, pour qu'on les défère, pour qu'on les juge et qu'ils paient pour leurs crimes. Ne vous laissez pas distraire, car vous savez que dans cette affaire, comme dans toutes les autres que je vais évoquer, on veut vous distraire. Mais voulant vous distraire, c'est moi qu'on veut distraire. Je tiens, je tiens bon.

Nous avons aussi connu la descente des élèves policiers et des policiers sur le campus universitaire. Je ne peux pas accepter cela.

En 1992, j'ai été emprisonné par ceux qui nous

gouvernaient à l'époque et qui, aujourd'hui, semblent avoir la mémoire un peu courte.

Parce que j'ai défendu le point de vue selon lequel notre armée n'avait pas le droit, avec nos uniformes et nos armes, de descendre sur le campus et de s'attaquer à des citoyens paisibles. Je le disais hier et je le dis encore aujourd'hui.

Hier, j'ai fait la prison pour la liberté des gens. Aujourd'hui, le temps est venu, pour que je punisse ceux qui se sont livrés à de tels actes de barbarie. Là aussi, je suis à la barre.

Hier, le rapport administratif m'a été déposé. J'attends que le gouvernement soit formé, pour que les sanctions soient prises. Et elles le seront.

Aujourd'hui même, il y a quelques heures, le Premier ministre m'a appelé pour me dire que nous aurons bientôt un gouvernement et qu'il y travaille d'arrache-pied. Je lui ai souhaité bon vent. Et je le pense sincèrement. Parce que j'estime qu'il n'est pas bon qu'un pays reste longtemps sans gouvernement actif. Je suis prêt à le recevoir, à examiner la liste de ceux qu'il me propose et à signer un décret pour éloigner le cercle du vide.

Là aussi, nous travaillons.

Chers amis, voici pour les événements qui sont venus s'ajouter à ceux que nous connaissons depuis le 19 septembre 2002.

S'agissant de cela, vous m'offrez l'occasion de faire quelques commentaires.

Le processus dans lequel on nous a engagés depuis Marcoussis et Kléber a échoué. Ce processus, s'il n'avait pas échoué, on l'aurait su.

Cela fait 4 ans que nous sommes dans ce processus et nous n'arrivons pas à la paix. Cela veut dire que ce processus a échoué.

Pourquoi a-t-il échoué ?

Il a échoué parce que ceux qui l'ont initié ont commis un certain nombre d'erreurs, de fautes, qu'il nous faut indiquer clairement.

Premièrement, ce processus a consisté à légitimer la rébellion, contre l'avis des textes de l'Union africaine et de l'Onu. Une rébellion, on ne la légitime pas. Et ceux qui l'ont légitimée portent une responsabilité dans le fait que nous ne sommes pas encore sortis de la crise. Mais nous sortirons de la crise car ce processus nous a montré ses limites.

Un donc, ils ont légitimé les rebelles.

Deux, ils ont conditionné la venue de la paix au bon vouloir des rebelles : il faut que le désarmement se fasse de façon volontaire.

Donc, il faut satisfaire tous les caprices des rebelles. Et depuis 2002, nous ne faisons que satisfaire les caprices des rebelles. Or, pourquoi voulez-vous qu'un enfant capricieux arrête ses caprices s'il a la promesse qu'on continuera de les satisfaire. Je n'ai jamais vu ça dans l'éducation, en tant que père ni en tant qu'enseignant. Même le sous-officier que j'étais jadis n'a jamais vu cela.

Si les Officiers et les Sous-officiers veulent laisser la force de l'armée aux caprices des soldats, il n'y aura plus d'armée. Il y a des règles et les règles ici sont la Constitution et les lois.

Donc, on nous a engagés dans les caprices.

Premier groupe de caprices : l'accord de Marcoussis.

Cet accord n'aurait jamais été signé dans aucune capitale africaine. Mais, pour le signer, on a délocalisé les négociations et on a évité le chef de l'État. J'ai voulu montrer ma bonne foi à la communauté internationale ; c'est là mon erreur. J'ai donc accepté cet accord ; c'est là mon erreur. J'ai commencé à l'appliquer et je l'ai appliqué intégralement ; c'est là mon erreur. Comment l'avons-nous appliqué ? La rébellion a demandé des modifications de lois. Nous, nous avons demandé par la suite, à Accra puis à Pretoria, une seule chose : le désarmement.

Nous avons l'Assemblée nationale de Côte d'Ivoire qui a modifié 12 lois, à la demande de la rébellion. Ensuite on m'a signifié que certaines des lois modifiées n'étaient pas conformes ni dans l'esprit ni dans la lettre aux souhaits de l'accord de Marcoussis ; c'est-à-dire, aux souhaits de la rébellion. Et on m'a alors demandé de les rectifier. J'ai pris 7 décisions de rectification des lois déjà votées par l'Assemblée nationale.

Ensuite, on m'a signifié qu'il y avait encore, dans les lois rectifiées, trois qui ne l'étaient pas bien. J'ai pris alors trois décisions de rectification des lois déjà rectifiées. Puis, on m'a dit que les rebelles n'étant pas sur le point de désarmer, on ne pourra pas faire le référendum.

Or il était question de modifier l'article 35 de la Constitution, c'est-à-dire les conditions d'éligibilité aux élections présidentielles, pour que certaines personnes puissent devenir éligibles. Si le référendum ne pouvait plus se faire, cela signifiait que je devais user de l'article 48 pour modifier la Constitution. Et on me demanda de le faire. Et cette décision, je l'ai prise. En tout, nous avons opéré 12+7+3+1, soit 23 changements dans notre corpus législatif.

Nous avons opéré 23 changements, c'est-à-dire 23 arrangements. Mais nous n'avons pas vu venir le désarmement qui était notre seule revendication à vous et à moi. C'est pourquoi je dis que ce processus a échoué.

Alors aujourd'hui, au lieu d'avouer qu'ils ont échoué, les initiateurs de ce processus veulent faire porter le chapeau à d'autres.

Non ! Cela ne se passera pas ainsi. Cela ne se passera pas et cela n'arrivera pas.

La Côte d'Ivoire est notre pays. Nous ne sommes pas ici parce que nous y sommes affectés en tant que fonctionnaires. Nous ne sommes pas ici pour un jour ou deux, pour une réunion. Nous sommes ici parce que nous sommes nés ici et nous serons enterrés ici. Voilà la différence entre nous et certaines personnes. Le changement qui intervient dans la législation en Côte d'Ivoire touche notre vie.

Il y a quelques personnes qui disent : « Gbagbo est têtu ». *Je ne suis pas têtu. Je suis président de la République de mon pays, et je sais que tout dérapage de ma part entraînera des dangers pour des millions de personnes. Donc, tant qu'il faudra faire des concessions pour que la paix advienne, je le ferai.*

Mais je vous l'ai dit, j'ai déjà fait 23 arrangements. Qui dit mieux en Côte d'Ivoire ? J'ai déjà accepté 23 arrangements. J'ai même pris le contre-pied de ce que l'Assemblée nationale avait fait. Je le faisais, parce que je savais que ceux qui étaient en face ne cherchaient pas de modifications de loi.

Aujourd'hui, le jeu est clair. Le GTI (Groupe de Travail International) vient, fait des communiqués que personne ne lui demande, et puis s'en va. Mais nous, nous sommes ici. Et quand je ne réponds pas, ce n'est pas parce qu'il n'y a pas matière à répondre. Mais c'est parce que, dans la fonction que j'occupe, je suis obligé d'épargner des vies en gardant le silence quelquefois.

Ce processus engagé depuis Marcoussis a échoué. C'est parce qu'il a échoué, que j'ai engagé « l'opération César *», qu'on a appelée « l'opération Dignité ». Dès novembre 2004, je me suis rendu compte que si on ne sortait pas de ce processus-là, pour s'engager dans un autre, on n'aurait pas les élections en octobre 2005. Cette opération n'est pas allée à son terme, mais je ne veux pas rentrer dans les problèmes de droit. Nous sommes là, et vous voyez bien que nous sommes en 2006, en septembre, et qu'ils n'ont toujours pas désarmé. Or, il faut qu'ils désarment pour qu'on aille aux élections. Comme ce processus a échoué, j'ai écrit au Président de l'Union africaine et au médiateur de l'Union africaine, pour leur demander de convoquer d'urgence une réunion du Conseil de Paix et de Sécurité de l'Union africaine.*

Je suis en train d'écrire des propositions pour un nouveau processus, que je vais leur présenter. Il nous faut sortir du processus qui a échoué, pour rentrer dans un processus porteur d'espoir. J'ai donc demandé à l'Union africaine de réunir le Conseil de Paix et de Sécurité, et là, je ferai des propositions pour un autre processus.

Chaque fois que nous avons avancé, c'est parce que les Africains eux-mêmes se sont occupés de l'Afrique. Tous les progrès que nous avons réalisés en 2005, c'est à Pretoria que nous les avons réalisés, c'est à Abidjan, c'est à Yamoussoukro. Il faut que l'Afrique s'approprie la Paix en Afrique. Il faut que l'Afrique s'approprie la Paix en Côte d'Ivoire.

Mais récemment, chez nous, le GTI est venu et il a parlé. Je ne vais pas lui répondre sur tous les points. Je n'irai pas à New York. Et contrairement à ce que j'avais pensé, il y a quelque temps, je n'y enverrai aucune délégation. Je n'irai pas à New York, pour protester contre la manière cavalière, impolie, dont le GTI traite les affaires de la Côte d'Ivoire, mon pays. Je n'irai pas à New York, pour montrer à tous ces gens que la Côte d'Ivoire est une terre des hommes.

Nous avons tout fait pour maintenir notre pays debout. Les Institutions de cette République sont debout. Mais je constate que eux, s'attaquent aux Institutions démocratiques. Après s'être attaqués à l'Assemblée nationale, ils veulent s'en prendre maintenant au président de la République puis à la Constitution. C'est-à-dire que tout ce qui est élu, les énervent. Et moi, eux, ils m'énervent.

Je n'aime pas parler vite, parce que quand on veut être clair, il faut prendre le temps de penser clair. C'est pourquoi, je n'irai pas à New York. Parce que je ne veux pas par ma présence, ni par la présence d'une délégation présidentielle de Côte d'Ivoire, cautionner la mascarade que le GTI a faite ici. Il est clair maintenant que le GTI est incapable de nous aider à désarmer les rebelles et à aller aux élections. C'est cela qui est évident aujourd'hui. Il est clair maintenant, que le GTI est incapable de s'aligner sur l'acte constitutif de l'Union africaine qui condamne et rejette les changements anti-constitutionnels de gouvernement. Mais si ces gens se trompent, c'est parce que leurs analyses de base sont fausses. Je l'ai toujours dit, ils se trompent d'analyse s'ils croient que la situation que nous vivons est une crise identitaire. Cela fait quatre ans que je leur dis que c'est faux. Il y a des médecins ici. Quand tu poses un mauvais diagnostic, tu ne peux pas guérir le malade. Le patient, a par exemple, une appendicite, et toi tu diagnostiques le paludisme. Pendant que tu soignes le paludisme (cela peut durer 5, 10 ans), le malade va mourir. Parce que l'appendicite va finir par être aiguë. Selon leur diagnostic, il est question d'un problème identitaire. Alors qu'il s'agit d'un coup d'État orchestré par des gens qui voulaient s'emparer du pouvoir. Un point, un trait.

Ce coup d'État n'a pas commencé en 2002. Vous n'êtes pas nés avec l'arrivée de Gbagbo au pouvoir et même certains, peut-être, sont plus âgés que moi. Mais en tout cas, l'armée est votre instrument de travail donc vous connaissez son histoire. Déjà en 1990, l'armée s'était rebellée, elle était dans la rue. Elle avait pris la télévision, la radio, la tour de contrôle à l'aéroport. Il lui a manqué une tête qui voulait le pouvoir.

Les généraux Oris Félix, Houphouët Kouassi qui étaient les chefs de l'armée, à cette époque, sont restés fidèles et loyaux au président Houphouët-Boigny. Ils n'ont pas suivi les jeunes soldats qui avaient pris les rues. C'était la première alerte.

En 1999 il faudra du temps aux historiens, pour démêler les écheveaux ; on ne sait plus qui a commencé, qui a fait quoi. La même situation s'est présentée et tous les soldats étaient partout. Mais à ce moment-là, il s'est trouvé quelqu'un qui a dit : « je prends le pouvoir ». *Il y a eu un groupe de gens qui ont dit :* « nous prenons le pouvoir ». *Les loyalistes ont été arrêtés, emprisonnés, bastonnés. Et je les connais. Je connais ceux qui les ont frappés. Mais un chef doit avoir un ventre profond, pour que son pays progresse. C'est pourquoi, nous sommes toujours assis côte à côte. Et ceux qui ont revendiqué la tutelle du coup d'État se sont fait connaître par des écrits et par des propos.*

En 1999, le chef de l'État est parti. Moi, je ne partirai pas. Je suis ici avec vous. Je suis ici avec mes soldats. Je suis ici avec mon peuple. Je suis de culture latine et helléniste. Dans l'histoire de Rome, le chef de l'État était effectivement non pas seulement le chef des armées, mais le chef de guerre. Il dormait au milieu de sa troupe.

Quelquefois en discutant avec des amis, je leur disais que la condition pour être président de la République était d'avoir fait l'armée. Parce que je crois que si tous les dirigeants politiques qui parlent aujourd'hui avaient fait l'armée, ils parleraient différemment. Ils seraient un peu plus sages. Mais ils n'ont pas « crapahuté ». *Il y en a parmi vous qui me reconnaissez, non pas parce que je suis le chef de l'État, mais parce que nous avons « crapahuté » ensemble. Nous avons foulé les sols de nos forêts, la nuit, le jour. Nous avons porté des* « A52 ». *Nous nous sommes fait brûler par des balles à blanc qu'on tirait trop près de nous. Nous nous sommes battus. J'ai enseigné, moi-même, la discipline et le combat à l'Ecole des Forces Armées. Après avoir été soldat, j'ai été instructeur.*

Beaucoup parlent car ils ne savent pas ce que c'est que cette vie. Ils ne savent pas que les militaires sont des personnes dont la vie est en permanence donnée, pour que la République vive. Il y en a à qui j'ai dit qu'un grade, ce n'est pas un bonbon qu'on donne. C'est la conséquence de la sueur, du sang que vous avez versés et de la vie dure que vous avez vécue. Si on voulait écouter certaines personnes, on aurait peut-être aujourd'hui 250 généraux. Je ne ferai pas ça. Je connais la valeur de votre vie.

Donc, j'ai dit que le GTI s'attaque à tout ce qui est élu démocratiquement. La Constitution votée à plus de 86 %, l'Assemblée nationale élue, les débats contradictoires, le président de la République élu, voilà les cibles du GTI.

Et bien, je ne laisserai pas faire.

Le premier rôle du président de la République, c'est de défendre la Constitution parce qu'il prête serment sur la Constitution. Je ne laisserai pas faire. Je ferai des propositions aux Africains pour qu'on emprunte une autre voie. Je le dis, j'ai fait 23 arrangements. Qu'ont fait les autres ?

Ah si ! Ils ont accepté d'être ministres ! Ils ont accepté d'avoir des véhicules de service ! Qu'ont-ils fait ? Rien ! Et on ne leur dit rien. Je ne peux plus accepter cela.

Aujourd'hui, je vous le dis, certains parlent et disent : « l'Armée de GBAGBO ». Moi, je ne peux pas vous mettre au monde, vu le nombre que vous êtes. Cessons de plaisanter. Cette armée-ci, je l'ai trouvée là. Cette armée-ci a vu les errements de 1999, et elle a décidé de rester loyale derrière la loi, derrière la République.

Comment se fait-il que les hommes politiques ivoiriens ne peuvent pas suivre la loi ? Ce sont eux qui demandent toujours des arrangements. J'ai déjà fait des arrangements.

Je n'ai vu aucun résultat. Ils ont demandé des audiences foraines. Ce n'est pas moi qui ai demandé les audiences foraines. Je leur rappelle les règles pour faire les audiences foraines, ils disent qu'il faut qu'on fasse des arrangements. Je ne ferai plus aucun arrangement. Les arrangements sont terminés. Les négociations sont terminées. Et d'ailleurs, quand Koffi Annan est venu à Yamoussoukro, je lui ai dit que les négociations étaient terminées et il m'a donné raison. Nous l'avons écrit et consigné. Maintenant, allons aux audiences foraines. Il y a une loi sur les audiences foraines, je n'en suis pas l'auteur. Je l'ai trouvée là, je l'applique. Il y a une loi sur les certificats de nationalité, ce n'est pas moi qui l'ai écrite. Je l'ai trouvée là, je l'applique. Un homme politique qui est incapable de suivre une loi, ce n'est pas un homme politique. C'est un marchand de gombos sur le marché. Là-bas, les prix sont variables selon la tenue de celui qui arrive.

Je ne suis pas comme ça. La loi est la loi. Les latins disent : « La loi est dure, mais c'est la loi ».

Des gens sont venus le 19 septembre 2002 faire un coup d'État pour s'emparer du pouvoir. Ils ont tué. Gueï est mort, Boga est mort, Dagrou Loula est mort, Daly Obley est mort. Les enquêtes étaient en cours quand ils ont demandé une amnistie. J'ai fait voter la loi d'amnistie parce que naïvement, je croyais qu'en le faisant, on en finirait. Mais après l'amnistie, ils sont devenus encore plus arrogants, parce qu'ils étaient amnistiés.

Ceux-là sont venus faire un coup d'État. Ils ont échoué. Ils ont transformé ce coup d'État en guerre civile, ils ont encore échoué. Devant cet échec, le GTI vient maintenant pour dire :

« comme vous avez échoué, écartez-vous, nous allons gagner pour vous. Nous allons dissoudre la Constitution, dissoudre les lois ». *Et bien, cela ne se passera pas. J'ai résisté à un coup d'État avec des fusils, je résisterai à un coup d'État avec des suppressions de la Constitution. Je n'accepterai pas, parce que c'est le coup d'État qu'ils veulent continuer.*

Maintenant, mesdames et messieurs, vous le voyez tous, il est évident que le GTI est manipulé par des gens pour lesquels ce n'est pas la paix de la Côte d'Ivoire qui est importante. La paix n'est pas leur problème. Ce qui est important pour eux, c'est de faire en sorte que GBAGBO ne soit plus Président.

Dites-leur que GBAGBO est encore là. Et que GBAGBO est venu ici par le vote des Ivoiriens. Il ne partira que par le vote des Ivoiriens. GBAGBO n'est pas venu au pouvoir avec des oukases d'étrangers en week-end. Il est venu avec le vote de ses compatriotes. Il quittera le pouvoir comme c'est écrit dans la Constitution, avec le vote de ses compatriotes. Celui qui ne peut pas le comprendre et ne peut pas l'accepter, qu'il nous laisse tranquille. Les temps sont proches où il nous faudra prendre des décisions. Mais pour le moment je demande à l'Union africaine de réunir son Conseil de Paix et de Sécurité, pour que je vienne faire y des propositions précises de sortie de crise.

Chers amis, voici ce que j'avais à vous dire. Je voudrais vous remercier de votre loyauté, pas vis-à-vis de moi, mais vis-à-vis de la République.

Je l'incarne pour le moment. Demain, d'autres personnes l'incarneront. Vous-mêmes, demain, d'autres personnes seront à votre place. Je demande que cette crise soit une grande leçon pour nous tous. Je demande que cette crise soit une grande leçon pour la Côte d'Ivoire.

C'est vrai qu'on ne devient pas une grande nation, sans passer par les crises. Les crises ont leur bon côté. Elles nous instruisent. Celui qui n'a pas été instruit, c'est qu'il ne sera jamais instruit. Nous avons vu tellement de choses. Nous avons vu des gens prendre des positions tellement contradictoires, que celui qui n'a pas été instruit ne sera plus jamais instruit. Vous savez, notre pays est grand. Il peut donner un morceau de pain à chacun de ses fils, chaque jour. C'est cela que nous voulons organiser. C'est pourquoi nous faisons la politique. C'est pourquoi aussi d'autres ne veulent pas que nous fassions la politique.

Regardez-moi bien. Je suis le seul chef d'État africain, certainement, à n'avoir aucune maison à l'étranger. Je n'ai aucun compte à l'étranger, et je ne cherche aucun compte à l'étranger, ni aucune maison à l'étranger. Je ne cherche pas la bénédiction des pays étrangers. Je cherche la paix des Ivoiriens.

Le temps des négociations est fini. Le temps d'aujourd'hui, c'est le temps du désarmement et des élections. Ceux qui sont en face de nous, nous ont montré qu'ils ne veulent pas désarmer. Il faut que j'en appelle à l'Afrique, pour lui dire que ceux qui ne veulent pas désarmer sont là : qu'est ce que je fais ?

Chers amis, la paix est à portée de main. Mais les gens ne veulent pas d'elle, parce que beaucoup de ceux qui sont aujourd'hui des vedettes tomberont dans l'anonymat. S'il y avait la paix, ils ne seraient plus connus, ils n'auraient plus rien. Mais cela n'est pas de ma faute. Il y a beaucoup à qui on parle à l'étranger en leur demandant de tenir bon, parce qu'ils vont avoir GBAGBO. Ils ne m'auront pas parce que quand ils parlent, j'entends. C'est le message que je veux vous faire passer. C'est le message que je veux faire passer au monde entier. Volontairement, je n'irai pas à New York, pour leur montrer qu'ils ont tellement mal agi, que je n'attends plus d'eux la paix. Je leur ai laissé le dossier de mon pays pendant 4 ans. Pendant 4 ans, ils ont joué avec mon pays. Je ne peux plus accepter cela. Je ne peux plus accepter le fait qu'ils considèrent la Côte d'Ivoire comme un lieu où l'on vient chercher de l'argent, où l'on vient pour aller à la plage. Non !

La Côte d'Ivoire, c'est le petit carré que Dieu nous a donné sur toute la terre. Nous y sommes avec ceux qui veulent être Ivoiriens comme nous. Ce lieu-là, nous n'accepterons pas qu'on l'empoisonne. C'est pourquoi, nous allons poursuivre jusqu'au dernier, les responsables des déchets toxiques. Et je vous prie de me croire ; quand on m'a annoncé le scandale des déchets toxiques, j'ai pris ma Bible et je me suis immédiatement mis à genoux pour prier. J'ai dit au Seigneur : « tu m'envoies une épreuve supplémentaire, mais je te demande une chose ; permets-moi d'être juste et sans faiblesses ». *Dans ce dossier, je serai juste. Je ne permettrai pas que quiconque n'est pas coupable, ni responsable, soit frappé. Je serai juste, mais je serai sans faiblesse. Tous ceux qui sont coupables et responsables paieront pour la vie des Ivoiriens qu'ils ont tués. Retournez donc à vos postes. Soyez forts.*

Vous allez entendre encore beaucoup de provocations. Mais celui qui vous cherche, c'est moi qu'il cherche. Pensez à cela, et soyez forts, soyez responsables. Nous avons commencé un combat qui va prendre fin bientôt.

Que Dieu vous bénisse !

Que Dieu bénisse la Côte d'Ivoire !

DISCOURS DU PRÉSIDENT LAURENT GBAGBO LORS DE SA RENCONTRE AVEC LES AGENTS DU PORT D'ABIDJAN
Le mardi 3 Octobre 2006

Chers amis du port,
Je suis heureux de vous recevoir. De temps en temps je vais au port, mais je n'y vais pas aussi souvent que je l'aurais souhaité, parce que je suis très pris dans cette maison. Mais je suis content que vous soyez venus me voir. Même si c'est pour des raisons un peu tristes. Je vous ai écoutés et je vous ai entendus.

Voyez-vous, la guerre est multiforme. Elle a plusieurs visages. Le diable peut prendre le visage d'un serpent, mais il peut prendre aussi le visage d'une très belle femme ou d'un bel enfant. Personnellement, je considère que l'histoire des déchets toxiques, est une autre phase de la guerre qui nous est livrée et que nous ne devons pas nous laisser manipuler sinon notre pays peut s'écrouler.

Heureusement, nous sommes debout et nous tenons. Toutes les institutions fonctionnent et nous payons les fonctionnaires grâce au port. Parce que,. lorsque j'annonce que la douane fait 700 milliards, en réalité, il s'agit du port d'Abidjan. Car 80 % de la douane c'est le port d'Abidjan. Il ne faut pas que l'on s'y trompe. Bien sûr, il y a aussi l'aéroport. Le port d'Abidjan est le deuxième port d'Afrique après Durban. L'aéroport d'Abidjan est la deuxième destination d'Afrique, après Johannesburg. Donc, celui qui nous devance en Afrique, c'est l'Afrique du Sud, tant du point de vue portuaire que du point de vue aéroportuaire. Et c'est grâce à cette réalité que nous tenons et que nous vivons.

Et il nous faut tenir. C'est vrai que, dans la crise des déchets toxiques, certaines administrations ont été indexées, parmi lesquelles la vôtre. Je ne vais pas être hypocrite. Vous connaissez les liens qui m'unissent à Gossio, votre Directeur Général. Gossio, est mon ami, il est mon petit frère. Quand j'ai formé le gouvernement en 2000, je l'ai appelé. Je lui ai dit « Gossio, tu ne seras pas ministre parce je veux te confier une tâche plus importante. Aujourd'hui, nous recevons 14 millions de tonnes de marchandises au port d'Abidjan. Je veux qu'en 2000, nous en ayons 20 millions. Donc, va au port »..

Aujourd'hui, Gossio a été suspendu. Je ne parle pas, parce que je suis mal placé pour en parler. Je considère que dans cette affaire, chacun doit récolter en proportion de ce qu'il a semé. Si des gens ont été criminels, ils doivent être punis quels qu'ils soient. Mais il faut enquêter. Il faut qu'on sache qui a amené ces déchets. Qui a fait quoi comment et pourquoi ?

Cette fois, je ne ferai pas d'amnistie, je ne ferai pas de grâce.

Mais il faut être juste. C'est pourquoi comme il s'agit de Gossio qui est mien, je laisse les enquêtes se faire. Je veux qu'il soit blanchi non pas par ma parole, mais par l'enquête. Et ce jour-là sera un grand jour pour vous.

Je veux être capable de frapper durement ceux qui sont coupables demain. Voyez-vous? Et cela, je vous le dis très sincèrement et très amicalement parce que je veux que le peuple de Côte d'Ivoire le sache.

Je vais vous dire un petit conte qu'on raconte dans les

villages. Un jour, l'éléphant rentrant chez lui à la maison, y constate quelques dégâts et demande : « qui a fait ça » *? On lui répond :* « c'est le margouillat ». *Il rétorque :* « quoi ? le margouillat ? A moi l'éléphant ? Mais ce petit-là, il faut que je me batte avec lui pour qu'il sache que je suis le plus fort. Je vais l'écraser. Il va voir ».

Le margouillat était innocent. Il ne savait même pas ce qui se passait. On est venu lui dire : « l'éléphant veut se battre avec toi demain, parce qu'il dit que tu l'as offensé ». *Le margouillat n'a pas dormi. Il s'est mis à réfléchir.* « Comment vais-je me battre avec l'éléphant ? on n'aura même pas besoin de combattre. Il suffit qu'il tape sa trompe contre un arbre pour que je meure ».

Zakrô l'araignée s'est placée entre les deux. Elle s'est désignée organisatrice du combat. Dès 6 heures du matin, elle commence à taper le tam-tam. Le margouillat n'a pas dormi de la nuit. Qu'est- ce qu'il a fait ? Il est allé voir le forgeron et lui a dit : « il faut m' aiguiser deux couteaux bien tranchants ».

On a aiguisé les deux couteaux.

A l'heure indiquée, l'araignée a tapé le tam-tam et les deux protagonistes se sont présentés. D'un côté l'éléphant. Il avance. Quand il barrit, les feuillages tremblent. Quand il passe, les herbes sont écrasées. Le margouillat sort d'un coin en disant : « un garçon ne meurt qu'une fois ! ». *Dès qu'il a aperçu l'éléphant, il s'est dressé sur sa queue, il a pris les deux couteaux et il s'est tranché les deux oreilles. Quand l'éléphant a vu le margouillat se couper les deux oreilles, il a crié en disant :* « ce gars-là, s'il n'a pas eu pitié de lui-même et qu'il s'est coupé les deux oreilles, et moi alors qu'est ce qu'il me réserve ? ». *Cédant à la peur, l'éléphant prit la fuite.*

Vous comprenez ? Il faut que demain, les gens disent : « si Gbagbo a laissé suspendre Gossio, et nous alors… ? » .

Je voudrais dire à toute la Côte d'Ivoire d'être sereine. Les enquêtes commencent. Les choses vont se tasser et les pistes vont se clarifier très bientôt et on verra très clair dans ces pistes. Donc, je fais comme le margouillat pour le moment, pour que ceux qui me regardent sachent bien que ce n'est pas de l'amusement.

Soyez courageux ! Retournez à vos postes de travail ! Travaillez ! Vous tenez aujourd'hui l'économie du pays entre vos mains.

Nous avons un plan pour agrandir encore plus le port. Parce que c'est un outil de travail irremplaçable. Les parties où les nouveaux quais vont être construit sont déjà déterminées. Les profondeurs lagunaires sont déjà connues. Les profondeurs à rechercher pour accroître le trafic et les capacités d'accueil de notre port sont déjà connues.

Donc, nous travaillons tranquillement. On travaille doucement. Les gens qui ont tiré les coups de fusils ont échoué. Ils se sont installés dans la guerre civile, ils ont échoué dans leur tentative de nous abattre par la guerre civile. Ayant échoué par le coup d'État, par la guerre civile, d'autres méthodes sont essayées ; elles ont aussi échoué. Et nous tenons bon. Ne vous laissez pas abattre moralement. Je suis là, avec vous.

Que Dieu bénisse la Côte d'Ivoire !

PROCESSUS DE SORTIE DE CRISE
LES CINQ PROPOSITIONS DU CHEF DE L'ÉTAT
Le 21 décembre 2006

Ivoiriennes, Ivoiriens, Mes chers compatriotes, Chers amis de la Côte d'Ivoire.

Le 2 novembre dernier j'ai dit qu'au-delà de toutes les résolutions adoptées sur la Côte d'Ivoire, c'est à nous, Ivoiriens, qu'il revenait de sortir notre pays de la crise. Et j'avais promis de tracer avec vous un cadre de règlement de la crise ivoirienne.

Pendant deux semaines, du 07 au 21 novembre, vous m'avez fait des propositions. Je voudrais profiter de mon propos de ce jour pour remercier l'ensemble du corps diplomatique accrédité en Côte d'Ivoire. Je remercie toutes les organisations de la société civile ivoirienne, les confessions religieuses, les chefs traditionnels, les dix neuf régions de notre pays et les communautés étrangères vivant en Côte d'Ivoire, qui sont venus au Palais de la Présidence de la République pour s'exprimer sur la crise et faire leurs propositions.

Le secrétariat chargé de faire le point de ces rencontres a enregistré 75 discours et 202 textes, sous forme de contributions collectives ou individuelles. Soit au total 277 documents recueillis, contenant 1 478 propositions. Ces propositions concernent le désarmement, le gouvernement, les relations extérieures de la Côte d'Ivoire, le processus électoral, l'appropriation du processus de paix par les Ivoiriens, la réunification du pays, le redéploiement de l'administration et bien d'autres propositions se rapportant notamment à la reconstruction de la Côte d'Ivoire.

Je vous ai écoutés. Le plan que je propose aujourd'hui résulte de ces concertations. Mais il résulte aussi de mon expérience personnelle de ces quatre dernières années de crise. Vos préoccupations sont toutes légitimes. Je les partage entièrement. Les propositions qu'elles contiennent constitueront désormais l'horizon de nos réflexions et de notre action, y compris la nécessité de la formation d'un nouveau gouvernement, pour mener à bien les affaires de l'État.

Mais dans un État en crise, il n'est pas bon de faire tout en même temps. Nous allons faire aujourd'hui, ce qu'il faut faire maintenant pour avancer, pour la paix, pour la réunification du pays et pour les élections. C'est l'objet de mon message. J'invite chacun de nous, à prendre conscience de la situation de notre pays. J'invite chacun à l'ouverture d'esprit, à la tolérance envers les autres et à la détermination à obtenir la paix pour la Côte d'Ivoire.

Notre pays a été l'objet, depuis que dure cette crise, d'un grand nombre de réunions, sommets de chefs d'État, communiqués, résolutions et accords. Tous ceux qui se sont ainsi penchés sur le sort de la Côte d'Ivoire ont proposé des solutions et mis en place des organes pour appliquer ces solutions.

Aujourd'hui, 4 ans et 3 mois après le début de la guerre, aucune des solutions adoptées n'a pu ramener la paix. Ceux qui ont conçu ces solutions ont sûrement voulu bien faire. Ni leur engagement, ni leur compétence ne sont en cause. Ce qui est en cause, à mon avis, c'est le diagnostic.

Maintenant, il nous faut aller, nous-mêmes au cœur de nos problèmes, pour trouver les remèdes adéquats.

Ivoiriennes, Ivoiriens,

Tous ceux qui nous ont aidés : Puissances étrangères, États amis, Organisations internationales, Personnalités de tout rang, ont fait ce qu'ils pouvaient pour nous sortir de la crise. Nous ne devons pas leur en vouloir de ne pas avoir réussi.

Mais, étant les principaux bénéficiaires de tous ces efforts de paix, nous, Ivoiriens, avons le devoir envers nous-mêmes de parvenir aux solutions définitives, en ayant posé le juste diagnostic de nos difficultés. Devant l'impasse des solutions extérieures, il est temps que les Ivoiriens s'approprient eux-mêmes complètement, le processus de paix.

C'est une vérité simple que chacun a le droit de rechercher, pour lui-même, son bonheur. Personne, surtout s'il ne propose mieux que nous, ne peut nous contester, le droit de rechercher pour nous-mêmes ce qui est bien, c'est-à-dire la paix et la réunification de notre pays.

C'est pourquoi, au nom de l'État de Côte d'Ivoire, je propose aux Ivoiriens, mais aussi à la Communauté Internationale, une nouvelle approche.

Ma première proposition est l'instauration d'un dialogue direct avec la rébellion en vue du désarmement et de la réunification du pays.

Les rebelles ont déjà dit, à maintes reprises, pourquoi ils ont pris les armes. Après les différents accords, la Côte d'Ivoire a satisfait à toutes leurs demandes. Mais ils n'ont toujours pas dit pourquoi ils n'ont pas encore déposé les armes. Pour nous, tous les accords et toutes les résolutions qui ont été adoptées ne visaient qu'une chose : le désarmement. Tout ce que ces accords et résolutions ont mis à la charge de l'État de Côte d'Ivoire pour obtenir le désarmement, nous l'avons fait.

J'entends, au cours de ce dialogue, demander directement à ceux qui ont pris les armes contre leur propre pays de les déposer et de libérer le pays. La nation leur tend une fois encore la main.

Je suis prêt, dès ce soir même, à discuter avec eux. Du reste, s'il ne tenait qu'à moi, ces discussions devraient avoir commencé depuis la semaine dernière. J'avais entamé les démarches en ce sens. Je souhaite que d'ici fin janvier 2007 au plus tard, les discussions soient achevées et qu'elles aboutissent au désarmement, pour que, enfin les élections prévues puissent se tenir.

C'est en vue de cet objectif que je fais d'autres propositions pour avancer.

Ma deuxième proposition c'est la suppression de la zone de confiance.

Au début du conflit en Côte d'Ivoire, il a été instauré, par les forces internationales, une ligne dite de non franchissement allant d'Est en Ouest. Elle était censée, à l'époque, constituer une zone tampon, empêchant les affrontements militaires. Cette ligne de non franchissement, baptisée zone de confiance, est devenue, à la pratique, une frontière intérieure consacrant la partition du pays en deux. Aujourd'hui elle n'a plus sa raison d'être. Les affrontements militaires ont cessé. De part et d'autre, la volonté d'une reprise des hostilités n'existe plus. Les Ivoiriens sont fatigués de la guerre. Ils veulent reprendre une vie normale, circuler librement sur toute l'étendue du territoire.

Il faut donc supprimer la zone de confiance parce qu'elle pose plus de problèmes qu'elle n'apporte de solutions. Elle constitue à l'évidence un obstacle physique à la réunification du pays, à la libre circulation des personnes et des biens et au retour des déplacés. Elle constitue également un obstacle à la reprise normale des activités économiques dans les zones actuellement sous contrôle de la rébellion, à la préparation des élections alors surtout que la possibilité de reprise des hostilités militaires est, je le répète, inexistante.

Les craintes ne sont donc plus justifiées et il faut simplement instaurer la confiance dans tout le pays.

Ma troisième proposition c'est la création d'un Service Civique National.

Je reste convaincu que la crise que nous vivons est aussi, et en grande partie, une crise de l'emploi et de la formation. Elle est également une crise de conscience. La jeunesse ivoirienne a besoin de reconquérir le sens du civisme, du respect de la République et des institutions qui l'incarnent. L'idée d'un service civique national vient donc combler les attentes de ceux de nos jeunes qui, faute de formation et d'emploi, faute d'une haute idée de la République, sont exposés à toutes les tentations, même les plus suicidaires.

Il s'agit de créer un organisme national pour recruter, former, employer ou faire employer toute cette jeunesse souvent désorientée et qui se croit, à tort, laissée pour compte. Personne ne sera exclu. L'opération prendra en compte tous les jeunes de Côte d'Ivoire. Elle concerne bien sûr ceux qui n'ont pas pris les armes mais aussi ceux qui sont actuellement dans la rébellion. Les jeunes filles comme les jeunes gens de toutes les régions sont concernés.

Le Service civique national, dont la mise en œuvre dépend du seul État ivoirien peut démarrer immédiatement. Parce que cela dépend uniquement du président de la République et du gouvernement. Nous allons commencer dès à présent, là où c'est possible et continuer partout où les conditions seront réunies jusqu'à couvrir tout le territoire national.

J'entends installer un camp de service civique dans chaque région. Les moyens pour y parvenir sont déjà disponibles. Dès la fin du mois de février 2007, nous serons en mesure d'encadrer 40 000 jeunes. Chaque jeune engagé recevra une formation. Il percevra un pécule mensuel, en même temps que son séjour sera pris en charge par l'État. Au terme de son service civique, qui va durer 18 mois, il pourra trouver un emploi dans le public, dans le privé ou créer sa propre entreprise. C'est une voie d'insertion des jeunes dans le tissu social. C'est une voie de développement. C'est une voie de la paix.

J'invite donc tous les jeunes Ivoiriens qui se sentent concernés à s'inscrire dans les bureaux qui seront ouverts à cet effet.

Ma quatrième proposition est une amnistie générale.

L'amnistie c'est le pardon que, pour retrouver une société plus soudée et plus solidaire, nous sommes obligés de nous accorder. La loi d'amnistie votée en 2003 est aujourd'hui caduque. Il faut une nouvelle loi d'amnistie qui concernera toutes les personnes impliquées. Je vais donc soumettre à l'Assemblée nationale dans les jours à venir, un projet de loi d'amnistie. Cette loi, comme la précédente, ne couvrira pas les crimes contre l'humanité et les crimes économiques. Nous voulons la paix mais nous ne voulons pas donner une prime à l'impunité. C'est à cette condition que nous pourrons demeurer une nation moderne.

Ma cinquième proposition est la mise en place d'un programme d'aide au retour des déplacés de guerre.

Durant la guerre, de nombreuses familles ont dû tout abandonner pour se retrouver, parfois dépourvues de tout, loin de chez elles. Depuis quatre ans, aucun plan de sortie de crise ne s'est attaqué véritablement à cette question qui ronge notre société. Je propose ce programme comme un préalable au pardon auquel j'invite chacun de nous. C'est un devoir de solidarité que nous avons vis-à-vis de nos compatriotes qui vivent une situation que nul n'a voulu.

Ivoiriennes, Ivoiriens,

Mes chers compatriotes,

Telles sont mes propositions pour sortir notre pays de la crise. Il n'y a pas un ordre dans leur mise en œuvre. Pour chaque point, nous agirons dès que les conditions seront réunies.

L'objectif de l'ensemble de ces propositions, c'est la sortie de la crise par les élections. Je souhaite vivement que les élections aient lieu le plus rapidement possible. Et ce n'est pas un vœu purement personnel :

D'abord c'est une nécessité pour la modernisation de la vie politique de notre pays. La Côte d'Ivoire ambitionne d'être un État moderne. Et dans les État modernes, les élections constituent le moyen de régulation des pouvoirs publics. Il n'y a que les élections pour décider de la conquête et de l'exercice du pouvoir d'État. Tous autres moyens non démocratiques, comme le recours à la violence, sont proscrits.

Ensuite, c'est une nécessité pour notre économie. La situation de crise que nous vivons aujourd'hui effraie les investisseurs. Tous les investisseurs qui frappent aujourd'hui à nos portes n'attendent que les élections pour s'engager à nos côtés dans le développement de notre pays. Nous devons donc absolument organiser ces élections et les réussir pour donner confiance aux opérateurs économiques d'ici et d'ailleurs.

C'est également une nécessité pour la stabilité de notre pays et de la sous région. Au niveau intérieur, la crise a entraîné l'impossibilité de libre circulation des personnes et des biens, et une instabilité généralisée de tout le corps social. Il va sans dire que la persistance de cette crise risque de produire des catastrophes sociales plus graves. C'est pourquoi il convient d'y mettre rapidement fin par des élections justes et transparentes.

Enfin, c'est une nécessité constitutionnelle. Dès lors que les délais constitutionnels pour les élections sont passés, les Institutions de la République ne fonctionnent plus qu'en vue des élections. Dans notre système constitutionnel, lorsqu'il est impossible d'organiser les élections à la fin du mandat du président de la République, les articles 38 et 39 de ladite Constitution permettent la continuation du mandat du président de la République. Afin d'assurer la continuité de l'État, le Conseil constitutionnel a déjà étendu ce principe aux autres Institutions de l'État. Mais, comme le prévoit également la Constitution, toutes les Institutions ne fonctionnent plus qu'en vue des élections. Nous avons besoin, pour mettre fin à cette situation exceptionnelle, d'organiser les élections.

Nous pouvons organiser l'élection présidentielle dès le mois de juillet 2007.

Je le dis et je le répète, je suis un enfant des élections. Je n'ai pas reçu le pouvoir en héritage. Je récuse tout recours à la force et à la violence pour conquérir le pouvoir politique. J'invite toute la classe politique à abandonner la voie des coups d'État et à s'engager sur la voie des élections ; la voie de la démocratie.

La paix est à notre portée. Saisissons-la.

Que Dieu bénisse la Côte d'Ivoire !

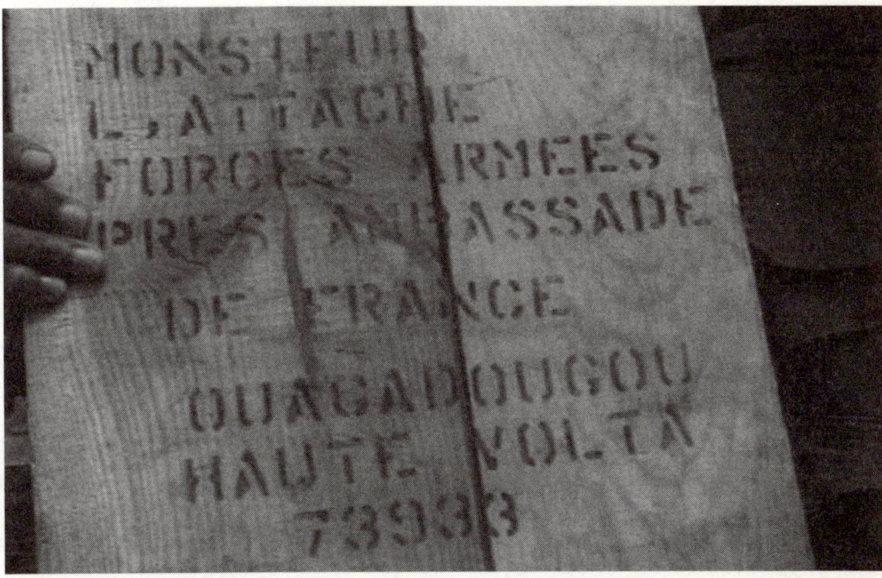

Caisse retrouvée au début de la guerre sur les lieux de combat à Daloa (ouest de la Côte d'Ivoire).

TABLE DES MATIÈRES

À Laurent 7
À toutes les femmes 9
Remerciements 11

ARRÊT SUR IMAGES PROLOGUE 15

26 octobre 2000 17
Ce que je ne savais pas 22
Mensonges et calomnies 24
Un idéal, des repères 25
Dialogue et respect mutuel 27

LES ANNÉES DÉCOUVERTES PREMIÈRE PARTIE 31

RACINES 33
Petite et déjà grande 33
À nos résolutions répondra le succès 35
Soutien de famille 36
Ma tribu, les Abouré 38
Chez le commandant de cercle 38

ANCRAGE 41
Paradoxe d'une humanité compliquée ! 42

GRANDIR 47
Enfant sage, adolescente responsable 47
La JEC 49
Premières réflexions 50
Passionnée par l'étude 51

LES ANNÉES RÉVOLTE DEUXIÈME PARTIE 55

PRISES DE CONSCIENCE 57
Premières révoltes 57
Les souvenirs se bousculent… 60

MA MÈRE L'AFRIQUE 65
Heurs et malheurs d'un continent 65
Respect du droit des peuples 67
Si riche et toujours pauvre ! 68
La peur de l'autre 71
La nécessaire solidarité entre Pays africains... 73
Car ils diabolisent pour mieux asservir ! 74

LES ANNÉES DE LUTTE TROISIÈME PARTIE 79

UN HOMME INDÉPENDANT, UN HOMME JUSTE 81
Le jeune Gbagbo 81
Le Destin poursuit sa marche 83
La forte tête 86
L'enseignant de lycée 88
Le prisonnier 91
L'homme à abattre 92
Le visionnaire 93

UNE RENCONTRE 97
Un personnage atypique 97
L'engagement politique 99
L'homme de courage et de convictions 101
Départ en exil 105
Réfugié politique 106
Contre une vision unique 108
L'exilé 109

LE PARTI 115
Le partisan 115
Le congrès constitutif du FPI 117
Libérez Anaky ! 118

L'ÉTAT DU PAYS 123
« Houphouët voleur ! » 123

L'apparition ! 124
Les grèves se succèdent, le multipartisme arrive 125
Quand le monde change 128
Le déferlement 129

PREMIÈRES ÉLECTIONS MULTIPARTISANES : VIOLENCE MAIS ESPOIR 131
Le candidat du FPI 131
Des bâtons dans les roues 132
Une campagne électorale dans la violence et la fraude 133
Accepter la différence 136
Vigilance 138
Les forces de répression 138
La crise s'envenime 139
Une marche tranquille 140
Des loubards commandités 141
« Tuez-la, tuez-la ! ! ! » 143
« Gbagbo Président ! » 145
Prison d'Abidjan : épreuves et preuves d'amour et de solidarité 146
Prison d'Abidjan : cheminement spirituel 150
Le procès 151
Une loi d'amnistie générale 153
Rencontre avec le président Houphouët-Boigny 153
Le dernier voyage 154

LES ANNÉES TROUBLES QUATRIÈME PARTIE 157

LA GUERRE DE SUCCESSION 159
L'article 11 159
Une succession déplorable 161
Le combat des coqs 163
Que la mémoire des hommes est… périssable ! 164
Un « Burkinabé » 165

Nouveau Code électoral 166
RDR et Front Républicain 167
Octobre 1995 : le scrutin présidentiel 169
Le boycott actif 170
Des élections plus transparentes 173
Députée ! 174
Abobo, ma circonscription 176
« L'Éléphant d'Afrique ! » 178
Un mandat d'arrêt international 180

PAPA NOËL 183
Premier coup d'État 183
Joyeux Noël 187
Pas question ! 188
Le « Balayeur-Président » 189
La constitution de juillet 2000 192
Autoproclamé 198

L'HOMME DE TOUTES LES OMBRES 201
Vie et mort du Front républicain 201
Le fléau 203
Manipulation et démagogie 204

LES ANNÉES LUMIÈRE CINQUIÈME PARTIE 207

LA VICTOIRE 209
Marée humaine aux mains nues 209
Morts pour la démocratie 212
Des élections législatives boycottées par le RDR 214

EN AVANT TOUTE 217
Une vision politique 217
L'école gratuite 218
L'Assurance Maladie Universelle (l'AMU) 219
Construire une société de liberté et d'égalité 220

Un État de droit 221
Décentralisation 222
Efficacité, intégrité, civisme 223
Une police au service de la liberté 224
Autres réformes corporatistes 225
Le rôle de l'armée 227
Refondation de l'économie 230
Le galop assuré de la politique économique 232
Culture et développement 235

« Ô NUAN KAN, Ô SA KLOA » 239
« Ta bouche le dit, ta main le fait » 239
Retrousser ses manches 241

LA FEMME EST L'AVENIR DE L'HOMME 245
« Vous êtes le sel de la terre... » 245
« Femmes ivoiriennes, merci... » 250

REFONDATION DES MENTALITÉS 255
Rêves de modernité 255
Haut les cœurs ! 258
Réconcilier pour mieux refonder 260
Le forum de réconciliation nationale 262
Nos résultats les effraient 265
Nous leur avons fait peur, j'en suis sûre ! 269

LES ANNÉES DE BRAISE SIXIÈME PARTIE 271

Un machiavélisme hallucinant 273

IDENTIQUE CHEMINEMENT POUR
DIFFÉRENTS COUPS D'ÉTAT 275
Le leurre 276
Bas les masques : bonjour les revendications politiques ! 277
L'entrée en scène des vrais commanditaires... 278

LE REVERS DE LA MÉDAILLE 281
Vrai faux charnier de Yopougon 282
« Côte d'Ivoire poudrière identitaire » 287
Médias, ONG et politique 292
« Les escadrons de la mort » 296
Morceaux choisis 298
« L'affaire Kieffer » 307
Les déchets toxiques 313
Les dés sont pipés 318
Septembre noir ivoirien 322
Un témoin oculaire incontestable 331

JEUX DE MASSACRE 333
Impossible d'imaginer l'horreur ! 333
Le massacre des gendarmes à Bouaké 337
Massacres de Guitrozon et de Petit Duekoué 340

DE LA SOUVERAINETÉ 345
Indépendance sous tutelle 345
Écoutons Monsieur Chirac 350
Linas-Marcoussis et Kleber 351
L'ONU en action 357
Agression contre la Constitution ivoirienne 364
Souveraineté sacrée ! 372
Les Premiers ministres « label ONU » et leurs feuilles de route 374

DE LA DIGNITÉ 379
Opération César 379
L'incompréhensible brutalité de la France 384
La victoire des Patriotes aux mains nues 388
Un témoignage du 7 novembre 2004 395
L'Affaire Poncet 397

LA FRANÇAFRIQUE 401
Perpétuation du pacte colonial 401
Gbagbo au nom de la Paix 407
Duel Chirac/Gbagbo : le « pot de terre » résiste 414

LES ANNÉES D'ESPOIR SEPTIÈME PARTIE 419

ET SI NOUS PARLIONS D'AVENIR 421
Dieu, mon guide 423

UNE NATION SE BÂTIT 427
La Patrie : Naissance du mouvement patriotique 427
Les activités de la résistance 432
L'éclosion de l'âme de la Côte d'Ivoire 437
Et ensemble, nous rebâtissons la confiance 439
La mobilisation pour la réconciliation et le retour de la paix 441
La reconquête des militants RDR 446

A BÂTONS ROMPUS ÉPILOGUE 451

Première Dame ! 453
Langue de cœur contre langue de bois 455
Entre nos mains, notre Terre ! 456
La mondialisation : chance ou problème ? 459
Audace et action 462

NE PAS SE TAIRE 465

ANNEXES 469

Intervention du président Laurent Gbagbo lors de sa rencontre avec les Forces de Défense et de Sécurité le jeudi 14 septembre 2006 471

Discours du président Laurent Gbagbo lors de sa rencontre avec les agents du port d'Abidjan le mardi 3 octobre 2006 487

Processus de sortie de crise, les cinq propositions du chef de l'État le 21 décembre 2006 491

Photo d'une caisse retrouvée à Daloa 501

Couverture et mise en pages :
Arnaud Toth et Stefano Miosotis pour Abc Le Studio

Photo de couverture : Kouadio Kanga Yvett

Achevé d'imprimer en avril 2007
sur les presses du

Groupe Horizon

Parc d'activités de la plaine de Jouques
200, avenue de Coulin
13420 Gémenos - FRANCE

N° d'imprimeur : 0704-113
Dépôt légal : février 2007

Imprimé en France